Design Lab⁺

配色 &
カラーデザイン

デザインラボ

プロに学ぶ、
一生枯れない
永久不滅テクニック

都外川 八恵 著

本書の使用方法 How To Use

本書では、実在する多くの製品・商品を用いて、さまざまな配色理論やカラーデザインの考え方などを解説しておりますが、各製品・商品に付随しているカラーチップや配色理論の値は、商品画像の色を元にしており、また、色の値および関連性はPCCSやその他の表色系における近似値を示しています。そのため、実際に店頭で手に取って見る商品の色とは異なる場合があります。この点にご注意ください。より厳密な色・配色について確認したい人は、ぜひ店頭で実際に各商品を手に取ってみてください。

また、各商品のパッケージに対する解説は、配色調和論に基づいた著者の観点で述べたものです。商品の実際の企画意図とは異なる場合もあります。

なお、すべての商品は、本書発刊時のものです。今後、予告なくデザインに変更が加わったり、販売が中止されることもありますのでご了承ください。

■本書内に記載されている会社名、商品名、製品名などは一般に各社の登録商標または商標です。本書中では®、™マークは明記しておりません。
■本書の出版にあたっては正確な記述に努めましたが、本書の内容に基づく運用結果について、著者およびSBクリエイティブ株式会社は一切の責任を負いかねますのでご了承ください。

©2012　本書の内容は著作権法上の保護を受けています。著作権者・出版権者の文書による承諾を得ずに、本書の一部または全部を無断で複写・複製・転載することは禁じられています。

目次 Contents

Chapter01 Basic Knowledge ―基礎知識―

01 色の「機能的効果」と「情緒的効果」　6
- 図形を見やすく、文字を読みやすくできる　6
- 発見しやすさや、注目度を高めることができる　6
- 識別しやすくできる　7
- コラム 色の識別性を考慮したユニバーサルデザイン　7
- 購買意欲をかきたてることができる　8
- より多くのターゲットにアピールできる　8
- イメージを統一することができる　9
- 印象を変えることができる　9
- 付加価値を上げることができる　9

02 色の三属性と、色の表現方法　10
- 色の三属性と有彩色・無彩色　10
- 色相、明度、彩度の効果　11
- 色立体　12
- 色の表現方法－PCCS表色系　13
- PCCSトーンマップの構造　14
- PCCSの色相環　15
- PCCSの表記方法　15

03 配色調和の基本　16
- 「類似の調和」と「対比の調和」　16
- 「イエローベース」と「ブルーベース」　16
- 「ウォームシェードとクールシェード」と「基本配色」　17
- コラム 東洋の配色理論　17
- 色相の自然連鎖(色相の自然序列)　18
- 色相分割による調和論　19
- 混色のしくみから考える色彩調和論　20
- 調和領域と不調和領域　21
- コラム 「美度」を用いた配色　21
- 「秩序の原理」、「なじみの原理」、「類似性の原理」、「明瞭性の原理」　22
- コラム 色彩調和理論の必要性　23

04 配色の基本的な考え方　24
- 色相に着目する方法　24
- トーンに着目する方法　25

05 具体的な配色手法　26
- ドミナントカラー配色　26
- トーンオントーン配色　27
- コラム ドミナントカラー配色とトーンオントーン配色の違い　27
- ドミナントトーン配色(トーンイントーン配色)　28
- トーナル配色　29
- カマイユ配色　30
- フォカマイユ配色　31
- コラム カマイユ配色とフォカマイユ配色の違い　31
- ビコロール配色　32
- コラム ビコロール配色とダイアードの違い　33
- トリコロール配色　34
- コラム トリコロール配色とトライアドの違い　35
- ダイアード　36
- コラム ベースカラーとベーシックカラーの違い　36
- スプリットコンプリメンタリー／トライアド　37
- テトラード／ペンタード／ヘクサード　38
- コラム 自動配色《アナログだけど便利な配色マシーン》　39

06 その他の基本的な配色手法　40
- 全体を引き締める「アクセントカラー」　40
- 全体のバランス調整をする「セパレーションカラー」　41
- グラデーション　42

07 自然界に学んだ配色と見た目の共通性による配色　44
- ドミナントカラー配色とドミナントトーン配色　44
- ナチュラルハーモニー　44
- コンプレックスハーモニー　45
- コラム ナチュラルハーモニーとコンプレックスハーモニーにならない配色　45
- 見た目の共通性による配色　46
- 見た目の共通性による配色のパーソナルカラーへの応用　47

08 色の組み合わせと面積比によって変わる色の見え　48
- 色の組み合わせによって変わる色の見え方　48
- 対比と同化の関係　48
- 色相同化　49
- 明度同化　49
- 彩度同化　49
- 同時対比―色相対比　50
- 同時対比―明度対比　50
- 同時対比―彩度対比　51
- 同時対比―補色対比　51
- 同時対比―縁辺対比　51
- 継時対比　52
- 色陰現象　52
- 面積効果　52
- コラム 対比や同化の活用シーン　53
- コラム PCCS↔CMYK対応表(近似値)　53

09 普遍的な色のイメージ　54
- 色相による色のイメージ　54
- 明度による色のイメージ　55
- 彩度による色のイメージ　55

10	味覚・嗅覚と色	56
	甘い色・酸っぱい色	56
	辛い色・しょっぱい色	57
	苦い色	58
	あっさりした色・さっぱりした色	58
	旨みのある色・こってりした色	59
	嗅覚と色	59

11	世界の国・地域と色の関係	60
	北米	60
	オセアニア	60
	中南米	61
	ロシア・東欧	61
	北欧	62
	南欧	62
	西欧	63
	中欧	63
	アジア	64

Chapter02 Case Study & Practice ―実践・目的別カラーデザイン―

01	目的別カラーデザイン概要	66
	デザイン（造形）の3要素＋α（アルファ）の2要素	66
	CTFイメージリンケージ	66
	色そのもののイメージスケール	67

02	プレミア感（高級さ）と、カジュアル感（気軽さ）	68
	プレミア感を演出する配色と、カジュアル感を演出する配色の基本	68
	プレミア感を演出する配色	69
	カジュアル感を演出する配色	71

03	ゴージャス感（豪華さ）と、シンプル感（素朴さ）	74
	ゴージャス感を演出する配色と、シンプル感を演出する配色の基本	74
	ゴージャス感を演出する配色	75
	シンプル感を演出する配色	77

04	アクティブ＆ダイナミック感（躍動的）と リラックス＆クール感（沈静的）	80
	アクティブ感を演出する配色と、リラックス感を演出する配色の基本	80
	アクティブ感を演出する配色	81
	リラックス感を演出する配色	83

05	モダン感（現代的）と、レトロ感（懐古的）	86
	モダン感を演出する配色と、レトロ感を演出する配色の基本	86
	モダン感を演出する配色	87
	レトロ感を演出する配色	89

06	アーバン感（都会的）と、ナチュラル感（自然的）	92
	アーバン感を演出する配色と、ナチュラル感を演出する配色の基本	92
	アーバン感を演出する配色	93
	ナチュラル感を演出する配色	95

07	ハイテク感（先進的）と、エコロジー感（環境的）	98
	ハイテク感を演出する配色と、エコロジー感を演出する配色の基本	98
	ハイテク感を演出する配色	99
	エコロジー感を演出する配色	101

08	ガーリー感（女子的）と、エレガント＆フェミニン感（女性的）	104
	ガーリー感を演出する配色と、エレガント＆フェミニン感を演出する配色の基本	104
	ガーリー感を演出する配色	105
	エレガント＆フェミニン感を演出する配色	107

09	ボーイッシュ感（男子的）と、マスキュリン＆ダンディ感（男性的・紳士的）	110
	ボーイッシュ感を演出する配色と、マスキュリン＆ダンディ感を演出する配色の基本	110
	ボーイッシュ感を演出する配色	111
	マスキュリン＆ダンディ感を演出する配色	113

10	スポーティ感（動的）と、シック感（静的）	116
	スポーティ感を演出する配色と、シック感を演出する配色の基本	116
	スポーティ感を演出する配色	117
	シック感を演出する配色	119

Chapter03 Advanced Learning —色のしくみと再現方法—

01 さまざまな表色系と主な色名　　122
- マンセル表色系　　122
- XYZ (Yxy) 表色系　　123
- L*a*b* 表色系　　124
- JIS 物体色の色名（系統色名＋慣用色名）　　125

02 JIS 慣用色名　　126
- 和色名（147色）　　126
- 外来色名（122色）　　128

03 色が見えるしくみと色の正体　　130
- 色が見えるしくみ　　130
- 色の正体　　131
- 色の見え方に影響を及ぼす要因　　131
- 視覚現象の三要素　　132
- 色を測る方法　　133

04 光の性質によって変わる色の見え　　134
- 分光分布　　134
- 演色性と演色　　134
- （相関）色温度（K）　　135
- 主な照明光の種類　　136
- 光の種類別：色の見え方　　136

05 物の性質によって変わる色の見え　　138
- 物の性質の表示方法　　138
- 物体の種類と、それによる色の見え方　　139
- コラム 色の外観表情　　139

06 眼の性質によって変わる色の見え　　140
- 眼のしくみ　　140
- 加齢によって変わる色の見え方　　141
- 周囲の明るさや色みによって変わる色の見え方　　141

07 三属性間や光の入射角度によって変わる色の見え　　142
- 三属性間の影響によって変わる色の見え　　142
- 照明光や光線の入射角度の影響によって変わる色の見え　　143
- コラム 条件等色（メタメリズム）と同色（アイソメリズム）　　143

08 混色と色再現のしくみ　　144
- 混色の種類　　144
- 同時加法混色　　145
- 併置加法混色　　145
- 継時加法混色　　146
- 減法混色　　146

Chapter04 Direction & Designation —カラーコミュニケーションと入稿準備—

01 カラーデザインの基本プロセス　　148
- カラーデザインの流れ　　148
- カラーリサーチやカラーマーケティングに必要なカラーシステムとカラーコード　　149
- 光の色（光源色）　　150
- 物の色（物体色）　　151
- コラム その他のプロセスカラー広色域印刷ソリューション　　151

02 カラーコミュニケーションツール　　152
- PANTONE GoeSystem　　152
- PANTONE PLUS SERIES　　153
- その他のPANTONE 色見本帳　　153
- DIC カラーガイド　　154
- TOYO INK 色見本帳シリーズ　　154
- JIDA スタンダードサンプルズ　　155
- JPMA Standard Paint Colors　　155

03 データ作成時・入稿時の注意点　　156
- 対応バージョンと保存形式を確認する　　156
- ドキュメントのカラーモードを確認する　　156
- スポットカラー（特色）指定時の注意点　　157
- リッチブラック指定時の注意点　　157
- コラム 配置画像のカラーモードと解像度　　157
- カラーマネジメントの基本を理解する　　158
- ICC プロファイルとカラー設定の必要性　　158
- コラム キャリブレーションの実施方法　　158
- 「カラー設定」を行う　　159

Chapter 01

Basic Knowledge
基礎知識

ここでは、色の効果や構成要素、配色の基本的な考え方など、配色やカラーデザインにおける基礎知識を詳しく解説します。色や配色についてはじめて学ぶ人はもちろん、制作現場で活躍している人もぜひ読み進めてください。基礎をしっかりと固めておくと、さまざまな場面で応用できる力を養うことができます。

色の「機能的効果」と「情緒的効果」

本書では、色の扱い方や美しい配色を作る具体的な方法を解説していきますが、その前段階として、先に「色でできること」を紹介します。色には、大きく「機能的効果」と「情緒的効果」の2つがあります。

色の機能的効果① 図形を見やすく、文字を読みやすくできる

色は<mark>明視性</mark>（図形の見やすさ）や<mark>可読性</mark>（文字の読みやすさ）をコントロールすることができます（図1、図2）。この特徴を理解し、上手に利用すれば、看板や広告、サインなど、多くの人の目に留まってほしいグラフィックを制作する際に、効果的な配色を選択できるようになります。また、あえて目立たないようにデザインすることもできます。

明視性や可読性を向上させるもっともシンプルな方法は「背景との明度差をつける」ことです。一般的に背景との明度差が高いと背景の中にある図形の明視性や文字の可読性は高くなります。

明視性を考慮する必要がある主なものに、会社やブランドのロゴマーク、多くの人に対して見やすさが求められる看板や標識、サインなどがあります。また、可読性を考慮する必要がある主なものに、会社やブランドの名称、名刺の文字、内容を正確に伝えたい文章などがあります。

普段は意識して見ることもあまりないと思いますが、街にある看板や広告、サインなどを見てみると、その多くが人目に留まるように工夫されていることがわかると思います。

図1 明視性の例。背景色との明度差（明度コントラスト）をつけると、明視性が高く、識別しやすくなりますのでCIやブランドのロゴマークの多くがそのようになっています。
上図は「Starbucks Coffee」（左図）と「Coca Cola」のロゴですが、両者とも色の明視性が高いだけではなく、特にCoca Colaはボトルの形のブランディングにも成功しています。

図2 可読性の例。背景色と明度差をつけると、可読性が高くなり、ロゴ自体が小さくても、読みやすくなります。上図はファッションブランド「UNIQLO」のサイト（http://www.uniqlo.com/jp/）。

色の機能的効果② 発見しやすさや、注目度を高めることができる

色は<mark>視認性</mark>や<mark>誘目性（注目性）</mark>をコントロールすることができます（図3、図4）。

視認性とは、人が（自分にとって）興味関心がある対象物を探したときに、発見しやすいか否かを示す特性です。

また、誘目性とは、人が対象物に興味関心がなく、特にそれを探していなくても、それを発見しやすいか否かを示す特性です。

色を活用すれば、これらの特性を高くしたり、反対に低くしたりすることが可能です。

視認性や誘目性を向上させる方法は、基本的には先述の明視性や可読性と同じで、「背景色との明度差をつける」ことです。また一般的に、暖色系で色みの強い鮮やかな色（純色の赤色や橙色、黄色など）を使用すると誘目性は高くなります。

視認性を考慮する必要がある主なものに、公共性の高いサインや、（顧客に見つけてもらうための）店舗のサインなどがあります。また、誘目性を考慮する必要がある主なものに、道路標識や安全標識、危険表示などがあります。

図3 視認性の例。企業や店舗のサイン（左図）、公共性の高いサイン（右図）には、高い視認性が求められます。これらのデザインを行うときは、背景色との明度差にも十分注意することが必要です。

図4 誘目性の例。安全標識や危険表示は、いずれも暖色系で色みの強い鮮やかな色を使用することで、高い誘目性を実現しています。背景色との明度差も重要なポイントです。誘目性の高いデザインは、店舗内の告知看板などにも有効です。

色の機能的効果③　識別しやすくできる

色は識別性をコントロールすることができます。識別性とは、見る対象が複数ある場合にそれらを色によってどの程度区別しやすいかを示す特性です。

私たちの周りには同じ（または類似した）デザインが複数存在する場合があります。このようなデザインは、それらが1つのグループ（共通要素）であることを示す際には有効ですが、あまりにも似すぎると、判別するのが困難になるというデメリットもあります。そうした場合に、色の使い分けが重要な役割を担います。色を適切に活用することで、統一感を保持したまま、それぞれを容易に識別できるようにデザインすることが可能になります（図5）。

識別性を向上させたい場合は、最初に対象物を目的や用途、役割ごとに分類します。そのうえで、共通項があるものには同系色を使用して統一感を持たせ、はっきりと区別したいものには対照系の色を使用します。このように使用する色を使い分けると、識別性は向上します（図6、図7）。

識別性を考慮する必要がある主なものに、路線図や路線マーク、フロアガイドやエリアマップなどがあります。

図5 東京メトロの路線図や路線マークはすべて同じデザインですが、色によって高い識別性が実現しています。そのため、日常的に東京メトロを利用している人の多くは、色を見るだけで直感的に目的の路線を識別することができます（例：赤＝丸ノ内線、緑＝千代田線など）。また、色だけではなく、路線名の頭文字を併記していることもユニバーサルデザインのポイントです（下記[COLUMUN]参照）。
●東京メトロ
URL http://www.tokyometro.jp/

図6 東京の池袋にある商業施設「エソラ池袋」のフロアガイドを見ると、フロアの特徴によって大きく3つに分類し、基本となる色を割り当てて識別していることがわかります。また、共通項があるフロアに同系色を使用しています。色の特徴を使って類似性と識別性の両方を上手に表現しています。
●エソラ池袋
URL http://www.esola-ikebukuro.com/

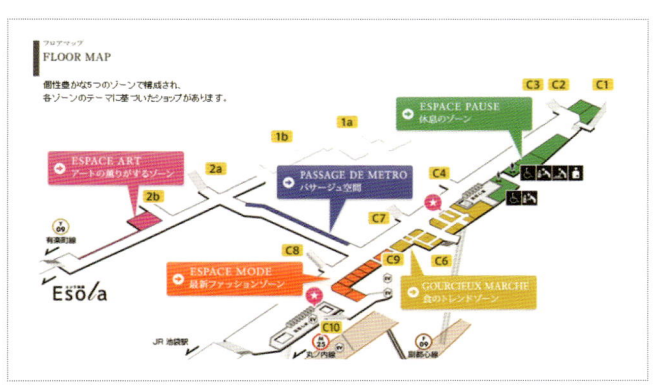

図7 東京の池袋にある商業施設「エチカ池袋」のフロアマップを見ると、エリアごとに色を使い分けしていることがわかります。このように大きくゾーンごとに色分けすることで、高い識別性を実現しています。また、実際の通路やサインにも、それぞれの色を使用することで、フロアマップの利便性をより高めることができます。
●エチカ池袋
URL http://www.tokyometro.jp/echika/ikebukuro/

COLUMN　色の識別性を考慮したユニバーサルデザイン

人間は生まれながらにして色覚（色を感じる感覚）を持っています。しかし、その感覚は絶対的なものではありません。色の見え方は見る人によって異なります。そのため、ある人には見分けやすい配色（識別性の高い配色）であっても、別の人には見分けにくい場合もあります。

このような現実を踏まえ、現在ではさまざまなデザインに「ユニバーサルデザイン」の考え方を取り入れるケースが増えています。ユニバーサルデザインとは、直訳すると「すべての人のためのデザイン」であり、より具体的には老若男女、障害の有無、国籍・文化の違いにかかわらず、すべての人が利用しやすいように、デザインを行うことです。

ユニバーサルデザインを実現するには、色以外にも、可読性の高い文字や明視性の高い図形を併記するなど、さまざまな点に注意する必要がありますが、色に関していえば、本書で後述している「色に関する特性」や「視覚のしくみ」（P.142）などをよく理解したうえで、できる限り識別性の高い配色を選択することが必要です。

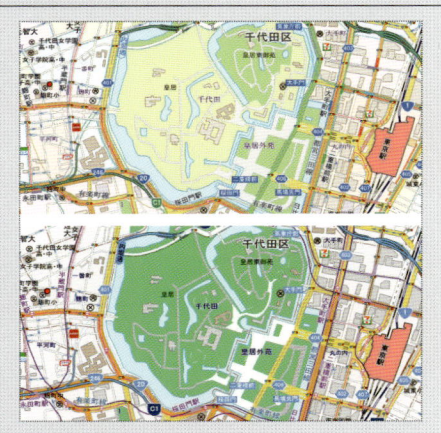

図8 標準の地図表示モード（上部）に加え、ユニバーサルデザインの考え方に基づいて制作された色覚UD表示モード（下部）にも対応した電子地図です。色弱者や高齢者が識別しにくい配色が排除されています。
●スーパーマップル・デジタル 12
URL http://www.mapple.net/smd/

色の情緒的効果① 購買意欲をかきたてることができる

色には、前項までに解説した「機能的効果」に加えて、第三者に対する印象を左右する「情緒的効果」もあります。情緒的効果については、受け取る人によって効果の具合が異なるため、定量的にコントロールすることは困難ですが、効果の内容を把握しておくことは大切です。

まずは「購買意欲」です。色には見る人の購買意欲をかきたてる力があります。どのような配色にするかによって、その他のデザイン（イラストやレイアウト、フォントなど）が同じでも、そこから受ける購買意欲は大きく左右されます。

購買意欲をかきたてる配色のなかで、特に有用なのが「誘目性の高い、高彩度の暖色系の色」です。この色はもともと注目度が高く、また心理的に興奮させる色であるため、購買意欲をかきたてる色として広く利用できます。なかでも赤色は、緊張感や興奮感を増幅させる色であることから、店舗やネットショップなどさまざまなところで注目して欲しい個所のデザインに利用されています（図9）。短期間で販促効果を高めたい季節ものの広告やチラシなどを作成する場合は、赤色を軸にデザインを検討するのもよいかもしれません。

他にも高彩度のオレンジや黄なども効果的な色です（図10、図11）。これらの色は、興奮感をかきたてるだけではなく、カジュアル感も高くなるため、より身近に感じて、ついつい手が伸びてしまう色の一例です。

図9 短期間で販促効果を高めたい「セール」を告知する広告やチラシのデザインには、赤が広く利用されています。

図10 赤と同様に、高彩度の暖色であるオレンジも、誘目性の高い色の1つです。見る人の購買意欲をかきたてる色として、広く利用されています。

図11 高彩度の黄には、興奮感をかきたてるだけでなく、見る人に明るい印象も与える力もあるため、ついつい身近に感じて手が伸びてしまいます。

色の情緒的効果② より多くのターゲットにアピールできる

カラーバリエーション（色の展開）を増やすことで、より多くのターゲットに商品をアピールすることができます。

この方法を利用すれば、既存商品のデザインや機能を変更することなく（コストをかけることなく）、色を変えるだけである程度の新規性を訴えることができます。ただし、ただ単にカラーバリエーションを増やせばよいというわけではないので注意してください。

カラーバリエーションを増やす際は次の2点を十分に吟味する必要があります。

1. 各色が魅力的であること
2. すべての色を並べたときに美しい配色になること

もう1つ、カラーバリエーションを増やす際に有効な方法として、「捨て色を用意する方法」があります。

捨て色とは「それ自体はそれほど魅力的ではないにしても、その色を加えることによって商品群全体が引き立つ色」のことです。全体のなかで特に売り出したい色がある場合などは、その色を引き立てる色を捨て色として選定することで、全体の売上の底上げにつなげることができます。

図12 同一機種にさまざまなカラーバリエーションを持たせることで、使用する人の個性や嗜好を限定しない商品展開になっています。色の魅力やその楽しさを打ち出すのが上手です。
● ソフトバンクモバイル
URL http://mb.softbank.jp/

図13 主力製品である「Mac」はシルバーを中心とした配色になっていますが、「iPod nano」ではさまざまなカラーバリエーションを展開して商品の個性に変化をつけています。
● Apple
URL http://www.apple.com/jp/

図14 お手頃な価格でお洒落なメガネを提供するJINSのPC専用メガネ「J!NS PC」には、16色ものカラーバリエーションが用意されています。自分の顔に合う色もきっと見つかります。
● J!NS
URL http://www.jins-jp.com/

色の情緒的効果③　イメージを統一することができる

関連するあらゆるものを同じ色（または同系色）にすれば、全体のイメージを統一することができます（図15）。

そのため、関連商品や展開先が多様な場合は、使用する色をある程度限定することによって、雑多なイメージを回避し、統一感のある調和を打ち出すことができます。

また、企業イメージを作るCIカラー（Corporate Identity Color）などは、多くの人にそのイメージを浸透させることができます。

図15 関連するさまざまなものを同じ色にすることでイメージを統一している例です。両社はともに航空会社ですが、日本人の多くは、日本航空（JAL）は「赤」、全日空（ANA）は「青」という色をすぐにイメージすることができるでしょう。

●日本航空
URL http://www.jal.co.jp/

●全日空
URL https://www.ana.co.jp/

色の情緒的効果④　印象を変えることができる

人間は色に何らかの印象を持っているため、使用する色を変えるだけで、人に与える印象を変えることができます（図16）。

例えば、人は寒色系の色からは都会的でクール、機能的な印象を受け、暖色系の色からは自然的でウォーム、ナチュラルな印象を受けます。このことを念頭に求められる配色を検討すれば、デザインの目的を大きく外すのを避けることができます。

また、色相（色みや色合いの違い）そのものではなく、明度や彩度を少し変えるだけでも、与える印象は変わるので、適切にカラーデザインを行うことができれば、既存のイメージを大きく変えることなく、新規性を打ち出すことも可能です。

●ローソン
URL http://www.lawson.co.jp/

●ナチュラルローソン
URL http://natural.lawson.co.jp/

図16 コンビニエンスストア大手の「ローソン」は、同じCIのまま、色を変えることで、異なるターゲット層に訴求するデザインを実現している好例です。従来からある既存店ではさわやかで清潔感のある寒色系の青色を基本色として使用し（左図）、新ブランドである「ナチュラルローソン」では、ターゲットである20〜30代の働く女性が魅力を感じるよう、プレミア感があり、美容や健康にもマッチする暖色系の赤色を使用しています（右図）。このように色を使い分けることで、同じローソンでも取扱ブランドの違いを明確に表現しています。

色の情緒的効果⑤　付加価値を上げることができる

色には、商品やブランドの世界観を上げる効果があるため、いったん特定の色に対してよいイメージを定着させることができれば、その色によって、企業やブランド、商品の価値、イメージをより向上させることができます。ただし、この効果を十分に得るためには「オリジナル性の高い魅力的な色」を選定することが必要です。多くのデザインで使用されている汎用的な色や、連想する対象が多い赤、黄、緑、青などの心理四原色を使用してこの効果を得ることは困難です。

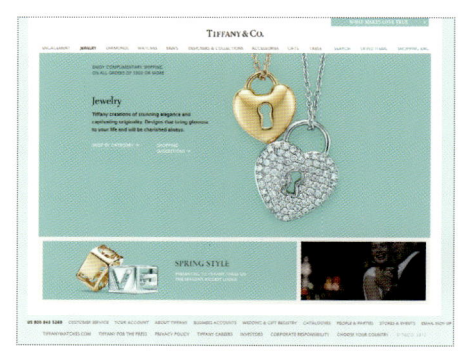

図17 「色によって付加価値を上げることができる」ことの実例を考える際に、まっ先に思いつくのは宝飾品および銀製品のブランド「TIFFANY&Co.」のコーポレートカラーではないでしょうか。
この色は、19世紀の半ばにティファニー社がオリジナルで作成した色です。現在では「ティファニーブルー」とも呼ばれるほどティファニーの色として定着し、全世界の女性を幸せな気持ちにさせる色として広く認知されています。

● TIFFANY & Co.
URL http://www.tiffany.com/

色の三属性と、色の表現方法

ここでは、色の三属性と、色の表現方法の1つである「PCCS表色系」について説明します。本項の内容は、配色やカラーデザインを行う際のもっとも基礎となる部分です。ここで確実に習得しておきましょう。

色の三属性と有彩色・無彩色

具体的な配色方法やカラーデザインのルールを解説する前に、色の基本をいくつか解説します。ここで解説する内容は、本書で紹介するさまざまな配色テクニックの前提知識となる、とても重要なものです。すでにご存じの方もいると思いますが、復習も兼ねて、ぜひ読み進めてください。

色の三属性とは

すべての色は3つの性質を持っており、これを「色の三属性」と呼びます。色を使いこなすうえでは、色の三属性に関する知識が不可欠です。色の三属性とは「色相」、「明度」、「彩度」の3つです（図1）。

色相とは、「色みの性質、色あい」のことです。「赤」、「黄」、「緑」、「青」の心理四原色などがあります。

明度とは、「色の明るさの度合い」のことです。白に近づくほど明るく、高明度になり、黒に近づくほど暗く、低明度になります。このことから、明るい色を「高明度な色」、暗い色を「低明度な色」といいます。色の中で最高明度の色は「白」、最低明度の色は「黒」です。

彩度とは、「色の鮮やかさの度合い」のことです。ある色と同明度の灰色の分量が多くなると低彩度になり、少なくなると高彩度になります。このことから、鮮やかな色（色みが強い色）を「高彩度な色」、おだやかな色（色みが弱い色）を「低彩度な色」といいます。最高彩度は色みが100%の純色（pure color）、最低彩度は色みが0%の白や灰色、黒といった無彩色です。

色の性質は、これらの三属性がすべてそろうことで、はじめて決定されます。いい換えるなら、どれか1つでも欠けていると色は決まりません。このことから、「色がまったく同じ」ということは、色が持つ三属性がすべて同じであるということであり、「色が違う」ということは色相、明度、彩度のいずれか、もしくはいずれもが異なるということがいえます。

有彩色と無彩色

また、色は「有彩色」と「無彩色」の2種類に分類することができます。有彩色とは、読んで字のごとく、「彩り（色み）がある色」であり、無彩色とは「彩り（色み）がない色」です。無彩色にあたるのは、白と灰色、黒のみです（図2）。これらの色以外はすべて有彩色になります。また、無彩色に限りなく近い有彩色のことを「準無彩色（オフニュートラル）」ということもあります。

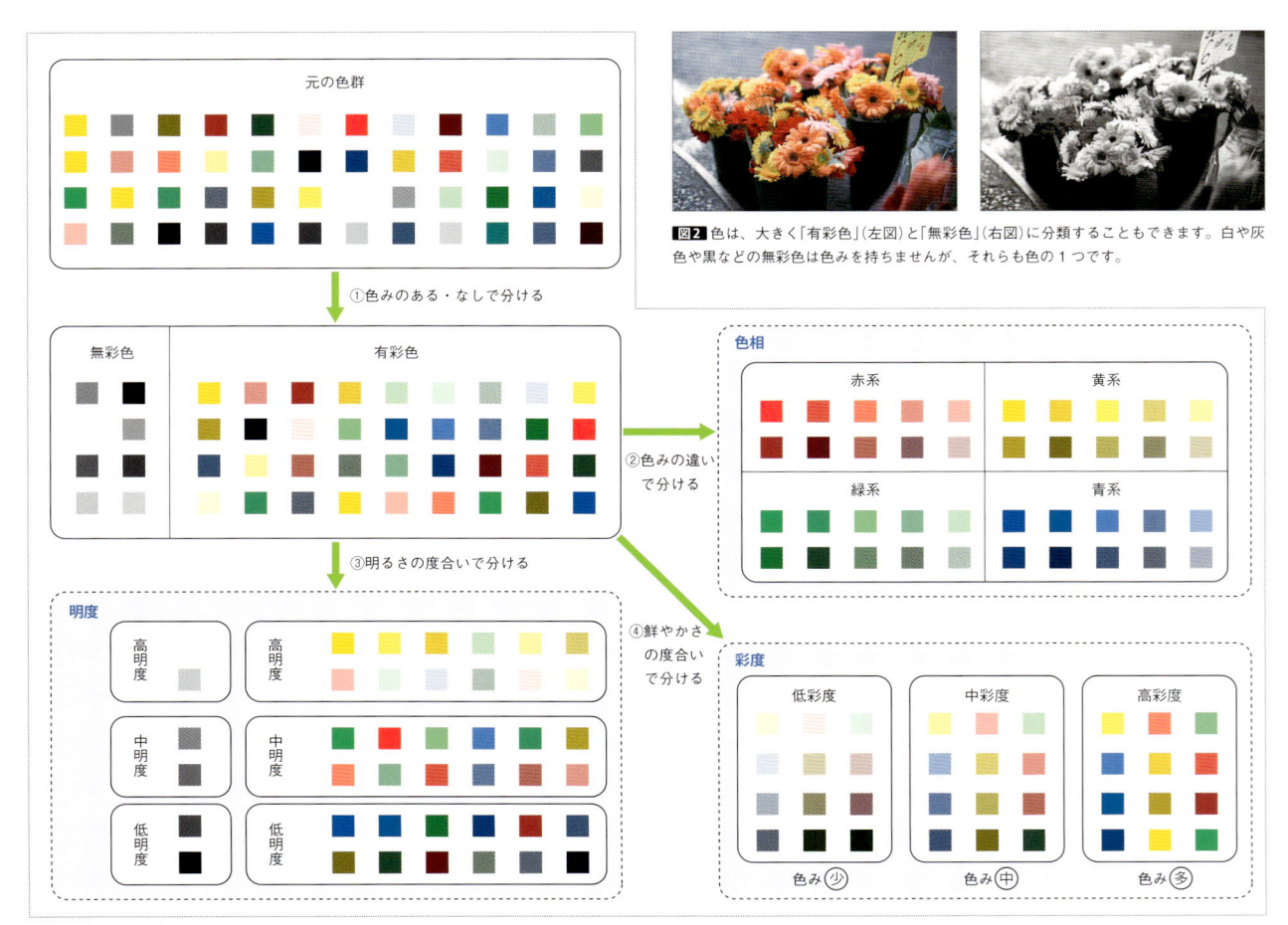

図2 色は、大きく「有彩色」（左図）と「無彩色」（右図）に分類することもできます。白や灰色や黒などの無彩色は色みを持ちませんが、それらも色の1つです。

図1 数多くの色を色の三属性で分ける

色相、明度、彩度の効果

ここで、色の三属性それぞれが持つ効果を簡単に説明します。これらの効果はカラーデザインの1つの側面でしかありませんが、本質を理解しておくと、配色を決定する際に、目的にあった配色を選択することができるようになります。また、これらの性質をあえて逆手にとることで、斬新かつ冒険的なデザインを行うことのヒントにすることもできます（各効果の具体的な使い方や、組合せ方法は後ほど詳しく解説します：P.54）。

色相の効果

色相、つまり色みには、見る人に暖かさを感じさせたり（暖色系）、クールなイメージを感じさせたり（寒色系）する効果があります（図3）。

例えば、暖色系の赤や橙、黄を使用すると暖かい印象を与え、寒色系の青みの緑、青緑、緑みの青、青、紫みの青などを使用するとクールな印象を与えることができます。

ちなみに、色相の効果を出しやすいのは色みの違いがわかりやすい高彩度のトーンです。低彩度になるほど色みの違いがわかりにくくなるためです。

明度の効果

明度には、見る人に軽さや軟らかさを感じさせたり（高明度）、重さや硬さを感じさせたり（低明度）する効果があります（図4）。また、膨張して見せたり（高明度）、収縮して見せたり（低明度）する効果があります。

例えば、高明度の色を使用するとカジュアルな印象を与え、低明度の色を使用すると高級感のある印象を与えることができます。

彩度の効果

彩度には、見る人に元気さやアクティブさを感じさせたり（高彩度）、おだやかさやシックさを感じさせたり（低彩度）する効果があります（図5）。

例えば、高彩度の色を使用するとハレの日の派手な印象を与え、低彩度の色を使用すると日常のおだやかな印象を与えることができます。

表1：色の三属性の効果

属性	効果
色相	寒暖感（寒い、暖かい／冷たい、温かい）、進出後退感（飛び出す、引っこむ）をコントロールする効果がある
明度	軽重感（軽い、重たい）や硬軟感（軟らかい、硬い）、膨張収縮感（大きい、小さい）をコントロールする効果がある
彩度	興奮沈静感（元気、落ち着き）、派手地味感（インパクト、シック）をコントロールする効果がある

図3 色相の効果

暖色系の色みを用いると、暖かで楽しげな印象を与えることができます。家族や団欒のイメージを出したい場合などに活用できます。

寒色系の色みを用いると、クールで落ち着きのある印象を与えることができます。ビジネスや信頼のイメージを出したい場合などに活用できます。

図4 明度の効果

高明度の色を用いると、爽快な印象を与えることができます。カジュアルなイメージを出したい場合などに活用できます。

低明度の色みを用いると、高級感のある印象を与えることができます。リッチなイメージを出したい場合などに活用できます。

図5 彩度の効果

高彩度の色を用いると、ワクワクした印象を与えることができます。晴れやかなイメージを出したい場合などに活用できます。

低彩度の色を用いると、落ち着いた印象を与えることができます。おだやかなイメージを出したい場合などに活用できます。

色立体

色の三属性すべてを、同時に視覚的に表そうとすると、3D（三次元）の立体的な形（色空間）になります。この色空間に色を配置したものを「色立体」といいます。

色立体は色の世界の地球儀のようなものです。色立体の中の任意の位置によって、色の三属性を読み取ることができます。水平方向の円周が色相を、縦軸を明度を、中心軸から外周に向かう横軸が彩度を表します。そして、中心軸が無彩色軸（白・灰色・黒が並ぶ）となり、無彩色軸に並ぶ色以外のすべての色が有彩色になります（図6）。

中心の無彩色軸から水平方向に向かう角度によって色相が決まり、垂直方向への高さによって明度が決まります。上に行くほど明るく、下に行くほど暗くなります。

また、無彩色軸から水平方向にどのくらい離れるかによって彩度が決まります。中心軸に近づくほど穏やかに、中心軸から離れるほど鮮やかになります。

すべての色は、色空間上のどこかにプロットされます。なお、2つの色（2つの点）の間の距離が、その2つの色の「色差」となります（色差＝色相差＋明度差＋彩度差：P.124）。

色立体の断面

3D（三次元）の色立体を、ある面で切断すると、平面（二次元）が現れますが、この断面には、切断した方向に応じてそれぞれに名前が付いています。その中でも「等色相面」は、色を二次元の平面で表す際（JIS標準色票など）によく登場するので、おぼえておきましょう。

等色相面とは、同じ色相を1つの面に表したもので、色相の数だけあります。等色相面は、中心軸をとおるように、色立体を垂直に切断すると現れます。等色相面の縦軸は明度の違い、横軸は彩度の違いを表しています。また、色立体の断面には他に、同じ明度を1つの面に表した「等明度面」や同じ彩度を1つの面に表した「等彩度面」があります。

色票集

色を等色相面上に表した色票集に、「JIS標準色票」や「マンセル・ブック・オブ・カラー」などがあります。これらはいずれもマンセルの表色系を基準としています。

JIS標準色票は、合計40色相分の等色相面（等色相面×40枚）で構成されています。

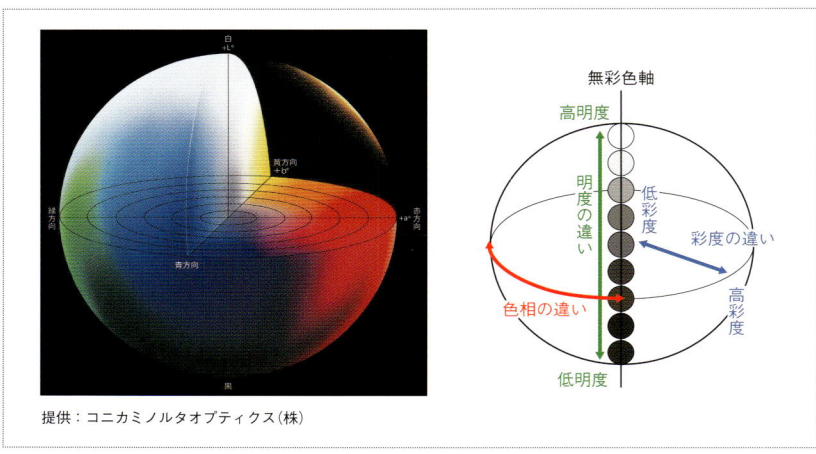

提供：コニカミノルタオプティクス（株）

図6 一般的な色空間（$L^*a^*b^*$色空間）の色立体。水平方向の円周が色相を、縦軸が明度を、横軸が彩度を表しています。中心軸は白〜灰色〜黒が並ぶ無彩色軸で、中心軸以外のすべての色は有彩色となります。

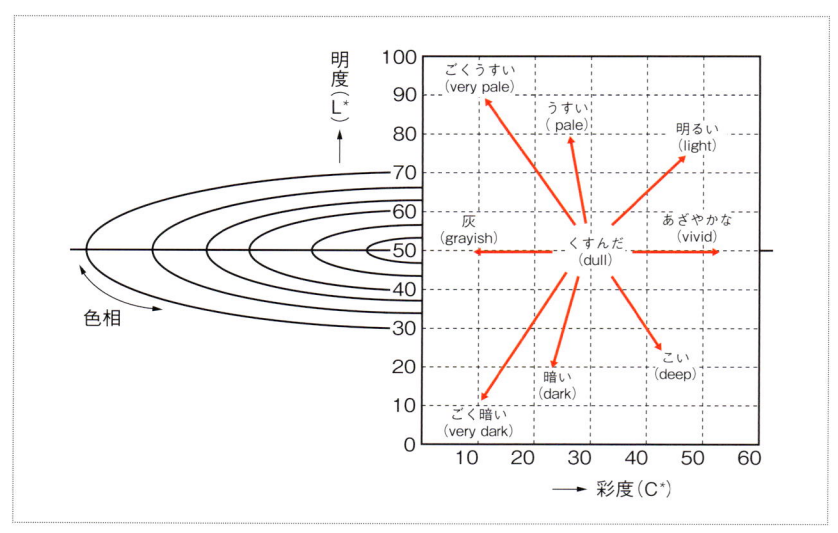

図7 色度図（明度と彩度）

表2：色立体の断面

分類	説明
等色相面	色立体を、中心軸をとおるように垂直に切断した際に現れる面。左右それぞれに色相が等しく、明度と彩度のみ異なる色が並ぶ
等明度面	色立体を、水平方向に切断した際に現れる面。明度が等しく、色相と彩度が異なる色が並ぶ
等彩度面	色立体を、中心の無彩色軸から等しい距離で同心円状に切断した際に現れる面。彩度が等しく、色相と明度が異なる色が並ぶ

● JIS標準色票（左）とマンセル・ブック・オブ・カラー（右）

色の表現方法 — PCCS 表色系

色の表現方法は、大きく分けて、記号や数字で色を表す「表色系」と、言葉で色を表す「色名」の2種類がありますが、より正確に色を表すことができるのは表色系です。

一方、イメージや世界観を伝えたいときには、色名のほうが向いていることもあります。目的や用途に応じて表色系と色名を使い分けることが大切です。

PCCS表色系とは

PCCS（Practical Color Coordinate System：日本色研配色体系）は、財団法人日本色彩研究所によって開発されたもので、色と色の関係性（配色）を考える際に役立つ表色系です。PCCS表色系の色の三属性は次の数に分類されています。

① 色相（Hue：1:pR〜24:RPの24色相）
② 明度（Lightness：1.5〜9.5の0.5ステップの17段階）
③ 彩度（Saturation：0s〜9sの10段階）

また、同じような明るさやあざやかさを持つ明度と彩度をまとめたものを「トーン（色調＝色の調子）」と呼びます。この「トーン」の考え方を持っている点が、PCCS表色系の最大ともいえる特徴の1つです。

色を色相・明度・彩度の三属性で表そうとすると三次元の立体的な空間になりますが、色相（Hue）と色調（Tone：明度＋彩度）の二属性で表すと、平面に簡略化することができます。このため、PCCS表色系は別名「ヒュートーンシステム」とも呼ばれています。

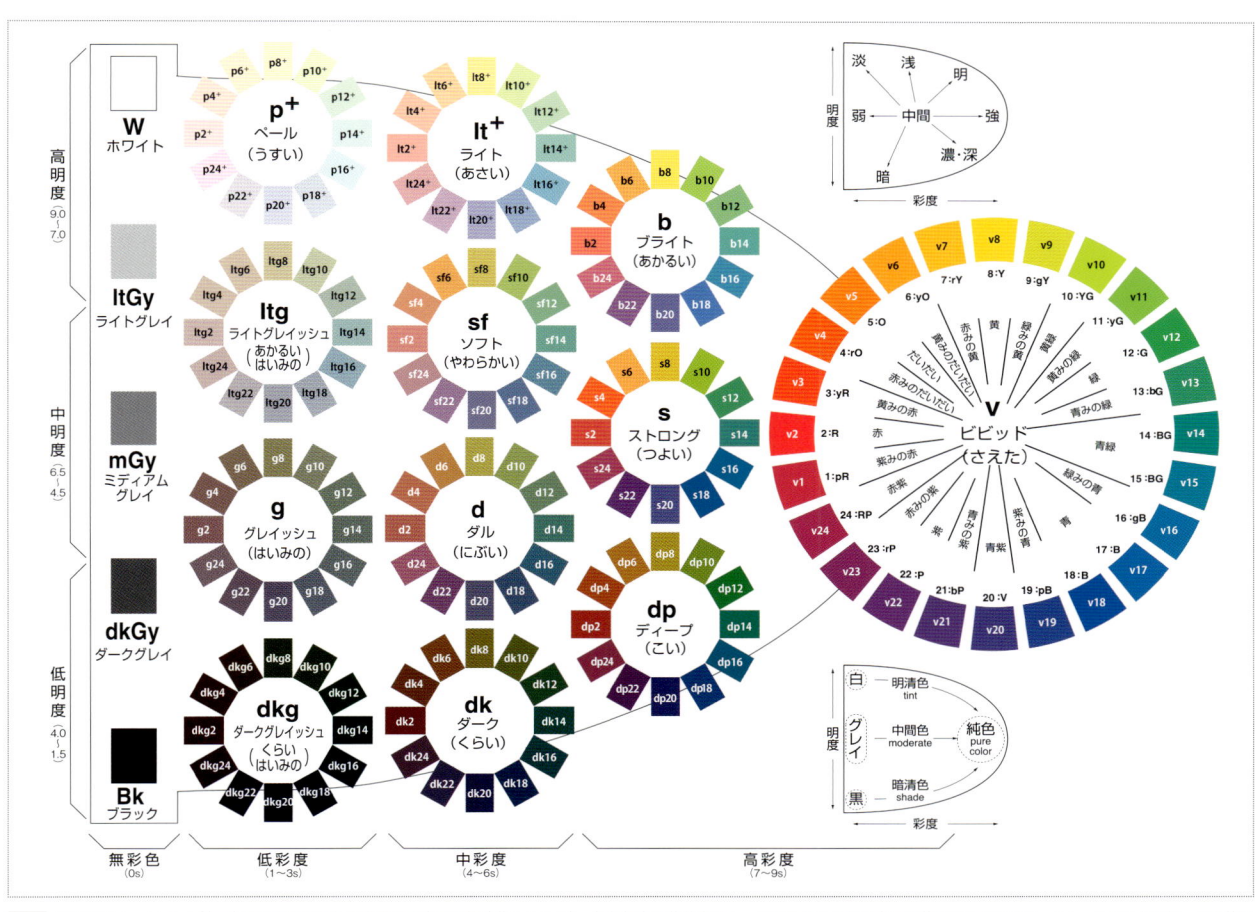

図8 PCCSのトーンマップ（三次元で表される色の世界を二次元に簡略化したもの）。各色相内の英数字はトーン記号による色の表示に基づいたものです。vトーンのみ24色、その他のトーンは偶数番号のみの12色となります。

W	ホワイト（White）清潔な／冷たい／新鮮な	p⁺	ペール（pale）薄い／軽い／あっさりした／弱い／女性的／若々しい／優しい／淡い／かわいい	lt⁺	ライト（light）浅い／澄んだ／子供っぽい／さわやかな／楽しい	b	ブライト（bright）明るい／健康的な／陽気な／華やかな
Gy	グレイ（Gray）スモーキーな／しゃれた／寂しい	ltg	ライトグレイッシュ（light grayish）明るい灰みの／落ち着いた／渋い／おとなしい	sf	ソフト（soft）柔らかな／穏やかな／ぼんやりした	v	ビビッド（vivid）さえた／鮮やかな／派手な／目立つ／いきいきした
		g	グレイッシュ（grayish）灰みの／濁った／地味な	d	ダル（dull）鈍い／くすんだ／中間色的	s	ストロング（strong）強い／くどい／動的な／情熱的な
Bk	ブラック（Black）高級な／フォーマルな／シックな／おしゃれな／締まった	dkg	ダークグレイッシュ（dark grayish）暗い灰みの／陰気な／重い／固い／男性的	dk	ダーク（dark）暗い／大人っぽい／丈夫な／円熟した	dp	ディープ（deep）深い／濃い／充実した／伝統的な／和風の

図9 PCCSトーンのイメージワード

PCCSトーンマップの構造

PCCSのトーンは、12トーンの有彩色と、5トーンの無彩色から構成されており、各トーンは大きく純色、明清色、暗清色、中間色（濁色）、無彩色の5種類に分類されます（図10）。

PCCSの明度と彩度

PCCSでは、同一トーン内の各色は、==彩度はすべて同じ==となりますが、明度にはかなりのばらつきがあります。

同一トーン内でも高彩度のトーンになるほど明度差は大きくなり、低彩度のトーンになるほど明度差が小さくなります。また同一トーン内で比較すると、必ず黄が最高明度、青紫が最低明度になります。例えば、vトーンの場合は、v8の黄が最高明度、v20の青紫が最低明度になります。また、同一トーン内で色相番号6と10、色相番号4と12、2と14など、左右対称の位置（同じ高さ）にある2色の明度は同じになります（図11）。

なお、ここですべての明度を厳密に覚えておく必要はありません。下図を見て、明度の領域の違いを、雰囲気で押さえておきましょう。そのうえで、特に明度の関係を意識する配色を決定する際などに、下図を見直し、トーンや色相を決めるとよいでしょう。

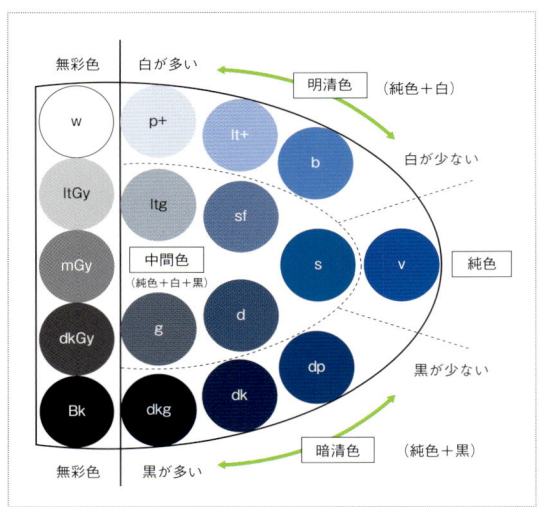

図10 PCCSトーンマップには、12トーンの有彩色と、5トーンの無彩色があり、各トーンがそれぞれの特徴ごとに5つのトーンに分類されています。

表3：トーンの分類

分類	説明
純色（pure color）	色み100％の色（vトーンにあたる）
明清色（tint color）	純色に白のみを加えた色。白の量が増えるごとに、bトーン→ltトーン→pトーンと、高明度かつ低彩度になっていく
暗清色（shade color）	純色に黒のみを加えた色。黒の量が増えるごとに、dpトーン→dkトーン→dkgトーンと、低明度かつ低彩度になっていく
中間色（moderate color） 濁色（dull color）	純色に白と黒の両方（＝灰色）を加えた色。灰色の量が増えるごとに、低彩度になっていく
無彩色（neutral color）	色み0％の色（PCCSの左軸にあたる）

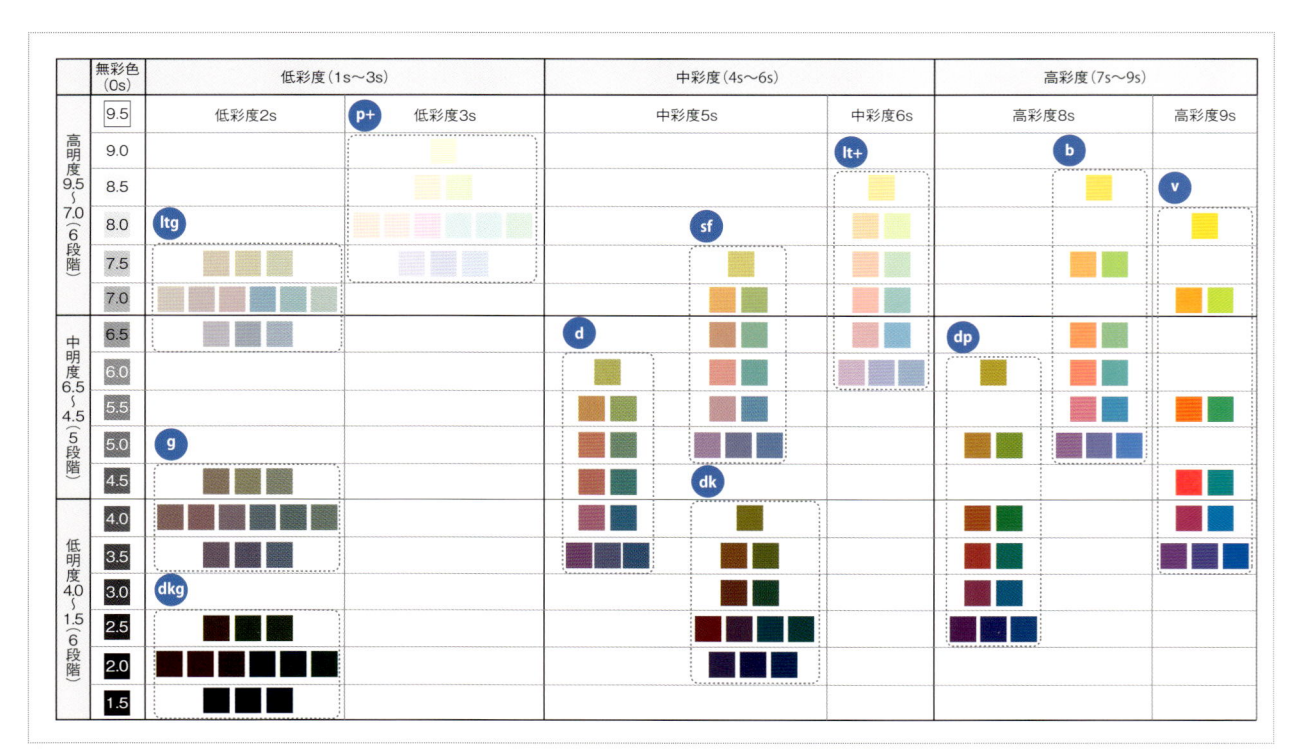

図11 同一トーン内であれば、各色相の彩度は同じになります。一方、明度にはトーンの違いによりかなりのばらつきがあります。高彩度のトーンになるほど同一トーン内の色の明度差は激しく、低彩度のトーンになるほど同一トーン内の色の明度差はなくなります。

PCCSの色相環

PCCSの色相環は、自然界の虹色を輪にして、その間に虹色に含まれない紫や赤紫を追加してつなげたものです。以下の12色と、その中間となる色をそれぞれ追加した、合計24色で構成されます。

①心理四原色
- 赤（2：R）
- 黄（8：Y）
- 緑（12：G）
- 青（18：B）

②心理四原色の心理補色に近い色
- 青緑（14：BG）
- 青紫（20：V）
- 赤紫（24：RP）
- 黄のだいだい（6：yO）

③見た目に等間隔になるように配置された色
- 赤みのだいだい（4：rO）
- 黄緑（10：YG）
- 緑の青（16：gB）
- 紫（22：P）

心理四原色とは、4つの原色のことで、「赤らしい赤」、「黄らしい黄」、「緑らしい緑」、「青らしい青」のことです。また、心理補色とは、鮮やかな有彩色をしばらくじっと見つめた後、他のところに眼を移したときに、ぼんやりと残像として見える反対の色（補色）のことです（赤なら青緑、黄なら青紫）。なお、この残像のことを補色残像といいます（P.52）。

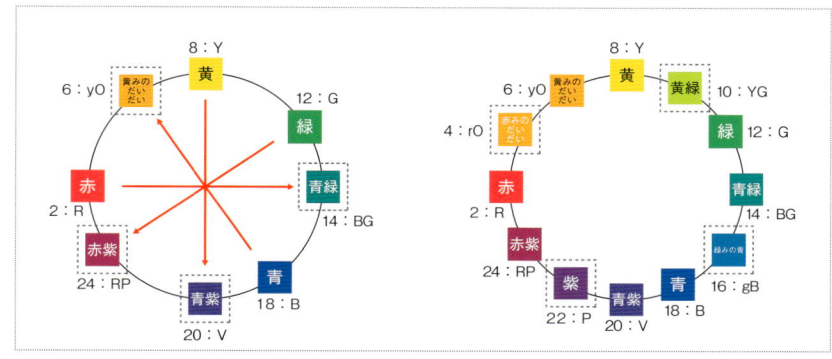

図12 最初に心理四原色を円周上に配置し、その対向位置に、各心理四原色の心理補色に近い4色を配置します（左図）。そのうえで、見た目に等間隔になるように「赤みのだいだい」、「黄緑」、「緑みの青」、「紫」の4色を配置します（右図）。

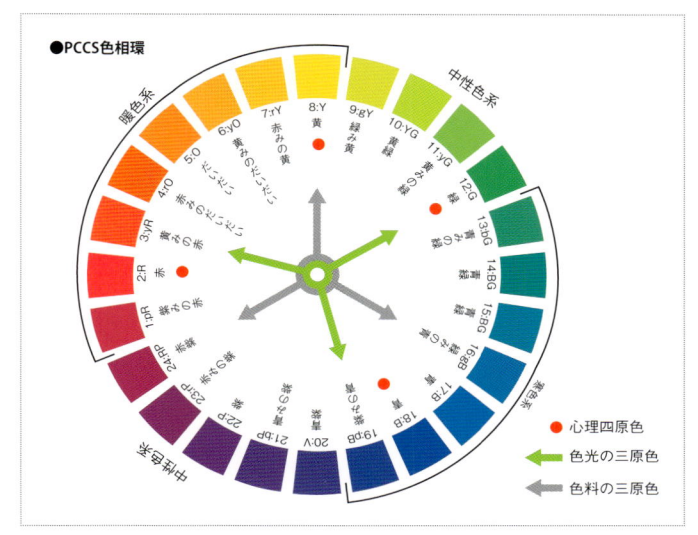

図13 PCCSの色相環。合計24色から構成されます。「色光の三原色」とは、加法混色の三原色（RGB）です。PCCSでは、Rは「黄みの赤（3：yR）」、Gは「緑（12：G）」、Bは「紫みの青（19：pB）」にあたります。「色料の三原色」とは、減法混色の三原色（CMY）です。PCCSでは、Cは「緑みの青（16：gB）」、Mは「赤紫（24：RP）」、Yは「黄（8：Y）」にあたります（P.144）。

PCCSの表記方法

PCCSのトーンマップや色相環上では、各色を図14に示す方法で表記しています。表記方法には「色相とトーンによる表示」と「三属性による表示」の2種類があります。本書では基本的には「色相とトーンによる表示」を用いて解説していますが、一部、必要な場合には「三属性による表示」も掲載しています。各表記と色の対応をしっかりと把握しておいてください。

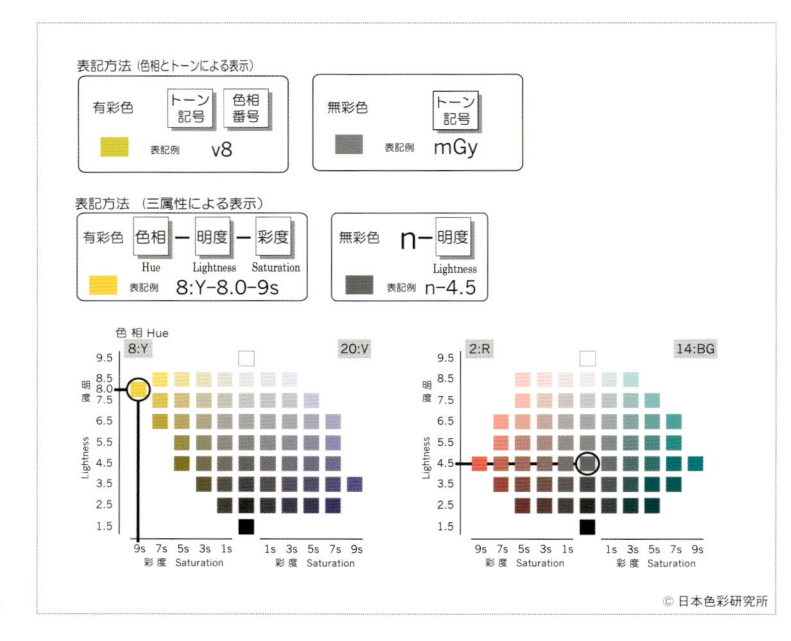

図14 PCCS 表記方法

配色調和の基本

そもそも色が調和するとはどういうことでしょうか。色彩調和に正解はあるのでしょうか。ここでは好き嫌いの判断に陥りがちな配色について、そのさまざまな調和の「考え方」について学びます。

配色調和論は1つだけではありません。これまで、さまざまな人たちによって、さまざまな配色調和論が提唱されています。

代表的なものだけでも、シュヴルールによる「類似の調和」と「対比の調和」、ルードによる「色相の自然連鎖」と「色相の自然序列」など、欧米を中心にさまざまな理論があります。また、先人たちの数々の色彩調和論を4つの原理（「秩序の原理」、「なじみの原理」、「類似性の原理」、「明瞭性の原理」）にまとめた「ジャッドの理論」もあります。各理論を把握しておけば、実際に配色を決定する際のヒントにはなります。ただし、これらの理論にしたがえば常に美しい配色になるというわけではありません。先人達の調和論を参考にしながら、「なぜ、この配色が良いのか」、「なぜ美しいのか」などを考えることが大切です。

ここでは、数多ある配色調和論のなかから、古今東西「調和している」とされやすく、現在でも広く認知されている代表的な8つの配色調和論を紹介します。

「類似の調和」と「対比の調和」

シュヴルール（仏：1786〜1889）は、配色の調和理論に、色相と色調（トーン）による調和の概念を導入し、色彩調和の基本類型を「類似の調和」と「対比の調和」の2つに分類し、さらにそれぞれを右図のように3つに分類しました。この理論のいずれかにしたがった配色は、「調和した配色」になります。

この調和論は、ロマン派や印象派、点描派の画家たちに大きな影響を与えました。また、今日の調和論の発展へとつながる基礎にもなっています。シュヴルールの有名な著書に「色彩の同時対比の法則、そしてこの法則に基づく配色について」（1839）があります。

図1 類似の調和

①同一色相で、色調が階調的に異なる色同士は調和する。

②隣接色相で、色調が類似の色同士は調和する。

③透明色ガラスを通して見たときに全体が1つの色相（主調色）に支配されたような配色は調和する。

図2 対比の調和

④同一色相で、色調が対比の色同士は調和する。

⑤隣接色相で、色調が対比の色同士は調和する。

⑥色相対比が増大するように選ばれた色同士は調和する。

「イエローベース」と「ブルーベース」

ロバート・ドア（米：1905〜1979）は、「すべての配色は、黄みを帯びたイエローベースの色群による調和と、青みを帯びたブルーベースの色群による調和との2種類によって調和する」としました。これは、さまざまな色に黄色もしくは青色のフィルタをかけて見たような色群で、一種のカラードミナント（イエロードミナントとブルードミナント）といえます。どのような色も、イエローまたはブルーのいずれかでドミナントされた色同士は調和する、という考え方です。

これは「カラー・キー・プログラム」と呼ばれる色彩調和のシステムで、現在では業種・業界を限らず、さまざまな業界の多くのカラーイメージコンサルタントにも影響を与えています（P.46）。

図3 イエローベースの色の一例。イエローでドミナントされた色は、全体的に温かみ（ウォーム感）を感じます。

図4 ブルーベースの色の一例。ブルーでドミナントされた色は、全体的に冷たさ（クール感）を感じます。

「ウォームシェードとクールシェード」と「基本配色」

フェイバー・ビレン(米：1900～1988)は、「美しい色とは、よく売れる色である」という考えをもとに、実用的なカラーシステムを作り、「ウォームシェードとクールシェード」と「基本配色」について述べています。

ウォームシェードとクールシェード

同じ暖色系の色相の赤でも、黄みの赤はより暖かさを感じさせ、紫みの赤は冷たさを感じさせるなど、心理効果によって色相を微妙に区分けしています。また、同じ色相で暖かみを感じさせる色を「ウォームシェード」、冷たさを感じさせる色を「クールシェード」と名づけ、同じシェード同士の色は調和しやすいとしました。

配色の基本用語と基本配色

「配色の基本用語」として、次の7つを挙げています。①色相(COLOR)、②白色(WHITE)、③黒色(BLACK)、④灰色(GRAY)、⑤チント(TINT：純色＋白色)、⑥シェード(SHADE：純色＋黒色)、⑦トーン(TONE：純色＋灰色)。

また、オストワルトの色立体に、マンセルの明度の概念を追加した独自の色立体を用いて、図6の右の6つを「基本配色」としています(P.20)。

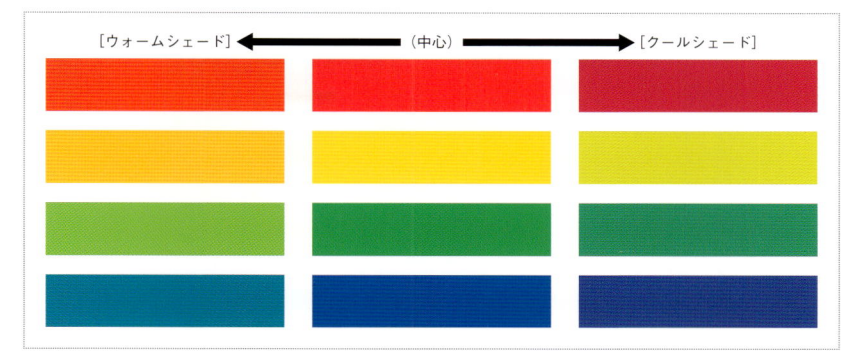

図5 ウォームシェードとクールシェード。これらのうち、同じシェード同士の色は調和しやすいとされています。

フェイバー・ビレンによる基本配色は、以下の6つです。これらの配色は、調和しやすいとされています。

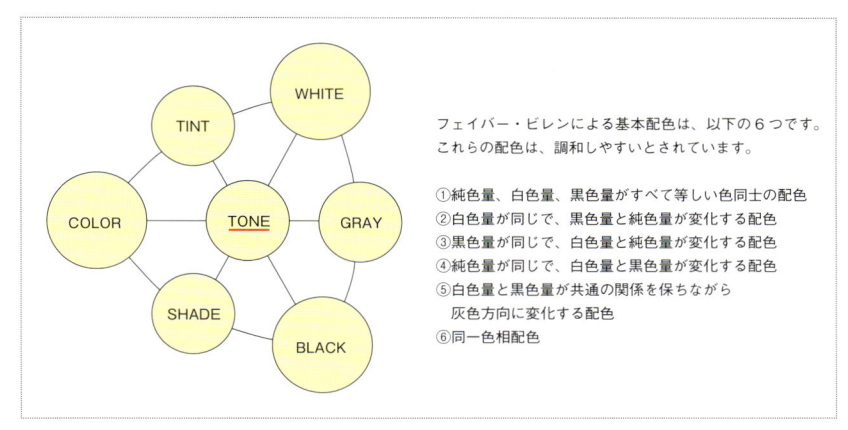

① 純色量、白色量、黒色量がすべて等しい色同士の配色
② 白色量が同じで、黒色量と純色量が変化する配色
③ 黒色量が同じで、白色量と純色量が変化する配色
④ 純色量が同じで、白色量と黒色量が変化する配色
⑤ 白色量と黒色量が共通の関係を保ちながら灰色方向に変化する配色
⑥ 同一色相配色

図6 フェイバー・ビレンによる、配色の基本用語(左図)と、基本配色(右リスト)。

COLUMN　東洋の配色理論

本書で紹介する配色理論は、欧米において述べられた色彩の世界で著名な配色調和理論が中心です。ではなぜ、東洋ではなく欧米なのでしょうか。その理由の1つに、欧米では古来より「美しい」と感じる理由を「なぜなのか」と突き詰める知的欲求あり、また、それらを客観的かつ論理的に、あるいは計算で示し残す能力が長けていたとされる考え方があります。また、調和する・しないを含め、何事もYesかNoではっきりと分けたがる傾向があるともいえます。

一方、東洋(例えば日本)では、白でも黒でもないグレーゾーンの「あいまい」も良しとする傾向があります。配色でいえば、類似性も対照性も感じられない「中差色相配色」のようなものです。実際に東洋に古来からある神社仏閣などにはこのような配色も多く見られます。「美しい」と感じるものを、あえて計算で求めたり論理で語らずに、ニュアンスを心で感じ(察し)共有することが、東洋的な美徳といえるのかもしれません。

とはいえ、仕事のなかでカラーデザインを行ううえでは、客観的な色の見方や論理的な説得力が求められるのも事実です。「なぜ」美しいのか、「なぜ」この配色が良いのか、といえる力が必要になります。そのため、本書を通じて、先人の示した配色理論を習得することはとても大切です。

図7 東洋的な配色の美しさ。中差色相配色的な色使いが特徴的。

色相の自然連鎖（色相の自然序列）

ルード（米：1831～1902）は、同じ色でも、光が当たって明るい所では黄みがかって見え、光が当たらずに影になって暗い所では青みがかって見えることを発見しました。これを「色相の自然連鎖(Natural Sequence of Hues)」、または「色相の自然序列(Natural Order of Hues)」といいます（図8）。

人間は古来より自然界の色の見え方に見慣れています。そのため、「光と影」＝「明と暗」＝「黄みと青み」といった自然界の色の見え方の法則にしたがって、明るいほうの色を黄み寄りに、暗いほうの色を青み寄りにすると、調和した配色になりやすいとされています。このような配色を「ナチュラルハーモニー」といいます（図9およびP44）。

なお、先述した「PCCS表色系」も、この考えをベースにして成り立っています。色相環は黄（8：Y）に近づくほど明るく、青紫（20：V）に近づくほど暗くなっています（図10）。

図8 同じ緑の葉でも、光が当たって明るい個所は黄みの緑に見え、光が当たらず影になっている個所は青みの緑に見えます。また、同じ赤のリンゴでも、光が当たって明るい個所は黄みの赤に見え、光が当たらず影になっている個所は青みの赤に見えています。

● ナチュラルハーモニーの例

| dp6 | dk4 | b12 | dp14 | g24 | ltg2 |

● コンプレックスハーモニーの例

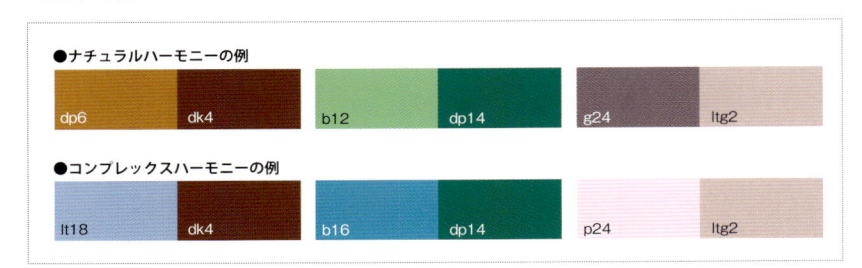

| lt18 | dk4 | b16 | dp14 | p24 | ltg2 |

図9 ナチュラルハーモニーとコンプレックスハーモニーの例。コンプレックスハーモニーは、ナチュラルハーモニーの逆で、明るいほうの色を青み寄りに、暗いほうの色を黄み寄りにした配色です。自然界で見慣れない配色のため違和感を感じやすい一方で、新規性や都会的な印象を演出しやすくなります。

図10 PCCS表色系のトーンの明度表。同じ点線上の色票は同じトーンを表しています。どのトーンでも黄（8：Y）に近づくほど明度が高く（明るく）、青紫（20：V）に近づくほど明度が低く（暗く）なっていることがわかります。

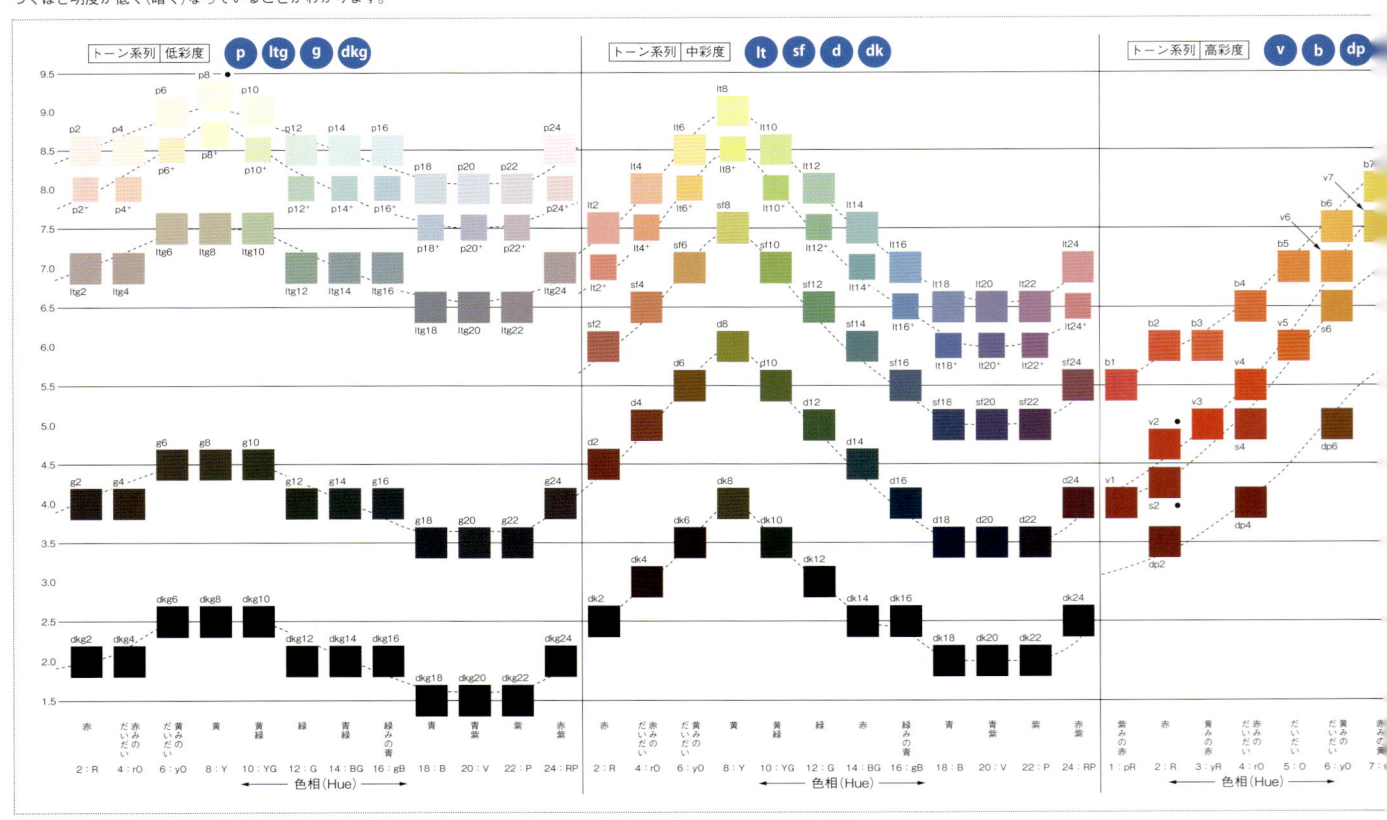

色相分割による調和論

ヨハネス・イッテン（スイス：1888～1967）は、独自の色相環と色立体を用いて調和論を展開しました。

イッテンの色相環では、基本の赤・黄・青の3色を一次色とし、一次色のうち、2つずつを混色して橙・緑・紫の二次色を作り、さらに一次色と二次色の混色によって6色の三次色を作っています（合計12色）。

イッテンはまた、色相環を構成する一次色と二次色による調和のとれた面積比は、「黄3：橙4：赤6：紫9：青8：緑6」とし、「低明度な色ほど面積を大きく、高明度な色ほど面積を小さくするとバランスがとれる」としました（調和のとれた面積比の色相環）（図11）。

また、イッテンの配色調和理論では、色相分割の考え方で、色相環を規則的に何分割にするかで配色を決めていきます。5分割など、均等に分割しきれない場合（12色相なので）は、色立体の上下にある白と黒が登場して立体的な面体となります（図12）。

いずれにしても、色相環の中を幾何学的に分割して規則的に色を組み合わせると調和しやすいとしています（選ぶトーンは自由です）（P.36）。

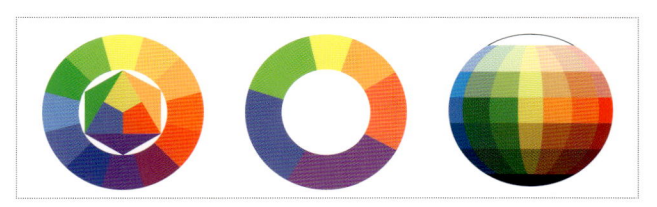

図11 イッテンの色相環（左図）と色立体（右図）。色相環の中央が一次色、その周囲が二次色。一次色（3色）と二次色（3色）に、それらを混ぜ合わせてできた三次色（6色）を加えてできたのが外周（合計12色）。中央図は、一次色と二次色による調和のとれた面積比の色相環。イッテンの色立体は球形で、中心軸は無彩色軸です。また、最上部は白、最下部は黒です。

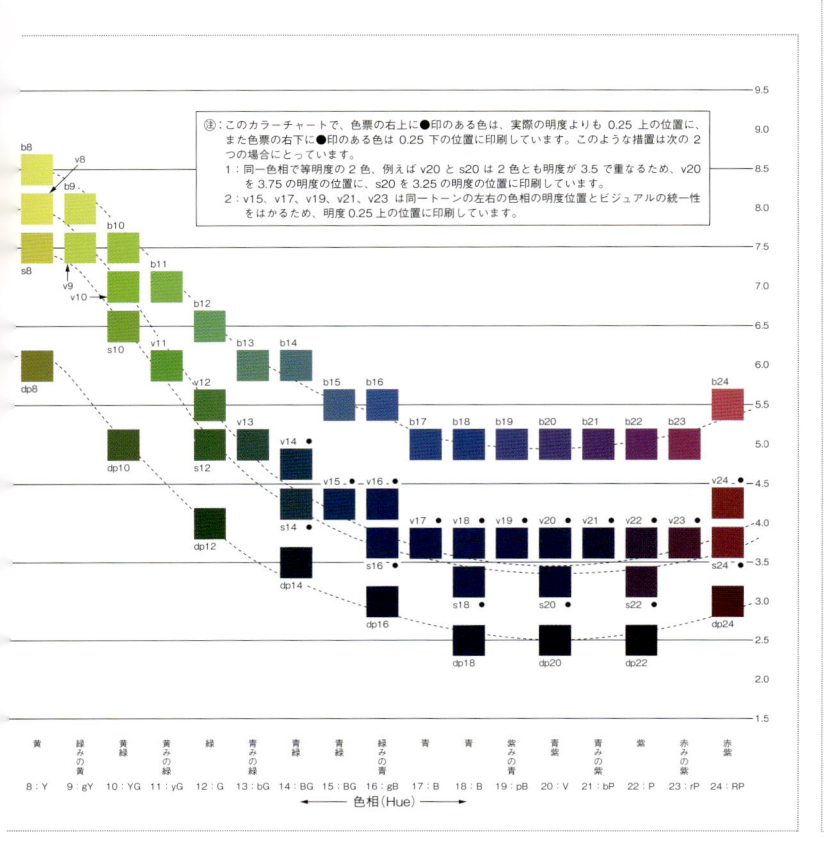

図12 イッテンの配色理論（配色事例はPCCSを使った場合）

●ダイアード（2色配色）
ダイアード（2色配色）。色相環を2分割した、補色の組合せ。

●トライアド（3色配色）
トライアド（3色配色）。色相環を3分割した正三角形の組合せ。

●テトラード（4色配色）
テトラード（4色配色）。色相環を4分割した四角形の組合せ。正方形に近い長方形や台形でもOK。

●ペンタード（5色配色）
ペンタード（5色配色）。色相環を3分割したトライアドに白と黒を足した組合せ。

●ヘクサード（6色配色）
ヘクサード（6色配色）。色相環を6分割した六角形の組合せ。4分割したテトラードに白と黒を足して6色にした組合せでもOK。

混色のしくみから考える色彩調和論

オストワルト（独：1853～1932）は、「調和は秩序に等しい」と述べ、白色と黒色と純色の混色量で考えるオストワルト表色系を用いて、色彩調和を右表の4つにまとめています。つまり、いずれの場合でも「混色量の秩序に則って規則的に選ばれた色同士は調和しやすい」としています。

オストワルトの表色系は現在実在していませんが、現在でも混色量による調和の考え方は実際に活かすことができます。

表1：オストワルトの色彩調和論

色彩調和	説　明
①等価値色系列の調和	同じ円周上を形成する色同士は、純色量、白色量、黒色量がすべて等しいため調和する。上から見ると色相環になっている。オストワルト色相環における色相差においても次のように調和の関係について述べている。 ①－1．類似色相調和：色相差2～4の関係は調和する ①－2．異色相調和　：色相差6または8の関係は調和する（中差色相と対照色相の関係に該当） ①－3．反対色の調和：色相差12の関係は調和する
②等白系列の調和	等色相面上で、白に向かって斜めに平行に並ぶ色同士は、白色量が等しいため、調和する
③等黒系列の調和	等色相面上で、黒に向かって斜めに平行に並ぶ色同士は、黒色量が等しいため、調和する
④等純系列の調和	等色相面上で、縦の無彩色軸と平行に並ぶ色同士は、純色量が等しいため、調和する

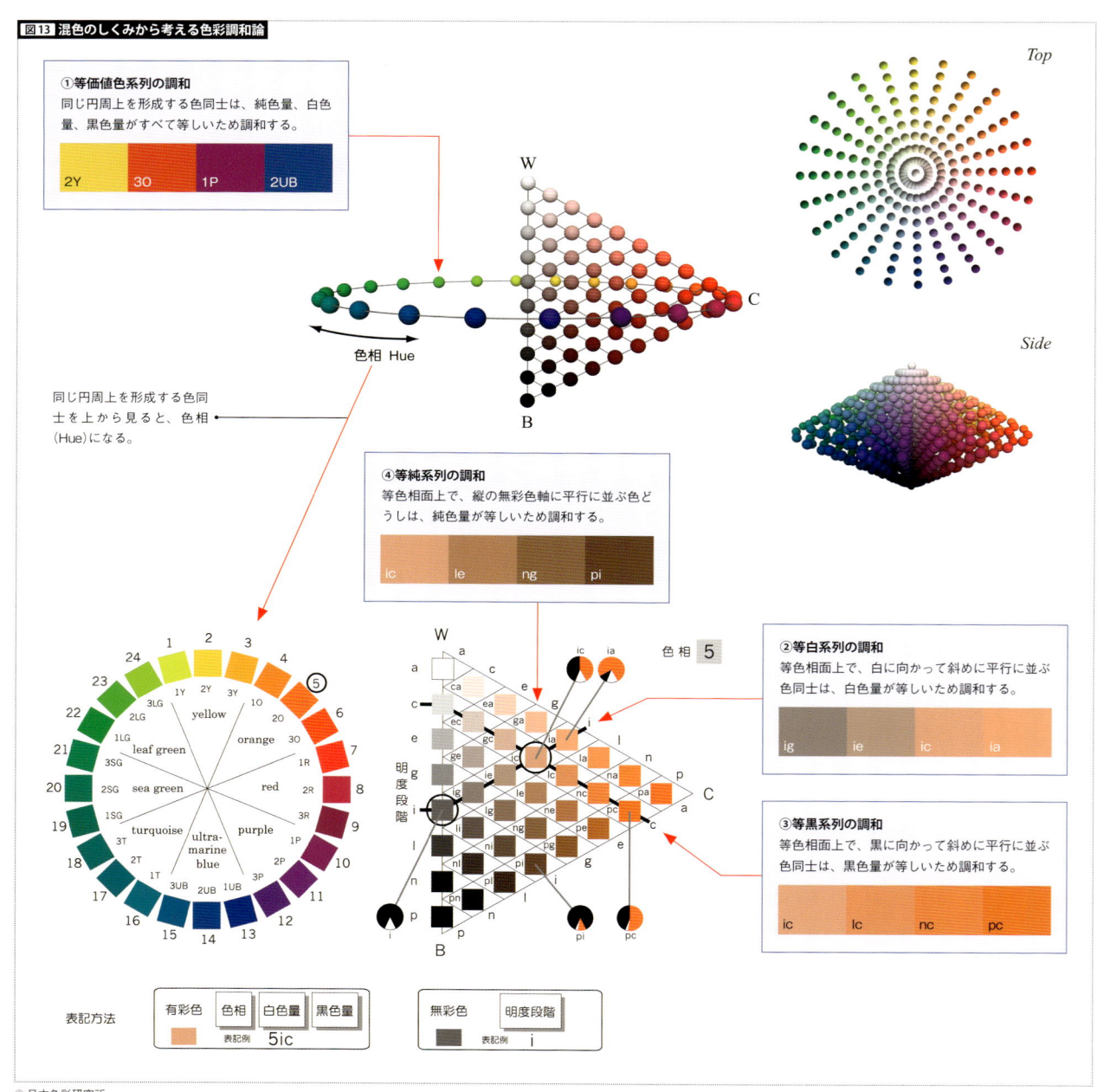

図13 混色のしくみから考える色彩調和論

© 日本色彩研究所

調和領域と不調和領域

ムーン&スペンサーは、1944年に、昔からある古典的な色彩調和論を、幾何学的な形式によって客観化しました。

マンセル表色系（P.122）に対応する理論上のω（オメガ）均等色空間を定め、この両者の幾何学的関係から調和する色と、調和しない色について述べています（表2）。

図14は、マンセル表色系の色相環と、ムーン&スペンサーによる「マンセル表色系の色相差における調和領域と不調和領域」の図です。この図では、選んだ色（この図の場合は、角度0°にある5Rの赤）と調和する色、調和しない色の領域が示されています。図内の白地の個所の色は調和する色、グレー地の個所の色は、調和しない色です。色相環と併せて確認すると、ムーン&スペンサーの色彩調和論が示す内容がよくわかります。

同様に、図15はマンセル表色系の明度差と彩度差における調和する色、調和しない色の領域です。

表2：ムーン&スペンサーの色彩調和論

色彩調和	説　明
調和する色	同一または類似、あるいは対照関係の配色は調和する。つまり、次の場合に色が調和することを示している。①配色される2つの色の差が曖昧でないとき、②色空間のなかのそれぞれの色を表す点が単純な幾何学図形関係で関係づけられるとき
調和しない色	同一、類似、対照関係の配色以外は調和しない

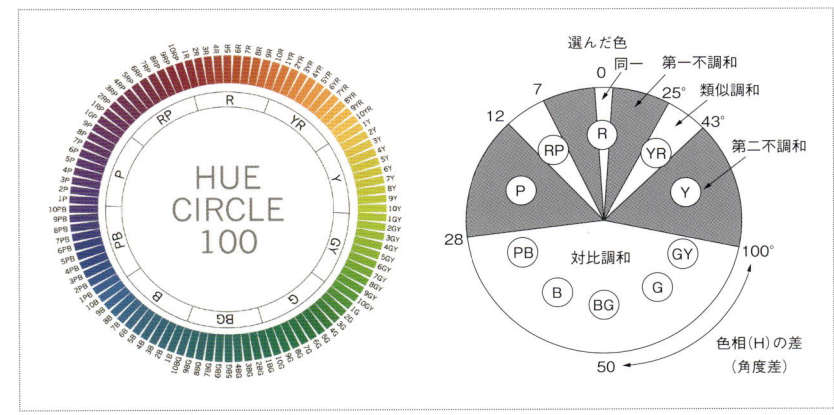

図14 マンセル表色系の色相環と、ムーン&スペンサーによる「マンセル表色系の色相差を用いた調和領域と不調和領域」の図。この場合は5Rに対して「調和する色」や「調和しない色」が一目瞭然です。カラーダイヤルのように、選ぶ色（基準となる色）は100色相のどこでもOKです。

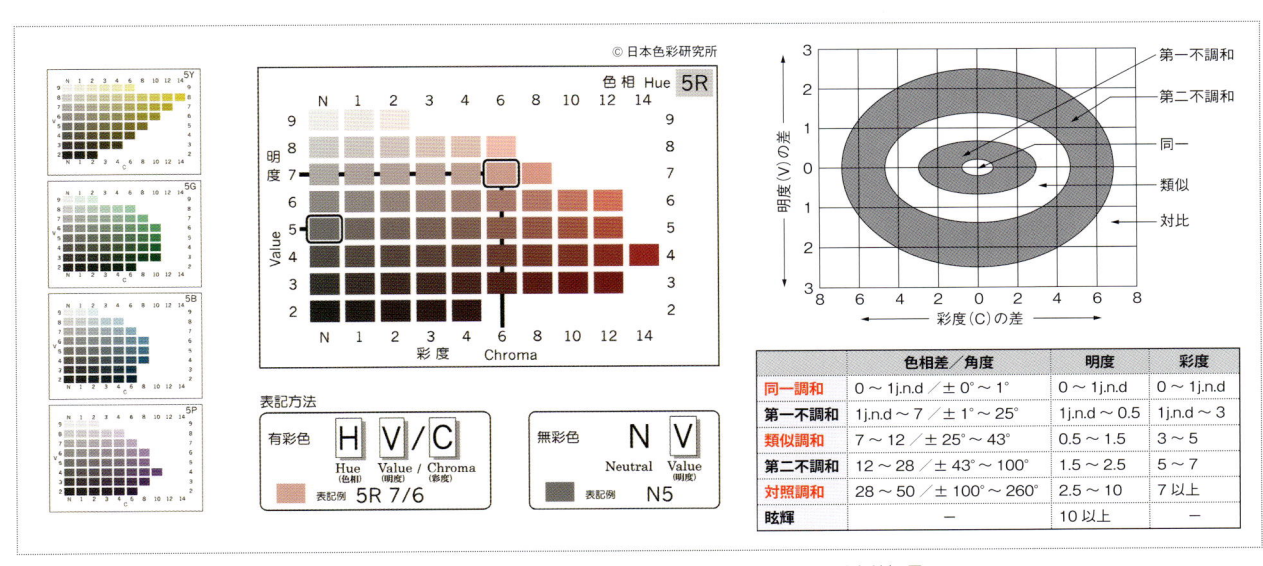

図15 マンセル表色系の等色相面と、ムーン&スペンサーによる「マンセル表色系の明度差と彩度差を用いた調和領域と不調和領域」の図

	色相差／角度	明度	彩度
同一調和	0～1j.n.d／±0°～1°	0～1j.n.d	0～1j.n.d
第一不調和	1j.n.d～7／±1°～25°	1j.n.d～0.5	1j.n.d～3
類似調和	7～12／±25°～43°	0.5～1.5	3～5
第二不調和	12～28／±43°～100°	1.5～2.5	5～7
対照調和	28～50／±100°～260°	2.5～10	7以上
眩輝	—	10以上	—

COLUMN 「美度」を用いた配色

ムーン&スペンサーは上記の色彩調和理論に加えて、「美は複雑さの中の秩序にある」というギリシャ時代からの美の考えに基づいて誕生したバーコフの式を配色調和論に利用し、「美度が0.5以上ならば美しい」としています。つまり、「《複雑に見える配色のなかに、どれだけ秩序を感じとれる要素があるか》ということが、美しさの度合いに影響する」という調和の考え方を示しています。実際に、一見煩雑のようでいてどこかに統一感がある配色は、単純に統一感を打ち出した配色よりも味わいが増します。

$$美度(M) = \frac{秩序の要素(O)}{複雑さの要素(C)}$$

図16 美度（M）の計算式。秩序の要素とは「色相の美的係数＋明度の美的係数＋彩度の美的係数」であり、複雑さの要素とは「色数＋色相差のある組合せの数＋明度差のある色の組合せの数＋彩度差のある色の組合せの数」です。

「秩序の原理」、「なじみの原理」、「類似性の原理」、「明瞭性の原理」

ジャッド（米：1900-1972）は、「基本的に色彩調和は好き嫌いの問題である」としながらも、欧米を中心とした先人たちのさまざまな色彩調和論を集約し、表3の4つの原理にまとめています。

これらの原理を見ると、逆説的に、秩序やなじみのない配色や、類似性や明瞭性がなくあいまいな配色は、調和しにくいということがわかります。

すべての色彩調和論がこの4つの原理の考え方のいずれかに当てはまるわけではありませんが、これらの原理は、実務で配色を考える際にも参考にすることができます。

以下に、ジャッドの4つの原理にかなった、美しい配色例をいくつか紹介します。これらは、すべてが完全に原理に一致しているわけではありませんが、原理を照らし合わせながら確認することで、ある程度の適合性を確認できます。下図を見るとわかりますが、どのデザインも、視認性が高く、また印象に残りやすいという共通点があります。配色を学ぶうえではこのように既存の優れたデザインを分析して考えることも大切です。

表3：ジャッドが分類した色彩調和に関する4つの原理

原理	説　明
秩序の原理	色が規則的に配置された「表色系」などの色の群から、直線的または曲線的に規則性をもって選ばれた色は調和するという考え。例えば、イッテンの色相分割による色彩調和や、オストワルトの等価値色系列、等白系列、等黒系列、等純系列などはこの原理に当てはまる
なじみ（親近性）の原理	自然界や日常でよく目にするような、なじみのある配色は調和するという考え。例えば、ルードの色相の自然連鎖や、色相の自然序列、ナチュラルハーモニー、オストワルトの等純系列などはこの原理に当てはまる
類似性（共通要素）の原理	同系色相、同系トーンなど、類似性や共通性のある色による配色は調和するという考え。シュヴルールの類似色の調和や、ムーン＆スペンサーの調和領域（同一調和・類似調和）、ロバート・ドアのイエローベースとブルーベースなどはこの原理に当てはまる
明瞭性（明白性）の原理	対照系色相、対照系トーンなど、対照性や明快なコントラストのある色による配色は調和するという考え。シュヴルールの対比の調和や、ムーン＆スペンサーの調和領域（対照調和）などはこの原理に当てはまる

TIPS

ここでは、先述したPCCSの表色系を用いて色を解説しています（P.13）。すべての色が、PCCSトーンマップの各色に完全に当てはまるわけではないので注意してください。ここでは類似の色を示すことによって、配色の特徴を示すことを目的にしています。実際に配色を選択する際は、各色彩調和理論や既存の美しいデザインを参考にしながらも、目的に合った配色を作りだすことが必要です。

図17 Krispy Kreme DoughnutsのCIカラーは、ほぼ、【v2】と【dp12】の対照系色相の配色になっており、「明瞭性（明白性）の原理」に該当しているといえます。また、ほぼ【vトーン】と【dpトーン】の同系トーンでまとまっているので、「類似性（共通要素）の原理」にも該当しているといえます。
● Krispy Kreme Doughnuts
URL http://krispykreme.jp/

図18 GoogleのCIカラーは、ほぼ、【v2】、【v7】、【v12】、【v17】の配色（色相差が5で規則性を持って選ばれた配色）になっており、「秩序の原理」に該当しているといえます。また、ほぼ【vトーン】の同系トーンでまとまっているので、「類似性（共通要素）の原理」にも該当しているといえます。
● Google
URL https://www.google.co.jp/

図19 BURGER KINGのCIカラーは、ほぼ、【dp18】、【v3】、【v7】の色相の自然連鎖の配色となっており、「なじみ（親近性）の原理」に該当しているといえます。また、ほぼ【vトーン】と【dpトーン】の同系トーンでまとまっているので「類似性（共通要素）の原理」にも該当しているといえます。
● BURGER KING
URL http://www.bk.com/

図20 セブン-イレブンのCIカラーは、ほぼ、【v2】と【v4】と【v11】の色相の自然連鎖の配色となっており、「なじみ（親近性）の原理」に該当しているといえます。また、ほぼ【vトーン】の同系トーンでまとまっているので「類似性（共通要素）の原理」にも該当しているといえます。
● セブン-イレブン
URL http://www.sej.co.jp/

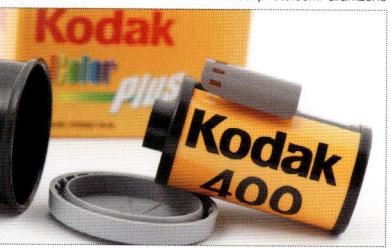

図21 KodakのCIカラーは、ほぼ、【v6】と【Bk】の、明快な明度や彩度のコントラストがついた配色となっており、「明瞭性の原理」に該当しているといえます。また、背景との明度差がついた配色は、視認性も非常に高くなります。また高彩度の暖色性は誘目性も高くなります。
● Kodak
URL www.kodak.com/

図22 ソフトバンクのCIカラーは、ほぼ、【W】と【ltGy】、【Bk】の、無彩色同士の配色となっており、「秩序の原理」に該当しているといえます。また、同じ無彩色という、「類似性（共通要素）の原理」や、お互いに明度差がある「明瞭性（明白性）の原理」にも該当しているといえます。
● ソフトバンク
URL www.softbank.co.jp/

COLUMN　色彩調和理論の必要性

ジャッドが、「基本的に色彩調和は好き嫌いの問題である」ともいっていたように、色は、専門分野でない人や、ごく一般の人でも、簡単に「好き」、「嫌い」や「良い」、「悪い」など、個人的な主観だけで判断したり、論評したりできる対象でもあります。

しかし、だからといって、デザイナーが何の根拠や脈絡もなく、自分自身の好みに合わせて配色を決めて良いわけではありません。アートの世界と違って、ビジネスの世界では、ターゲットやクライアントも含め、目的や目標がないカラーデザインはありえません。また、目的や目標を達成するためのデザインの事前準備として、マーケティングや企画も必要です。

【マーケティング】
・情報収集（調査）
・分析
・トレンドカラーの把握
・ターゲットの嗜好色の把握　など

【企画】
・商品コンセプトの立案
・カラーコンセプトの立案

【デザイン】
・機能性の表現
・美的情緒性の表現
・カラーデザインの実施

ジャッド（米：D.B.Judd 1900～1972）。CIE 国際照明委員会の米国委員。UCS色度図、白色度式、色覚モデル、演色性評価方法などを提案したり、RGB表色系における等色関数をXYZ表色系における等色関数に変換したりと、色彩工学における功績が非常に大きい。ヘルソンジャッド効果を発見。

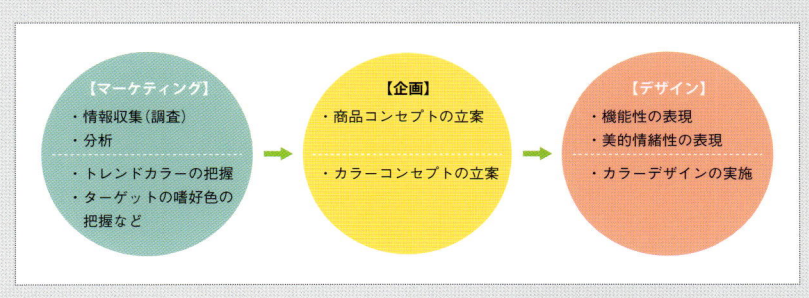

図23 ビジネスシーンにおけるカラーデザインには、直観的な選好だけでなく、対象物に関する情報をもとにした戦略的な配色が求められます。そのため、適切にカラーデザインを行うためには、マーケティングや企画も必要になります。

ヨハネス・イッテンも、自書の「色彩の芸術」のなかで次のようにいっています。

「一般的に調和しているかどうかは、快いとか快くないとか、魅力的だとか魅力的でないとかの基準で決められるが、これは個人的な感情によるもので客観性がない。色彩調和についての概念は、主観的態度の領域から、客観的理論の領域に移行されるべきである」

また、「調和とはバランス。つまり力の均衡を意味する」ともいっています。

私も常々述べているとおり、色の世界は「感性と理論のバランス」です。プロになるためには、感覚的かつ直観的に「美しい」と思える配色を生みだし、そしてそれが「なぜ美しいのか」を、理論的な根拠を示しながら説明できるようになることがとても大切です。

ヨハネス・イッテン（スイス：Johannes Itten 1888～1967）。画家、工芸家、色彩教育者。1919年にワイマールのバウハウスに教授として招かれ、色彩論を展開、美術教育の組織的方法を確立。自然の形と基礎デザインの研究に従事。著書に「色彩芸術」「造形芸術の基礎」など。

【左脳】
・論理的思考
・理論的根拠

【右脳】
・直観的思考
・感覚的魅力

【色の機能的効果】
・色で識別させる
・色でわかりやすくさせる
・色で見やすくさせる
・色でコミュニケーションさせる
・色でアピールさせる　など

【色の情緒的効果】
・色で美しさを演出する
・色で心地よさを演出する
・色で快適さを演出する
・色で安らぎを演出する
・色でイメージを表現する　など

図24 プロとしてデザインを行う場合は、直観的なセンスに加えて、「なぜ美しいのか」を理論的に展開できる能力も求められます。

【背景】
・歴史　・民族
・地域性　・宗教
・風土　・文化　など

↓

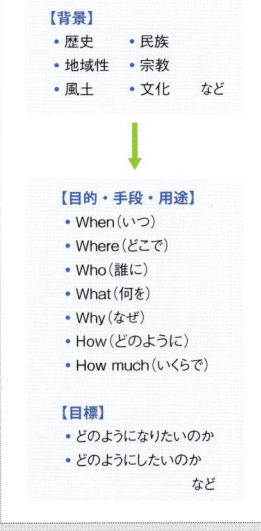

【目的・手段・用途】
・When（いつ）
・Where（どこで）
・Who（誰に）
・What（何を）
・Why（なぜ）
・How（どのように）
・How much（いくらで）

【目標】
・どのようになりたいのか
・どのようにしたいのか
　　　　　など

図25 「調和した配色」、「調和していない配色」を決定づける要素には、人それぞれの選好に加えて、上図のようなさまざまな要素があります。

このような場合に、先述した色彩調和論が参考になります。各理論が常にすべてに当てはまるというわけではありませんが、第三者に説明する際の根拠の1つにはなるでしょう。

一方で、「調和する」とか「調和しない」とかは、単純に色コマや色票の組合せだけを見ていえることではありません。色が施される対象物には、素材や形、また平面の色票だけでは表しきれない光と影などの立体的な造形の奥行きが伴います。また、調和する・しないの考え方の背景には、さまざまな文化や歴史、民族や宗教、風土などがあります。

さらに、「いつ」、「どこで」、「誰に」、「何を」、「何のために」、「どのように」、「いくらで」売るのか、といった目的や手段、用途なども関係してきます（5W2H）。

このように、「目的や目標を達成するために、色で何ができるのか」、「色で何をするのか」という、カラーデザインの根本を考えると、「調和する配色」の答えは、目的や用途の数だけ存在するということもできます。

配色の基本的な考え方

配色を決定する際に参考になる考え方には、主に「色相に着目する方法」と「トーンに着目する方法」の2種類があります。ここでは、「PCCS色相環」や「PCCSトーンマップ」を使用してこれらの方法を紹介します。

色相に着目する方法

「色相に着目する方法」では、配色を選定する際に、PCCS色相環を構成する各色の「色相差」をもとに、使用する色を検討します。このとき、トーンの関係を考慮する必要はありません。

PCCS色相環では、色相が1つ離れると、角度が15度離れます（360度÷24色相）。この色相差がいくつ（＝角度が何度）離れるかによって、配色の名称やイメージが変わります（図1）。

色相に共通性がある配色

色相差が0（0度）の「同一色相配色」と、色相差が1（15度）の「隣接色相配色」、色相差が2～3（30～45度）の「類似色相配色」では、色相に共通性があるため、一般的に、これらは「共通性」や「統一感」、「まとまり感」などを演出する際に向いている配色といえます（図2）。なかでも、同一色相配色にすると、色みが強い高彩度色になるほど、その色相が持つメッセージが強く打ち出されます。

どちらともいえない配色

色相差が4～7（60～105度）の「中差色相配色」は、色相に共通性がないため、一般的には、上記のような「統一感」や「まとまり感」の演出には向いていません。また、だからといって対照性があるわけでもないため、「変化」や「際立ち感」を演出する際にも向いているとはいえない配色です。多少の違和感の中に新規性を表現したいような場合には向いているといえます（図3）。

色相に対照性がある配色

色相差が8～10（120～150度）の「対照色相配色」と、色相差が11～12（165～180度）の「補色色相配色」は、一般的に変化や際立ちなどを演出する際に向いている配色といえます（図4）。なかでも、色相環を縦（垂直）や縦に近い斜めで分断した配色は、色相差だけではなく明度差もつくので、よりメリハリやコントラスト感が強調されます。

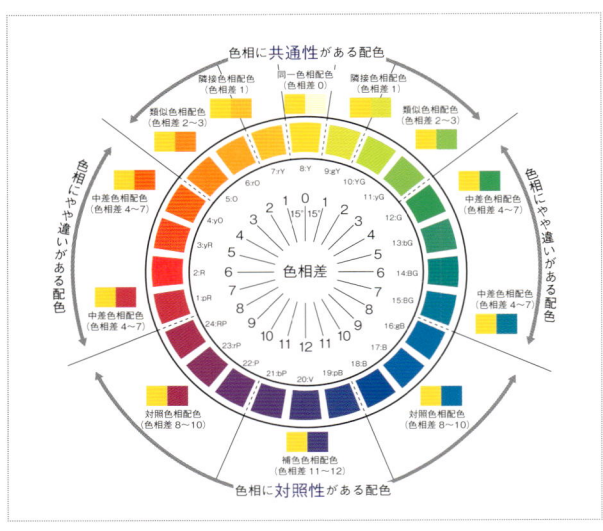

図1 PCCS色相環のvトーンは、24色で構成されているので、色相が1つ離れると、角度は15度離れます。

表1：色相に着目する方法

覚え方	配色の名称	色相差	角度	配色のイメージ	キーワード
ど	同一色相配色	0	0度	色相に共通性がある配色	・共通性 ・統一、まとまり ・なじませる
り	隣接色相配色	1	15度		
る	類似色相配色	2	30度		
		3	45度		
ちゅう	中差色相配色	4	60度	どちらともいえない配色	多少の違和感。場合によっては新規性
		5	75度		
		6	90度		
		7	105度		
たい	対照色相配色	8	120度	色相に対照性がある配色	・対照性 ・変化 ・際立ち ・目立たせる
		9	135度		
		10	150度		
ほ	補色色相配色	11	165度		
		12	180度		

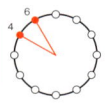

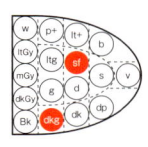

図2 類似色相配色の例。色相差は約2です。まとまりのある印象です。
● UPS
URL http://www.ups.com/

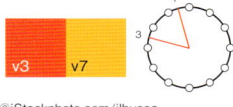

図3 中差色相配色の例。色相差は約4です。かなり動きがついた印象です。
● MasterCard
URL http://www.mastercard.com/

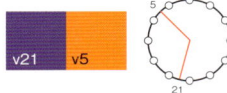

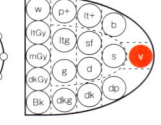

図4 対照色相配色の例。色相差は約8です。色相差が離れるほど明快なコントラストが生まれます。
● FedEx
URL http://www.fedex.com/

トーンに着目する方法

トーンに着目する方法では、配色を選定する際に、PCCSトーンマップを用いて、それぞれの「トーン差」をもとに使用する色を検討します。このとき、色相の関係を考慮する必要はありません。

PCCSトーンマップは、12トーンの有彩色と、5つの無彩色から構成されています。また、縦に離れると明度が離れる関係になり、横に離れると彩度が離れる関係になり、斜めに離れると明度も彩度も離れる関係になります。

どの程度トーンが離れるかによって配色の名称やイメージが変わります。なお、詳しくは右図に掲載していますが、トーンの場合は、色相の場合と異なり、隣接したトーンを選択した場合でも、「類似トーン配色」となります。「隣接トーン配色」とはいわない点に注意してください。

また、対照トーン配色の場合は、中明度&中彩度の典型である【sfトーン】や【dトーン】を使用することができません。なぜなら、それらを使ってトーン間を離した配色を作ることができないからです。

トーンに共通性がある配色

トーン差があまりない「同一トーン配色」、「類似トーン配色」では、トーンに共通性があるため、一般的にこれらの配色は「統一感」や「まとまり感」などを演出する際に向いているといえます（図5の上3つ）。

高彩度のトーンでは、色みが強いために色相が持つイメージが前面に出ますが、低彩度のトーンになるほど色みが弱くなるために、トーンそのものが持つイメージがより前面に出てきます。

トーンに対照性がある配色

トーン差が大きい「対照トーン配色」では、トーンに対照性があるため、一般的に「変化」や「際立ち感」などを演出する際に向いているといえます（図5の下3つ）。

色相を統一してトーンに変化をつけてもいいですし、さらに変化をつけたい場合は色相とトーンの両方を離した関係にします。ただし、統一感とはかけ離れた印象になるので、イメージが散漫にならないように注意することが必要です。

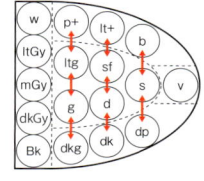

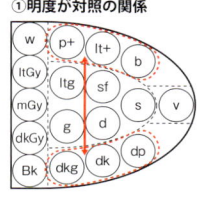

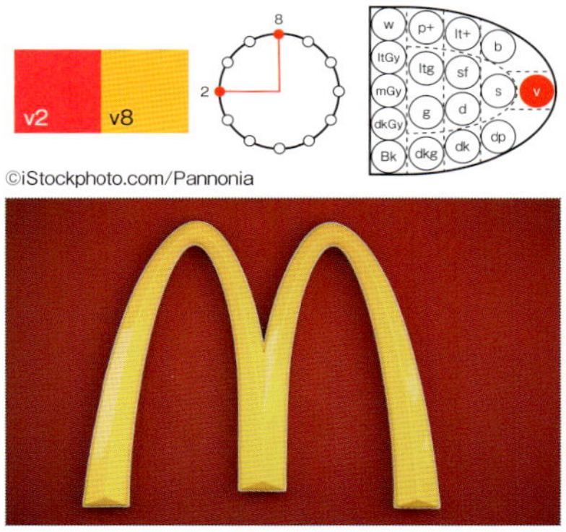

表2：トーンに着目する方法

覚え方	配色の名称	トーン差	方向	配色のイメージ	キーワード
ど	同一トーン配色	なし	ー	トーンに共通性がある配色	・共通性 ・統一、まとまり ・なじませる
る	類似トーン配色	隣り	縦		
			横		
			斜め		
たい	対照トーン配色	離れた	縦	トーンに対照性がある配色	・対照性 ・変化、際立ち ・目立たせる
			横		
			斜め		

トーンに着目する方法には、「隣接トーン配色」というものはありません。

図5 類似トーン配色と対照トーン配色

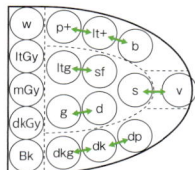

① 彩度が類似の関係　② 明度が類似の関係　③ 明度と彩度が共に類似の関係

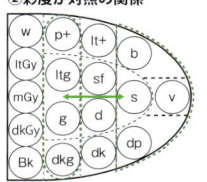

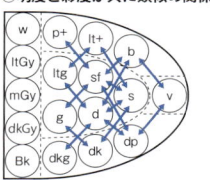

① 明度が対照の関係　② 彩度が対照の関係　③ 明度と彩度が共に対照の関係

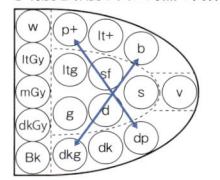

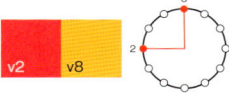

©iStockphoto.com/Pannonia

図6 トーンに共通性のある配色例。トーン（彩度）は同じですが、明度差があります（明度差約3.5）。
● Mcdonald's
URL http://www.mcdonalds.co.jp/

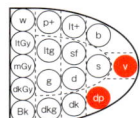

©iStockphoto.com/jfmdesign

図7 トーンに共通性のある配色例。トーン（彩度）は同じですが、明度差があります（明度差約4）。
● IKEA
URL http://www.ikea.com/

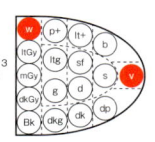

©iStockphoto.com/sndr

図8 トーンに対照性のある配色例。明度、彩度ともに対照性があります（明度差4.5、彩度差約9）。
● Starbucks Coffee
URL http://www.starbucks.com/

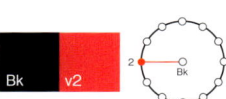

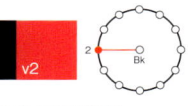

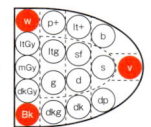

©iStockphoto.com/MoMorad

図9 トーンに対照性のある配色例。明度、彩度ともに対照性があります（明度差8、彩度差約9）。
● KFC
URL http://www.kfc.com/

具体的な配色手法

ここでは、色相やトーンに着目した実用的な配色手法を1つずつ具体的に見ていきます。これらは主に欧米で定義付けられた配色手法(や名前)ですが、国内においてもすでにごく一般的な内容になっています。

色相に着目した配色手法① ドミナントカラー配色

ドミナントカラー配色とは、色相の数を絞った配色です。ドミナントとは、「統一する」、「支配する」という意味で、すなわちドミナントカラー配色とは、「色相を統一した配色」という意味になります。

具体的には、色相を同一色相(色相差0)または隣接色相(色相差1)、類似色相(色相差2～3)の色でまとめます。色相がまとまっているため、比較的色相の持つイメージがそのまま素直に前面に打ち出されます。特に、高彩度のトーンにするほど色みが強くなるので、色相が持つイメージがより一層強くなります。

なお、選ぶトーンや色数に制限はありません。配置する順番も含めて自由に組み合わせることができます。

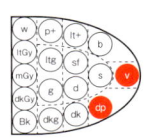

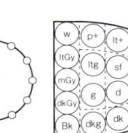

こちらの商品は、パッケージデザインだけでなく、中身の飲料の色も含めた配色全体が橙系(ストレートティー)または黄系(レモンティー)で統一(ドミナント)されています。それぞれが商品の味と連動した配色であるため、一目見るだけで、味のイメージが湧きやすく、訴求力の高い配色になっています。

● キリン 午後の紅茶
URL http://www.beverage.co.jp/gogo/

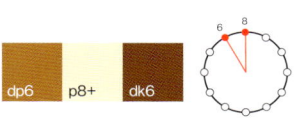

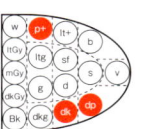

橙から黄系に色相を絞ったドミナントカラー配色です。暖色系特有の暖かみのある配色になっています。色相を絞る場合は、このようにトーンにバリエーションをつけると、バランスの良い、美しい配色になります。暖色系に絞ることで麦芽のイメージとも合致しやすく、デザインと色が商品イメージによく合っています。また深みのあるトーンを使っているので、ノンアルコールなのにリッチな雰囲気も醸し出しています。

● サッポロ プレミアム アルコールフリー
URL http://www.sapporobeer.jp/premiumalcoholfree/

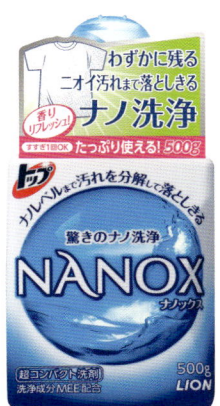

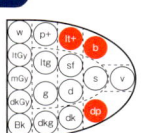

色相を絞って徐々にトーンにバリエーションをつけたドミナントカラー配色です。色相を統一して明度や彩度に変化をつけています。また、明度・彩度ともに移行している分、多少動きが活発になり、爽快な洗浄感を想起させるようなスポーティーで躍動的な印象になっています。

● トップ NANOX(ナノックス)
URL http://top.lion.co.jp/products/nanox/

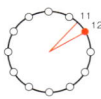

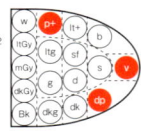

色相をグリーン系でドミナントしているので、アロエエキスをたっぷり使っている感じが前面によく出ています。白との組み合わせで爽やか、かつ商品イメージをシンプルにわかりやすく打ち出しています。

● ナイーブ ボディソープ
URL http://www.naive-home.jp/

色相に着目した配色手法② トーンオントーン配色

トーンオントーン配色とは、色相の数を絞って、明度に多少の変化を持たせた配色です。トーンオントーンとは、「トーンの上にトーンを重ねる」という意味です。

具体的には、ドミナントカラー配色と同様に、色相を同一色相、隣接色相、類似色相でまとめます。この配色のドミナントカラー配色との相違点はトーンです。トーンオントーン配色では、縦の明度方向にトーン差をつけてリズム感をつけます。また配色は、明度の順に段階的に並べるとより効果的です。こうすることによって、明度グラデーション（P.42）のようになります。なお、選ぶ色数に制限はありません。

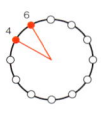

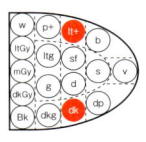

色相を橙系に絞って明度に変化をつけたトーンオントーン配色です。原材料や香りなどが違っても、同じような配色手法にすることで、ブランド全体としての統一感を保つことができます。
●ザ・ボディショップ コンディショニング ハンドウォッシュ アーモンド
URL http://www.the-body-shop.co.jp

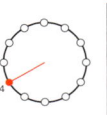

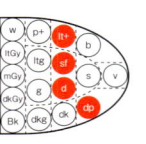

色相を赤紫系に絞って明度に変化をつけたトーンオントーン配色です。赤紫系の色相によってローズならではの女性らしさが前面に出ています。縦の明度方向にトーンをつなげることで、自然な美しい明度グラデーションのようになっています。
●ザ・ボディショップ モロッカンローズ ハンド＆ネイルクリーム
URL http://www.the-body-shop.co.jp

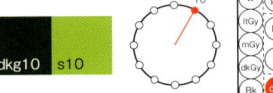

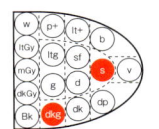

色相を黄〜黄緑系に絞って明度に変化をつけたトーンオントーン配色です。ナチュラルな天然のイメージをそのままに、リズム感や動きもある、統一感と変化の両方のバランスがとれた配色です。
●ザ・ボディショップ ハンドプロテクター ヘンプ
URL http://www.the-body-shop.co.jp

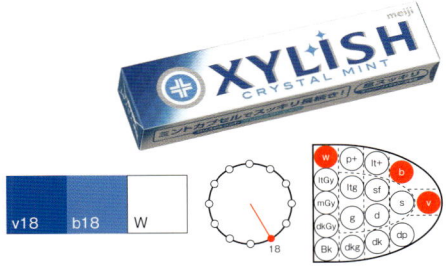

色相をブルー系でドミナントしているのでブルー系特有の爽やかさが前面に出てクリスタルミントのイメージに合っています。また、明度方向に多少の差が出ているので、トーンオントーン配色やグラデーション配色ならではのリズム感も出ています。
●キシリッシュガムクリスタルミント
URL http://xilish.jp

COLUMN ドミナントカラー配色とトーンオントーン配色の違い

ドミナントカラー配色も、トーンオントーン配色も、どちらも色相を同一色相または隣接色相または類似色相でまとめます。また、配色の色数は自由です。その点は同じですが、両者には次の違いがあります。

ドミナントカラー配色は、選ぶトーンも配色の順番も自由です。そのため、色相が統一されてさえいれば、すべてドミナントカラー配色といえます。

一方、トーンオントーン配色は、「トーンの上にトーンを重ねる」という意味なので、比較的縦の明度方向に差をつけてトーンを選びます。そのため、明暗に差がついた印象があります。また、複数の色を縦の明度方向に順番につなげると、明度グラデーションのような印象になります。

以上のことから「トーンオントーン配色はドミナントカラー配色の一部である」ということができます。

トーンに着目した配色手法① ドミナントトーン配色(トーンイントーン配色)

ドミナントトーン配色とは、トーンを統一した配色という意味になり、トーンイントーンとは、「トーンの中にトーンを入れた」という意味になります。

具体的には、トーンを同一トーンまたは類似トーンの色でまとめます。なお、選ぶ色相や色数に制限はありません。

この配色手法を利用すると、同じトーンでまとめている分、トーンが持つイメージが前面に打ち出されます。また、低彩度のトーンになるほど色みが弱くなり、色相が持つ印象が弱くなるので、その分トーンが持つイメージが強く前面に打ち出されます。

なお、「ドミナントトーン配色」と「トーンイントーン配色」は、呼び名が違うだけで、配色的には内容はまったく同じです。

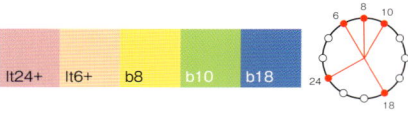

多くの色相を使ったにぎやかな印象ですが、トーンがまとまっているため、統一感のある印象になっています。また、使用しているトーンがbトーンやltトーン中心であるため、明るく楽しげで、優しい印象になっています。
● はぐくみ
URL http://www.hagukumi.ne.jp/

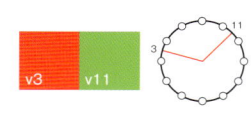

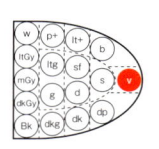

商品パッケージのメインに据えられているトマトの赤が、高明度・高彩度のvトーンの赤に近く、トマトの葉の緑との組み合わせが、ドミナントトーン配色になっています。vトーンの持つ、混じりけのないストレートな印象が全面に打ち出されており、また、フレッシュなトマトの写真によってとても瑞々しい印象になっています。
● キリン トマトジュース
URL http://www.beverage.co.jp/product/vegetable/

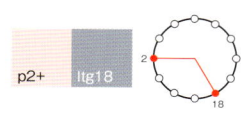

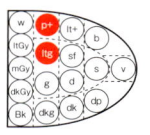

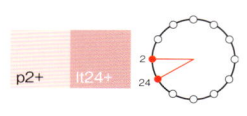

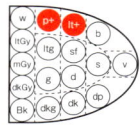

ベースのボディカラーをpトーンで統一しながらも、香りの違いによってアソートカラーを変更しています。左図はltgトーン、右図はltトーンの色を使用しています。どちらの配色も隣のトーンなのでばらつくことがなく、商品全体としての優しく、ソフトで、なめらかな印象を保っています。
● BATHTOLOGY（バストロジー）泡のボディケアウォッシュ
URL http://bathtology.com/

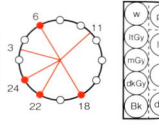

高彩度のvトーンとbトーンを使用したドミナントトーン配色の商品群です。ブランドの商品群が同じで味が違うといった場合は、このようにトーンを統一しながらも色相で変化をつけると、統一感と変化の両方をバランス良く実現することができます。
● サントリーチューハイ カロリ。
URL http://www.suntory.co.jp/rtd/calori/

トーンに着目した配色手法② トーナル配色

トーナル配色は、ドミナントトーン配色やトーンイントーン配色の一部で、トーンの選び方に制限があります。トーナル（tonal）とは「音楽音色（調性）の」や「絵画色調（色合い）の」という意味です。

この配色手法では、色を同一トーンあるいは類似トーンでまとめます。なお、使用できるのは【dトーン】を中心に、【sfトーン】、【ltgトーン】、【gトーン】の中〜低明度、中〜低彩度の中間色調（濁色）のトーンのみです。使用できるトーンが中間色調のトーンに限られているため、中間色的なイメージになります。なお、色相や色数に制限はありません。配置する順を含めて自由に組み合わせることができます。

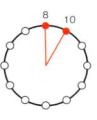

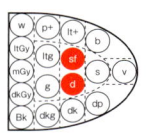

d8　sf10　d10

トーンを ltg や sf、d などの中間色調にまとめているので、穏やかでやさしい印象の配色になっています。お茶の「濁り」の旨味といったものが、濁った印象の d トーンのイメージと特に合っています。
● 綾鷹 抹茶ラテ
URL http://www.cocacola.co.jp/products/lineup/ayataka02.html

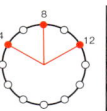

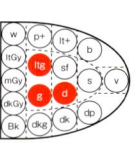

ltg8　g12　d4

配色全体が中明度・中彩度のトーン、色相も中差色相配色の関係です。中間的なところをトーナル配色でまとめると、統一感と微妙なニュアンスを感じさせる奥深い印象になります。
● ザ・ボディショップ スパウィズダム ジャパン シャワージェル
URL http://www.the-body-shop.co.jp

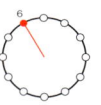

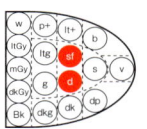

sf6　d6

色相を橙系でまとめたドミナントカラー配色であり、なおかつ、トーンを中明度・中彩度の典型である sf トーンと d トーンに絞っているトーナル配色です。オレンジが持つ明るいイメージそのままに、落ち着いた印象にまとまっています。
● ザ・ボディショップ ネロリジャスミン シャワージェル
URL http://www.the-body-shop.co.jp

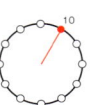

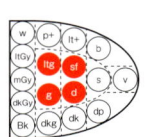

ltg10　sf10　d10　g10

色相を黄緑系でまとめたドミナントカラー配色であり、なおかつ、トーンを中明度・中彩度の ltg、g、sf、d トーンでまとめたトーナル配色です。オリーブらしい色相を前面に押し出しながらも、落ち着いた品のある印象にまとまっています。
● ザ・ボディショップ オリーブ ボディスクラブ
URL http://www.the-body-shop.co.jp

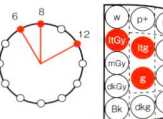

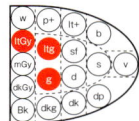

ltGy　ltg6　g6　g8　g12

配色全体を中明度・中彩度のトーンでまとめたトーナル配色です。色数は多めでも、このように抑えたトーンでまとめると、やわらかく落ち着きのある、上品な印象にまとまります。
● ザ・ボディショップ ホワイトガーデニア オードトワレ
URL http://www.the-body-shop.co.jp

TIPS

トーナル配色のイメージは以下のようになります。

- sf 柔らかな　　ltg 落ち着いた
- 　 穏やかな　　　　渋い
- 　 ぼんやりとした　おとなしい
- d 鈍い　　　　g 濁った
- 　 くすんだ　　　　地味な

色相とトーンに着目してそれらをまとめた配色手法① カマイユ配色

カマイユ（camaieu）とは、フランス語で「単色画法」という意味です。カマイユ配色では、基本的には色相を同一色相（色相差0）または隣接色相（色相差1）でまとめます。また、トーンは明度差や彩度差の少ない同一トーンまたは類似トーンでまとめます。なお、色数に制限はありません。

この配色手法を用いると、遠くから見るとほとんど1色のように感じる配色になるため、全体的に一体感のあるイメージを演出できます。また、よく見ると微妙に異なる色で構成されていることから、1色からなる単純さとは違った、程よいニュアンスを感じるものになります。

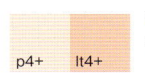

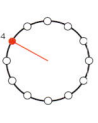

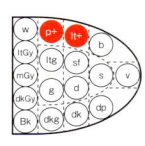

p4+ lt4+

色相もトーンもほとんど近似した優しいカマイユ配色です。一見すると1色に見えるような感じですが、よく見るとさりげないグラデーションになっていて、美への細やかなこだわりを感じさせてくれます。なお、インテグレートシリーズにはフォカマイユ配色の商品もあります（次ページ参照）。両者を比べてみると、それぞれの配色手法の特徴がわかります。

●インテグレート デザインヴェール
URL http://www.shiseido.co.jp/products/item.html?pd=36944&br=ie

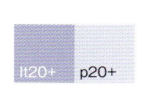

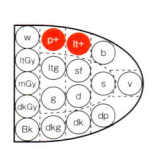

lt20+ p20+

色相を青紫で統一して、類似トーンで少し差をつけたカマイユ配色です。色相を統一しているので、ドミナントカラー配色ともいえます。女性らしい上品でやさしい印象にまとまっています。

●ザ・ボディショップ アナーニャ ボディローション
URL http://www.the-body-shop.co.jp

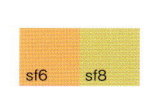

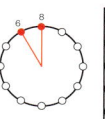

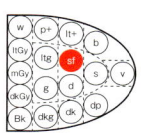

sf6 sf8

一見すると1色に見えるような、中身の飲料のテイストを邪魔しない、穏やかなカマイユ配色になっています。落ち着き感と素朴さの両方を備えています。また、イエローベースの色なので、体に優しい印象にもなっています。

●キリン 烏龍茶
URL http://www.beverage.co.jp/product/ocha/uuronn.html

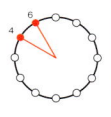

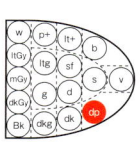

dp4 dp6

ほとんど1色に見えるようなカマイユ配色です。厳密に1色だと「同色」となり配色とはいえないですが、このように少しだけ変化をつけると、その色そのものが持つ訴求効果が高い配色になります。

●バロン・オタール エクストラ１７９５
URL http://www.sapporobeer.jp/product/liquor/baronotard/

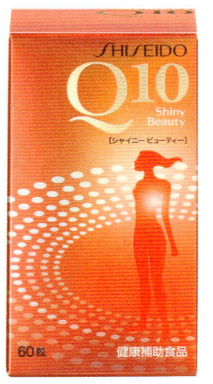

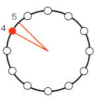

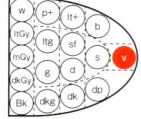

v4 v5

全面をオレンジ系の同じ色相でまとめたカマイユ配色です（色相をまとめているので、ドミナントカラー配色ともいえます）。高彩度の暖色系でまとまっているため誘目性が非常に高い配色になっています。パッケージ全体の色にインパクトがある分、文字はあえて可読性を低めにすることで、上品さも追加しています。

●Q10 シャイニービューティ
URL http://www.shiseido.co.jp/q10/

色相とトーンに着目してそれらをまとめた配色手法② フォカマイユ配色

フォカマイユ配色とは、ほとんど1色のように感じながらも微妙な違いや変化を感じる配色です。

フォカマイユ配色の色相は、類似色相（色相差2～3）でまとめます。また、トーンは明度差や彩度差を少しとって、同一トーンまたは類似トーンでまとめます。色数に制限はありません。

フォカマイユ配色は、左ページのカマイユ配色と似た配色ですが、この配色手法を用いると、統一感の中にも多少の変化を感じさせることができます。

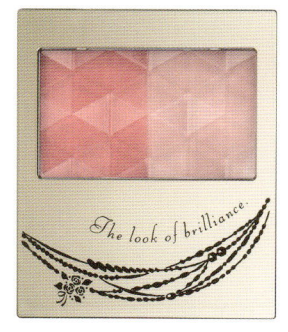

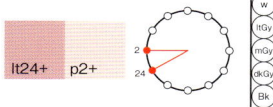

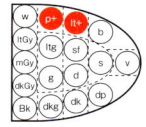

lt24+ p2+

色相もトーンもほとんど近似しているのですが、カマイユ配色に比べて程よい動きをつけているのがフォカマイユ配色です。カマイユ配色に比べてリズム感が出てくるので、それに比べて少し活発な印象を付加することができます。

●インテグレート フォルミングチークス
URL http://www.shiseido.co.jp/products/item.html?pd=27365&br=ie

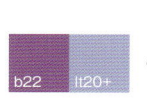

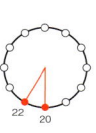

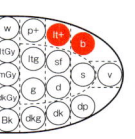

b22 lt20+

色相を青紫～紫系で統一して、類似トーンで少し差をつけたフォカマイユ配色です。色相もトーンも統一感がありながら、少し変化もついているので、上品なまとまりの中に奥深さも加わっています。

●ザ・ボディショップ アナーニャ シャワージェル
URL http://www.the-body-shop.co.jp

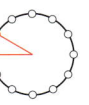

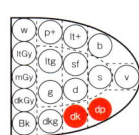

dk2 dp4

カマイユ配色よりも多少の変化が加わったフォカマイユ配色では、統一感の中にも奥深いニュアンスが付加されます。ブランデーのもつ深い大人の味わいが美しく表現されている配色といえます。

●ドルチェ XO
URL http://www.sapporobeer.jp/product/liquor/dolce/index.html

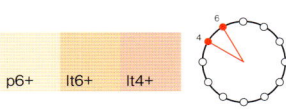

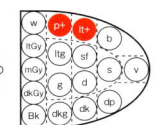

p6+ lt6+ lt4+

ほとんど一色に見えるようなカマイユ配色に、少しだけ色相差や明度差、彩度差を加えるとフォカマイユ配色になります。カマイユ配色よりも多少の変化が加わり、統一感の中にも奥深いニュアンスが付加されます。

●デュオ・ミティーク（ロゼ）
URL http://www.sapporobeer.jp/wine/mythique/duo/

COLUMN カマイユ配色とフォカマイユ配色の違い

カマイユ配色も、フォカマイユ配色も、いずれも色相やトーンをまとめます。トーンは同一トーンか類似トーンを選びます。また、選ぶ色相やトーン、配色の色数や順番は自由です。その点は同じですが、両者には次の違いがあります。

カマイユ配色は、色相を同一または隣接色相にまとめます。一方、フォカマイユ配色は色相を類似色相にまとめます。カマイユ配色は、色相かトーンのいずれか一方を必ず揃えますが、フォカマイユ配色は、色相もトーンも少しならずらしてOKです。そのため、カマイユ配色のほうがより統一感のある印象を、フォカマイユ配色は統一感の中にも微妙な変化を表すことができます。色数をまとめる、という中にも微妙に違いがあるのです。

とはいえ、実際の現場では、カマイユ配色とフォカマイユ配色に関わらず、そこまで厳密に配色名を分けていない、という実情もあります。

色相とトーンに着目してそれらを離した配色手法① ビコロール配色

ビコロール配色とは、ハイコントラストで明快な印象の2色配色です。ビコロール（bicolore）とは、フランス語で「2色の」という意味です。英語でいうと「bi-color（バイカラー）」です。

配色の色相は対照色相（色相差8～10）または補色色相（色相差11～12）の配色にします。また、高彩度のトーンを選びます（無彩色との組み合わせもOK）。

トーンは、対照トーンにして、明度差や彩度差を大きくとります。なお、【sfトーン】や【dトーン】は使用できません。また、色数は2色に限定します。この配色手法を利用すると、明快で簡潔なイメージが前面に打ち出されます。

なお、2色配色であっても、明快なコントラストがない場合は「ビコロール配色」とはいえません。

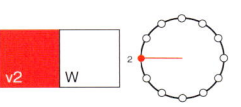

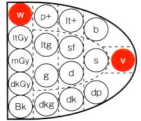

明快なビコロール配色です。赤と白の組み合わせは定番のように見えますが、赤は赤でも企業ならではのこだわりといったものが各社あります。コカ・コーラ社の赤も通称"コカ・コーラレッド"と呼ばれており、コカ・コーラらしさを表す独自のものとなっています。
● コカ・コーラ《500ml PET》
URL http://cocacola.jp

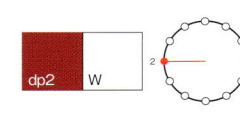

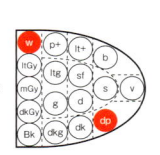

赤と白のビコロール配色です。このデザインのようにdpトーンを使用すると、ビコロールらしい明快でカジュアルな印象の中にも、落ち着きが生まれます。長い歴史や伝統、確固たる自信を感じさせる配色となっています。
● オロナミンC
URL http://www.otsuka.co.jp/orc/

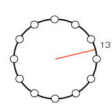

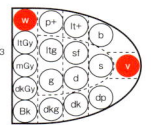

緑と白の明快なビコロール配色です。新ロゴでこの配色になりましたが、旧ロゴはこれに黒が加わったトリコロール配色でした。いずれにしても明快な印象に変わりはありません。
● Starbucks Cofee
URL http://www.starbucks.com/

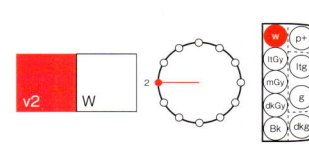

©iStockphoto.com/MarkHatfield

赤と白のビコロール配色になっています。また、青がアクセントカラー（P.40）として挿入されることで、エネルギッシュな中にも、明快で爽やかな印象になっています。
● キリンアミノサプリ
URL http://www.beverage.co.jp/aminosupli/

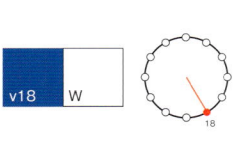

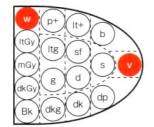

青と白のビコロール配色になっています。また、CIの赤がアクセントカラーになっていることによって、爽やかで清々しい印象の中にも、力強さを感じます。
● キリンアルカリイオンの水
URL http://www.alkali.jp/

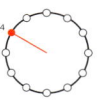

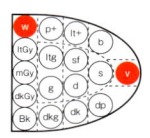

橙と白の明快なビコロール配色です。有彩色が黄に近づくほど、白との明度差はなくなりますが、その分、彩度差をつけることでメリハリのある配色になっています。また、白い文字によって、爽快感やすっきりとした印象のデザインになっています。
●アミノバリュー
URL http://www.otsuka.co.jp/a-v/

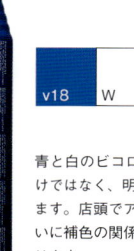

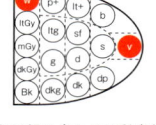

青と白のビコロール配色です。白との組み合わせは彩度差だけではなく、明度差もつくので、可読性の高いデザインになります。店頭でアミノバリューとポカリスエットが並ぶと、お互いに補色の関係になるため、より人の目を引きつける配色になります。
●ポカリスエット
URL http://pocarisweat.jp/

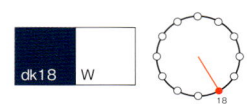

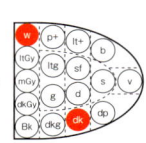

白と有彩色の組み合わせの明快なビコロール配色です。商品名の可読性も非常に高い商品です。また、アクセントカラーの赤が効いており、誘目性の高い配色となっています。
●バファリンA
URL http://www.bufferin.net/

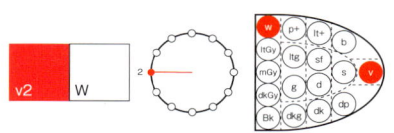

赤と白で明快なビコロール配色になっていますが、トマトの葉の緑がアクセントカラーとなって、明快なトリコロール配色にもなっています。動きと引き締め感を感じる配色です。
●キリントマトジュース
URL http://www.beverage.co.jp/product/vegetable/tomato_1000ml.html

COLUMN　ビコロール配色とダイアードの違い

　ビコロール配色とダイアード（P.36）は、いずれも配色の色数が2つです。有彩色のみの配色の場合は、対照色相配色か補色色相配色で色相差を離します。その点は同じですが、両者には次の違いがあります。

　ビコロール配色は、明快な印象がなければなりません。そのため、同じ対照色相配色や補色色相配色でも、色相環を縦に分割することで明度差をつけ、よりコントラストをつけるようにします。また選ぶトーンは最高彩度のvトーンを中心に、高彩度のbやdpトーンにします。また、無彩色の白や黒と組み合わせてもOKです。その際にも、できるだけ明度差や彩度差を意識します。

　一方、ダイアードは色相環を2分割して補色色相関係になってさえすればOKです。無彩色は使えませんが、それ以外なら選ぶトーンは自由です。そのため、色相差をつけながらも、選ぶトーンによっては穏やかな印象にまとめることもできます。

　以上のことから「ダイアードは、ビコロール配色の一部である」ということができます。

色相とトーンに着目してそれらを離した配色手法② トリコロール配色

トリコロール配色とは、ハイコントラストで明快な印象の3色配色です。

トリコロール（tricolore）とは、「3色の」という意味です。「tri」はフランス語で3という意味になります。

赤、白、青の組合せのフランス国旗がトリコロール配色の代表例ですが、ドイツ国旗やイタリア国旗なども明快な3色配色なので、トリコロール配色といえます。

配色の色相は、対照色相または補色色相の配色にします。また、高彩度のトーンを選びます。

トーンは、対照トーンにして、明度差や彩度差を大きくとります（無彩色との組み合わせもOKです）。ビコロール配色と同様に、【sfトーン】や【dトーン】は使用できません。また、色数は3色に限定します。

この配色手法を利用すると、ビコロール配色同様、明快なイメージが前面に打ち出されます。

なお、3色配色であっても、明快なコントラストがない場合は「トリコロール配色」とはいえません。

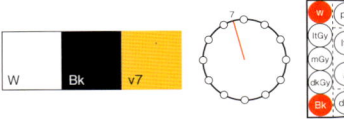

白と黒という無彩色における最大明度差（最大コントラスト）の組み合わせに、最高彩度のvトーンが加わると、トリコロール配色になります。このような配色は、シンプルで明快であり、人の記憶にも長く残ります。この商品が息の長い定番商品になっていることの1つの要因かもしれません。
● サッポロ生ビール 黒ラベル
URL http://www.sapporobeer.jp/beer/

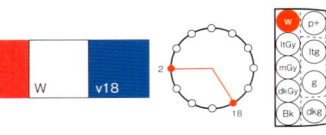

多くの人が思い浮かべやすい美しいトリコロール配色です。いまや定番ともなっているこの配色は、多くの人に、安心感や安定感を感じさせる配色ともいえます。
● 森永とろ〜り練乳ライクなプリン
URL http://www.morinagamilk.co.jp/products/dessert/rennyu/426.html

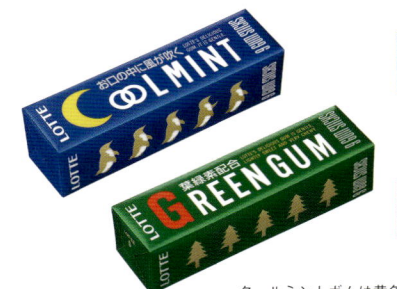

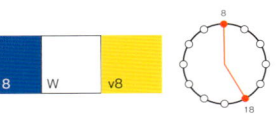

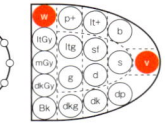

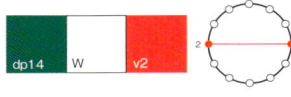

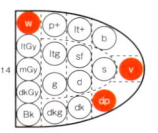

クールミントガムは黄色と青のダイアードに白を加えたトリコロール配色、グリーンガムは赤と緑のダイアードに白を加えたトリコロール配色になっています。どちらも白を加えることで、コントラスト感の調節だけでなく、爽やかさの演出にも成功しています。
● クールミントガム／グリーンガム
URL http://www.lotte.co.jp/

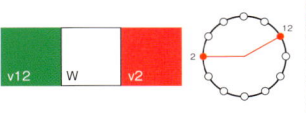

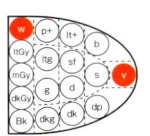

トリコロール配色というとフランス国旗に使われている3色を思い浮かべる人も多いですが、このようにイタリア国旗に近い配色もトリコロール配色となります。赤と緑の補色の組み合わせでダイナミックな印象ながらも、白が多く使われていることによって爽やかさも出ています。
● 森永のおいしい無脂肪乳
URL http://www.oishi-milk.com/

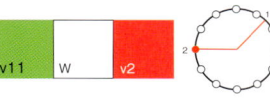

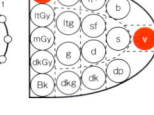

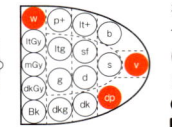

「プリッツ サラダ」はイタリア国旗を、「プリッツ ロースト」はフランス国旗をイメージさせるような、どちらも明快なトリコロール配色です。両者ともに長く人気のある商品ですが、飽きがこないシンプルかつ明快な配色もその理由の1つかもしれません。2つの商品を並べると、背景色の黄緑と赤がほぼ対照色相の関係で、お互いの配色を引き立てあうことにも成功しています。
● glico PRETZ
URL http://www.ezaki-glico.net/pretz

| v18 | W | b8 |

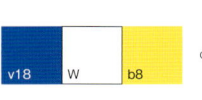

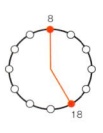

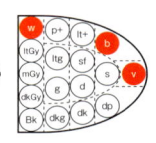

青と黄色が補色のダイアードに近く、コントラスト感とビビッド感のある配色です。白を加えることで明快なトリコロール配色になっています。また青系で統一されたグラデーションも一部に入っており、統一感と変化のバランスが美しい配色です。

●キリンレモン
URL http://www.beverage.co.jp/kirinlemon/

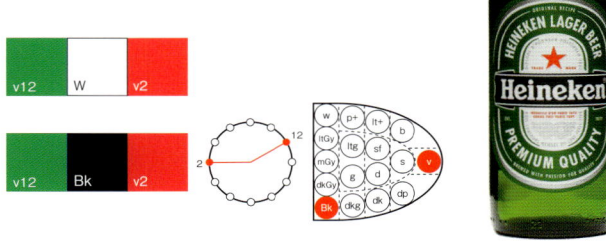

| v12 | W | v2 |
| v12 | Bk | v2 |

無彩色の白と黒、有彩色で高彩度の赤と緑は、どれもトリコロールカラーには欠かせないような色ばかりなので、その4色のうちどれを組み合わせてもトリコロール配色になりやすくなります。このパッケージもいろいろな見方ができるリズミカルなトリコロール配色です。

● Heineken
URL http://www.heineken.com/

アメリカ発祥ドミノピザの、おなじみトリコロール配色です。同じトーン内で見ると、赤よりも青のほうが明度が低いので白文字の可読性が高くなっています。白抜き文字の場合は、このように明度が低い色に対して用いたほうが可読性が高くなります。

● Domino's Pizza
URL http://www.dominos.jp/eng/

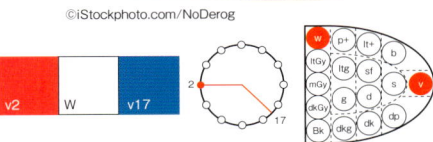

| v2 | W | v17 |

左から、フランスの国旗、ドイツの国旗、イタリアの国旗。トリコロール配色は世界中のさまざまな国の国旗から見つけることができます。気候や風土、地域性などによって、色使いやコントラストに違いがあるのが面白いです。

COLUMN トリコロール配色とトライアドの違い

トリコロール配色とトライアド（P.37）は、いずれも配色の色数が3つです。有彩色のみの配色の場合は、対照色相配色か補色色相配色で色相差を離します。その点は同じですが、両者には次の違いがあります。

トリコロール配色は、明快な印象がなければなりません。そのため、色相差や明度差や彩度差をできるだけ意識します。また、選ぶトーンはvトーンを中心に、bやdpトーンにします。また、無彩色の白や黒と組み合わせてもOKです。一方、トライアドは色相環を3分割して対照色相配色の関係になってさえすればOKです。無彩色は使えませんが、それ以外なら選ぶトーンは自由です。

以上のことから「トライアドはトリコロール配色の一部である」ということができます。

●トリコロール配色の例

| Bk | W | v14 | | v6 | W | v18 |
| v8 | v16 | v24 | | v22 | Bk | v10 |

●トライアドの例

| g8 | g16 | g24 | | ltg2 | ltg10 | ltg18 |
| d6 | d14 | d22 | | p4+ | p12+ | p20+ |

Color Design Basic Knowledge

05 具体的な配色手法

色相環を均等に分割する配色手法① ダイアード

ダイアード（2色配色）とは、色相環を2分割した（色相環上で対極に位置する）、補色配色にある2色を組み合わせる配色手法です。色相差は12（180度）となります。

この配色手法を用いると、明快な2色配色のビコロール配色と似て、各色がお互いが引き立てあうような、ダイナミックで動きのあるイメージを演出できます。

なお、ダイアード（dyads）とは、「補色配色」という意味です。そのため、ビコロール配色と違って、ダイアードは有彩色しか使用できません。しかし、特に高彩度のトーンを用いて明度差をつけると、ビコロール配色と似た、明快なイメージを演出できます。

また、この手法で重要なのは、「色相の関係」です。トーンは、一切関係ありません。トーンの組合せや、色を並べる順序は自由です。これらの配色手法では色相環を規則的に分割しているため、秩序の原理（P.22）に当てはまり、リズミカルで調和しやすい配色になります。これは、後述するトライアドやテトラード、ペンタード、ヘクサードにも同様のことがいえます。

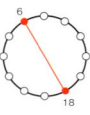

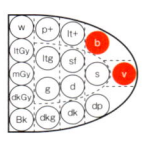

b6 v18

色相環を2分割したダイアード配色です。明度差もついているので、ビコロール配色ともいえます。白も入れて考えるとトリコロール配色にもなります。息が長い定番商品ならではの、簡潔で明快な印象で、視認性や誘目性もとても高い配色になっています。
● バヤリース オレンジ
URL http://www.asahiinryo.co.jp/bireleys/sp/

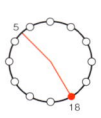

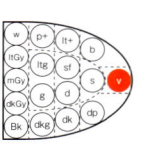

v18 v5

青とオレンジは相性の良い組み合わせの1つで、ダイアードの関係になります。ブルーデニムとオレンジのステッチなどにも見られるように、ダイアードの関係の場合は、どちらか一方の面積比を大きく、その他一方を小さめにするのがポイントです。そうすることでお互いケンカすることなく引き立て合うことができます。
● DORITOS
URL http://www.doritos.com/

TIPS

色相環を均等に分割する配色手法は、イッテンの配色調和（P.19）の考え方が元になっていますが、ここではイッテンの12色の色相環ではなく、PCCSの24色の色相環を用いて使用する色の関係を見ています。

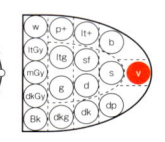

v8 v21

完全に補色ではありませんが、ダイアードに近い関係になっています。色相差だけではなく、明度差もかなりついているので、視認性や可読性もとても高い配色です。企業やブランドや商品のカラーで紫系は珍しいので差別化や独自化にも成功しています。
● Taco Bell
URL http://www.tacobell.com/food/featured

COLUMN ベースカラーとベーシックカラーの違い

ベースカラーとベーシックカラーはよく間違えられるのですが、異なるものです。

ベースカラーとは、配色の上で面積がもっとも大きい色のことで、背景色になりやすいものです。

一方、ベーシックカラーとは、流行に左右されない定番の色のことで、業種や業界によっても微妙に異なりますが、一般的には、白や黒やグレー、ベージュやブラウン、ネイビーなどです。

ベースカラーとベーシックカラーは、名前が似ているのはもちろんのこと、定番色のベーシックカラーは背景色にもなりやすいので、ベースカラーと混同されてしまうのかもしれません（P.40）。

色相環を均等に分割する配色手法② スプリットコンプリメンタリー／トライアド

スプリットコンプリメンタリー（3色配色）とは、補色関係にある片方の色を左右に分裂させた3色を組み合わせる配色方法です。分裂させる色相の差は、左右に1つずつか、2つずつです。この配色手法を用いると、3色を結ぶ線が二等辺三角形になります。この配色手法を用いると、明快なコントラストがありながら、それぞれの色相が持つ多彩なイメージを、単なる補色配色よりも強く演出できます。スプリットコンプリメンタリーは別名「分裂補色配色」ともいいます。

トライアド（3色配色）とは、色相を結ぶ線が正三角形になるように色相環を三等分した場合に決定される3色を組み合わせる配色方法です。この配色手法を用いると、色相環上の3色を結ぶ線が正三角形になります。各色の色相差は8となり、「対照色相配色」となります。そのため、トリコロール配色と違って、トライアドは有彩色しか使用できません。しかし、特に高彩度のトーンを用いると、トリコロール配色と似た、明快なイメージを演出できます。

なお、トライアドの場合は、色相環を3等分しさえすれば良いので、トーンは一切関係ありません。トーンの組み合わせや色を並べる順序は自由です。

TIPS

スプリットコンプリメンタリー（二等辺三角形）とトライアド（正三角形）は、同じ3色配色ですが、両者は明確に区別しましょう。ただし、厳密には正三角形でなくても、それに近ければ、トライアドといってもOKです。

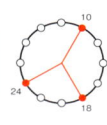

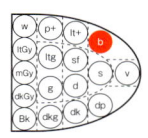

b24　b10　b18

正三角形にほど近い、変形版三角形のトライアドです。bトーンで統一してあるので（Wは除く）ドミナントトーン配色ともいえます。明快かつリズム感のある爽やかな配色になっています。
● アミノコラーゲン
URL http://amicolla.jp

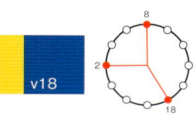

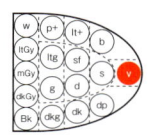

v2　v8　v18

高彩度のvトーンのみでほどよく色相差をつけたトリコロールに近いトライアドです。正三角形ではないですが、それに近い三角形の変形トライアドです。赤、黄、青は心理四原色のうちの色なので（もう1つは緑）、人々の深層心理に根付いた色ともいえます。息の長い定番商品らしい配色です。
● RITZ
URL http://www.nabiscoworld.com/ritz/

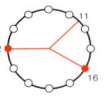

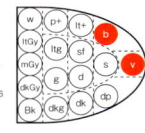

v2　v11　b16

色光の三原色であるRGBは、並べるとほぼトライアドの関係になります。これらはよく見慣れた色ばかりなので、違和感なく受け入れられやすい傾向があります。この商品の場合は、緑や青を黄みに寄せることで、全体の印象を明るく見せています。
● Pringles
URL http://www.pringles.com/

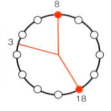

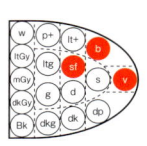

b18　sf8　v3

赤黄青でほぼトライアドの関係になっています。背景色が青なので、その補色であるポテトチップスの黄色が引き立っています。また、赤のアクセントカラーが商品の視認性を上げています。全体的にバランスがとれている配色です。
● WALKERS
URL http://www.walkers.co.uk/

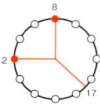

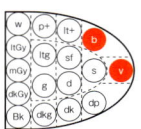

b8　v2　v17

正三角形にほど近い、変形版三角形のトライアドです。トライアドの場合、使用するトーンは自由です。このように明るく鮮やかなトーンを使用するとよりポップでリズミカルな印象になります。鮮やかな暖色系で誘目性も高い配色になっています。
● ポポロン
URL http://meiji.co.jp

色相環を均等に分割する配色手法③　テトラード／ペンタード／ヘクサード

色相環を均等に分割する配色手法には、他にも「テトラード」（4色配色）、「ペンタード」（5色配色）、「ヘクサード」（6色配色）などもあります。

テトラード

テトラード（4色配色）とは、色相を結ぶ線が正方形になるように色相環を4等分した場合に決定される4色を組み合わせる配色方法です。各色の色相差は「6」となり、中差色相配色となります。なお、正方形に近い長方形や台形になる配色でも問題ありません。この配色手法を用いると、リズミカルなイメージを演出できます。

なお、テトラ（tetra）とは、「4」という意味です。テトラードは「2組のダイアードの組合せ」ともいえます。

ペンタード

ペンタード（5色配色）とは、本来は色相を結ぶ線が正五角形になるように色相環を5等分した場合に決定される5色を組み合わせる配色のことを指しますが、12色のイッテンの色相環や24色のPCCS色相環は5等分できないので、3色配色のトライアドに白と黒を組み合わせた5色の組合せをペンタードと呼びます。この配色手法を用いると、トライアドが持つ明快さに、白と黒が加わったスッキリ感のあるイメージを演出できます。

なお、ペンタ（penta）とは、「5」という意味です。

ヘクサード

ヘクサード（6色配色）とは、色相を結ぶ線が正六角形になるように色相環を6等分した場合に決定される6色を組み合わせる配色方法です。各色の色相差は「4」となり、中差色相配色となります。なお、テトラードに白と黒を組み合わせた6色を使用しても問題ありません。この配色手法を用いると、色数が豊富でバリエーションが豊かながらも、統一感のあるイメージを演出できます。

なお、ヘクサ（hexa）とは、「6」という意味です。ヘクサードは「3組のダイアードの組合せ」ともいえます。

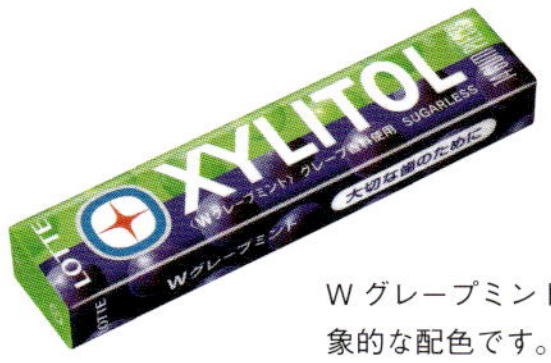

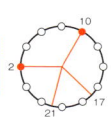

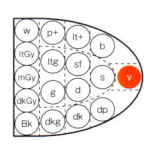

Wグレープミントの名のごとく、マスカットの黄緑とグレープの紫の補色（ダイアード）の関係が印象的な配色です。赤と青が加わることでリズミカルなテトラード配色にもなっています。白をうまく息抜きに使ったり、面積比にメリハリをつけることで、色数の多さを回避し、スッキリと見せることにも成功しています。

● キシリトール　ガム＜Wグレープミント＞
URL http://www.lotte.co.jp/

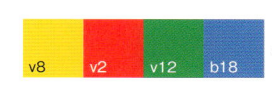

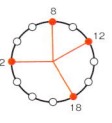

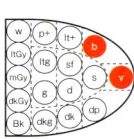

心理四原色（赤・青・黄・緑）を使ったカラフルな印象のテトラードです（ロゴの茶色は、PCCS色相番号2番の赤に黒を足したような色として捉えています）。すべての面積比率を同じにすると統一感を取りにくいのですが、このようにベースカラー（背景色）となるメインカラーを設定すると、それを回避できます。

● m&m's
URL http://www.m-ms.com/

©iStockphoto.com/AngiePhotos

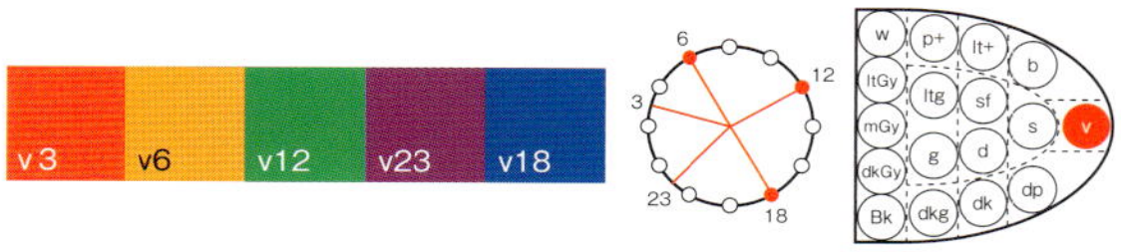

ペンタード配色には、「トライアド＋白黒」と「有彩色のみの5角形」がありますが（P.19）、色相環を5等分することは難しいので、後者はめずらしいパターンになります。代表的な基本色相の「赤・黄・緑・青・紫」などの5色は、このようにシリーズ展開などに使用されることもあります。

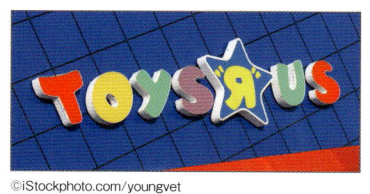

赤・黄・緑・青・紫の有彩色のみを使ったペンタード配色です。かなり多色の配色ですが、子供向けおもちゃ店という業態を前面に打ち出したような、にぎやかで楽しげな印象になっています。すべてをvトーンで揃えるのではなく、bトーンの明るい色も追加することで、より変化やリズム感に富んだ印象になっています。

● Toysrus
URL http://www.toysrus.com/

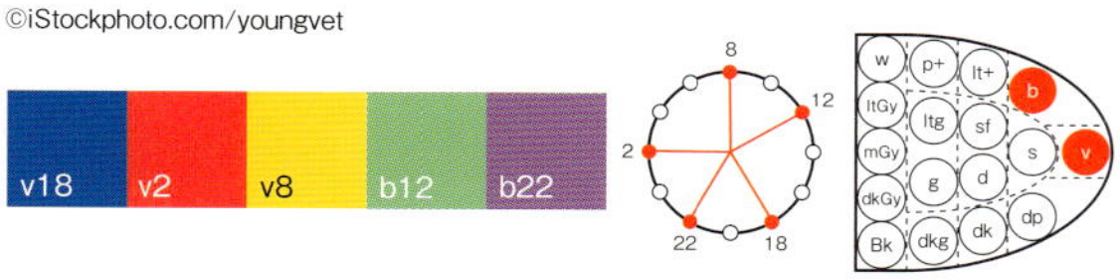

©iStockphoto.com/youngvet

左から、モーリシャス（テトラード）、アンティグア・バーブーダ（ペンタード）、南アフリカ（ヘクサード：テトラード＋白黒）、南スーダン（ヘクサード：テトラード＋白黒）の国旗。心理四原色の赤、黄、緑、青は世界中でよく使われているので、国旗にも多く見てとることができます。なお、同じ色でも色の意味はそれぞれ国家によって異なります。調べてみると面白いでしょう。

COLUMN　自動配色《アナログだけど便利な配色マシーン》

1つの商品で何パターンものカラーバリエーションを考えなければならない場合など、それぞれが調和した配色パターンを選択するのが大変な場合があります。また、バリエーションをつけたつもりでも、客観的に見てみると、デザイナーの嗜好が出ていたり、意外と差別化が図られていないということもあります。

こういった場合に覚えておくと便利なのが「自動配色」と呼ばれる配色手法です。自動配色とは、美しいと思える配色を基本に、その配色バランスを崩さないまま、色相やトーンを移動させる方法です。

自動配色には「色相移調」と「トーン移調」の2種類があります。また、応用として、色調とトーンの両方を移調する方法もあります。これらの手法を利用すれば、簡単にカラーバリエーションを増やすことができます。

表1：自動配色

種類	説明
色調移調	色相移調とは、基本となる配色の色相のみを移動させる手法（トーンは移動しない）。色調移調を行うと、トーンのイメージはそのままに、色相のイメージを変えることができる
トーン移調	トーン移調とは、基本となる配色のトーンのみを移動させる手法（色相は移動しない）。トーン移調を行うと、色相のイメージはそのままに、トーンのイメージを変えることができる
色調＆トーン移調	色調＆トーン移調とは、基本となる配色の色相とトーンの両方を移動させる手法。色調＆トーン移調を行うと、色相のイメージおよびトーンのイメージの両方を変えることができる

自動配色は、多くのカラーバリエーションを制作する場合などに有効な配色手法です。簡単な作業で、一定の統一性と変化の両方を満たす配色を実現できます。

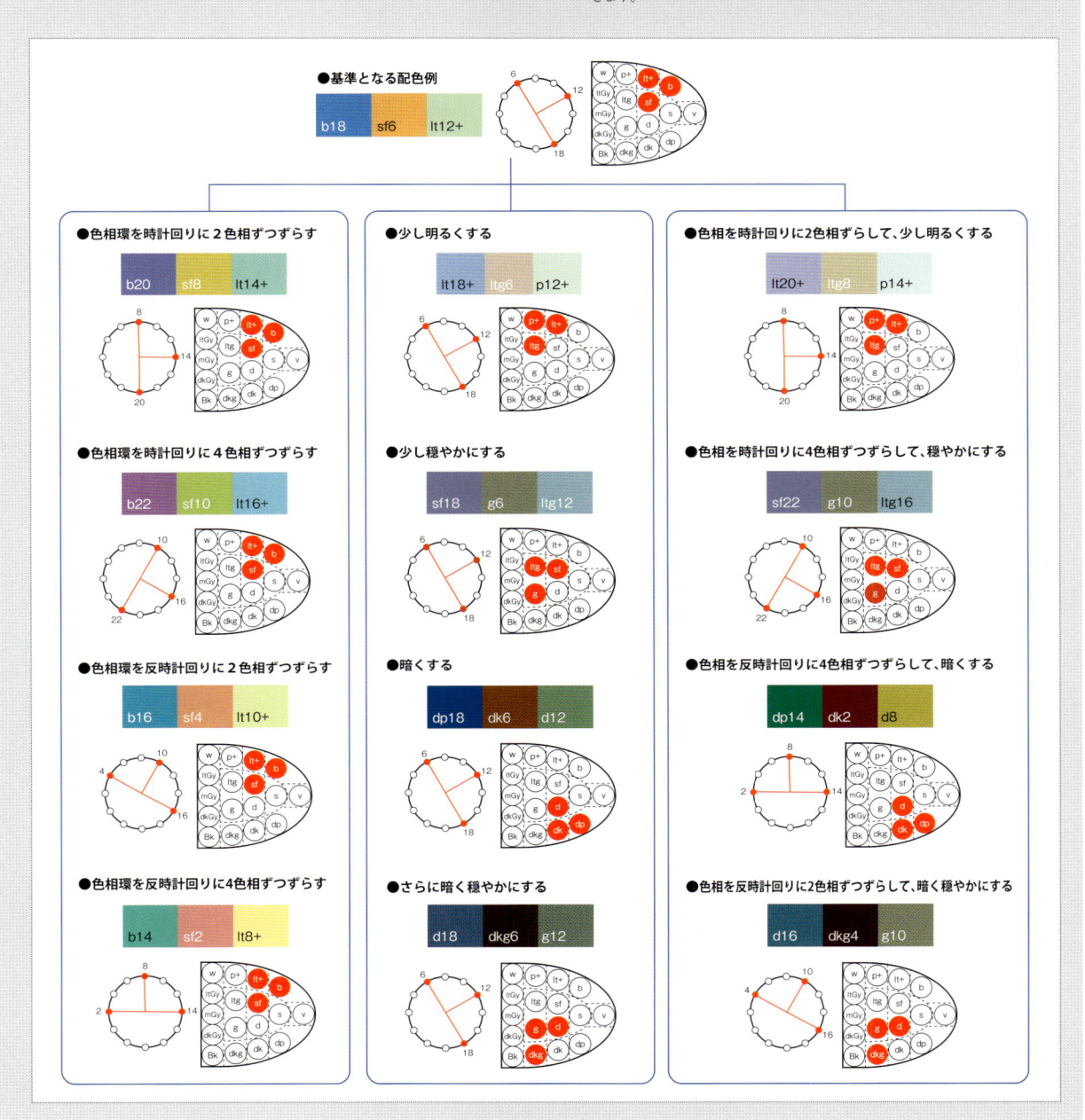

●基準となる配色例
b18　sf6　lt12+

●色相環を時計回りに2色相ずつずらす
b20　sf8　lt14+

●少し明るくする
lt18+　ltg6　p12+

●色相を時計回りに2色相ずらして、少し明るくする
lt20+　ltg8　p14+

●色相環を時計回りに4色相ずつずらす
b22　sf10　lt16+

●少し穏やかにする
sf18　g6　ltg12

●色相を時計回りに4色相ずつずらして、穏やかにする
sf22　g10　ltg16

●色相環を反時計回りに2色相ずつずらす
b16　sf4　lt10+

●暗くする
dp18　dk6　d12

●色相を反時計回りに4色相ずつずらして、暗くする
dp14　dk2　d8

●色相環を反時計回りに4色相ずつずらす
b14　sf2　lt8+

●さらに暗く穏やかにする
d18　dkg6　g12

●色相を反時計回りに2色相ずつずらして、暗く穏やかにする
d16　dkg4　g10

その他の基本的な配色手法

ここまでさまざまな配色手法を見てきました。最後に基本的な配色手法である「色の面積比による配色」と「グラデーション」の2つを解説します。これらは非常にシンプルな手法ですが、いろいろな場面で活用できます。

色の面積比による配色① 全体を引き締める「アクセントカラー」

配色を考える際に「色の面積比」を考慮して色に主従関係をつけると、配色に動きが出たり、配色の意図が伝わりやすくなったりします。また、配色がまとまりすぎて平凡な印象になってしまったときに、アクセントカラー（強調色）を効果的に利用すると、全体に変化が生まれ、全体が引き締まります。

具体的には、アクセントカラーには、ベースカラー（基調色）やアソートカラー（配合色）で使われている色の対照にある色相やトーンの色を用います。

表1：色の主従関係

主従関係	割合	説明
ベースカラー（基調色）	全体の約70%	配色全体の背景色となり、配色のイメージを作る
アソートカラー（配合色または従属色）	全体の約25%	配色全体の調整役で、配色の方向性を決める。一般的には、ベースカラーと同系の色にして、ベースカラーのイメージを前面に打ち出す。一方、ベースカラーと離すと配色に動きが生まれる
アクセントカラー（強調色）	全体の約5%	配色全体を引き締めたり、配色全体に変化を与える。一般的には、ベースカラーやアソートカラーで使われている色相、明度、彩度と対照的な色を用いる。特に高彩度の色は、誘目性も高いことから、アクセントカラーとしてよく使われる。配色の中でアクセントカラーを用いる位置は自由

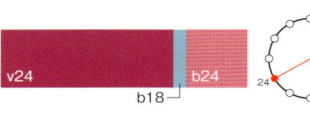

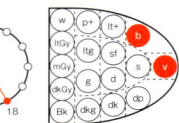

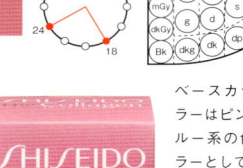

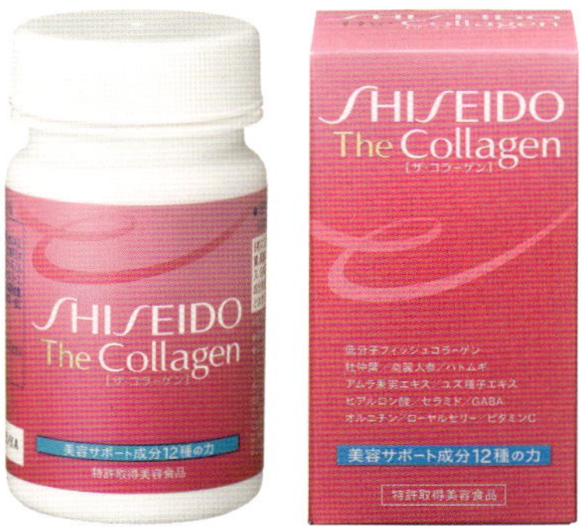

ベースカラーとアソートカラーはピンク系でまとめ、ブルー系の色をアクセントカラーとして上手に加えています。ピンク系を基調とすることで女性向けの商品であることをしっかりとアピールしたうえで、ブルーがほどよい引き締めとなって商品としてのインパクトを加えています。
●ザ・コラーゲン
URL http://www.shiseido.co.jp/collagen/

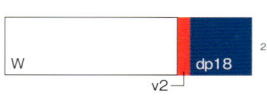

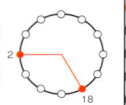

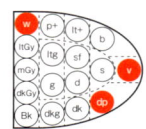

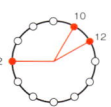

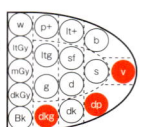

ブルー系のドミナントカラーのアソートカラーとシンプルな白のベースカラーに赤のアクセントカラーを追加した配色になっています。トリコロール配色の関係にもなっています。明快で爽やかな印象が、ヨーグルトのイメージとマッチしています。また、視認性が高いという特徴もあります。
●明治 ブルガリアヨーグルト
URL http://www.meijibulgariayogurt.com/

ベース、アソート、アクセントの3色に、白抜きの文字が加わった配色です。黒に近い、深い緑によって、「濃いめ」であることを表現したうえで、淡い緑によって清涼感も演出されています。また、アクセントカラーの赤は、緑の補色であるため、赤によって全体が引き締まって見えます。なお、白は彩度が低いため、分量が少なかったとしてもアクセントカラーにはなりにくい色です。
●伊右衛門 濃いめ
URL http://www.suntory.co.jp/softdrink/iyemon/

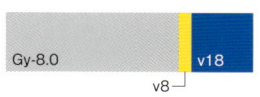

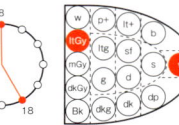

無彩色のベースカラーに青を配し、その補色の黄色でアクセントを効かせた配色です。有彩色の青と黄色がダイアード（補色）の関係でビコロール、ベースのグレイも合わせればトリコロール配色にもなります。氷結の名にふさわしい、簡潔で爽快な配色です。
●キリンチューハイ 氷結
URL http://www.kirin.co.jp/brands/hyoketsu/

色の面積比による配色② 全体のバランス調整をする「セパレーションカラー」

配色がきつすぎていやらしい印象になったり、あるいは、ぼんやりしすぎてあいまいな印象になったりした際に有効なのが「セパレーション」です。セパレーションとは、色と色の間にわずかな色を挿入することで、もともとあった配色を引き立てる配色手法です。コントラスト感の調節に役立ちます。

セパレーションはあくまでも、他の色を引き立てるための補助色なので、通常、セパレーションには、白・灰色・黒などの無彩色や、無彩色に近い低彩度色、または金属色などを指定します。明度や彩度が対照的な色を使用すると、より効果的です。

表2：アクセントカラーとセパレーションの違い

	アクセントカラー	セパレーション
彩度	高彩度色	低彩度色・無彩色
明度	明度差をつける	
位置	位置は自由	色と色の間
面積	小面積	
効果	配色全体に変化	コントラスト感の調節

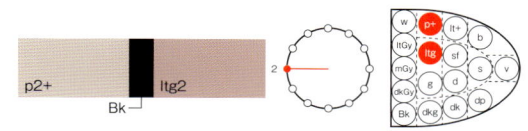

微妙な移ろいやニュアンスのある各色やその違いを明確に引き立てたい場合に無彩色を代表とするセパレーションカラーが役に立ちます。明るく淡い色の場合は最低明度の黒を、強い色の場合は最高明度の白が最適です。この場合も黒が入ることで、淡く優しい各色の違いが明確に引き立っています。
● インテグレートシリーズ
URL http://www.shiseido.co.jp/ie/

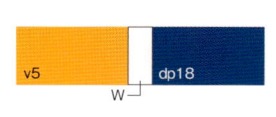

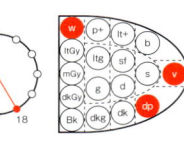

橙と青の補色に近い配色でコントラストが強すぎると感じる時は、間にこのようなWなどのセパレーションカラーを入れると強さを和らげることができます。また、この配色は橙、青、黄緑の有彩色のみで考えると、三角形に近いトライアド配色にもなっています。
● ファンタ オレンジ《500ml PET》
URL http://fanta.jp

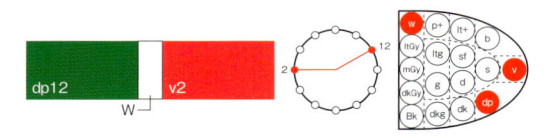

高彩度の緑と赤のような明度差がない対照色相配色は、ギラギラ（チカチカ）として見えるハレーションを起こす可能性があります。このような場合は、Wなどのセパレーションカラーを入れるとそのハレーションを和らげることができます。
● Mountain Dew
URL http://www.mountaindew.com/

セパレーションカラーの黒は、多色配色のステンドグラスなどに、セパレーションカラーの白は、多色配色のタイルの目地などによく使われます。いずれも、もともとある色を引き立てる役割を果たしています。

色を段階的に移行させる配色　グラデーション

グラデーションも、基本的な配色手法の1つです。グラデーションとは、色を段階的かつ規則的に変化させて、並べていく配色手法です。

グラデーションの配色には、隣り合う色同士による共通性と、両端の色同士による対照性の両方が含まれているため、統一と変化のバランスがとれて、好ましいとされる配色が多くあります。

また、グラデーションは自然界の中でもよく見られる配色なので、調和すると感じられる確率が高くなります（なじみの原理）。

なお、グラデーションには、色の三属性のうちのどれを動かすのかによって、次の4種類があります。これら4つの中でどれか1つを基準として、属性の差を規則的かつ等間隔に並べていくと、表現したい内容がより明確に定まりやすくなります。

色相グラデーション

色相グラデーションとは、明度と彩度はできるだけ統一して、色相だけを動かす配色手法です。色相差はできるだけ統一し（通常は1～3程度ずつ）、等間隔で順番に並べます。

高彩度のトーンを選択したほうが、色相の違いがわかりやすく、効果的です。

明度グラデーション

明度グラデーションとは、色相と彩度はできるだけ統一して、明度だけを動かす配色手法です。明度差はできるだけ統一し、等間隔で順番に並べます。無彩色のみを縦に並べることでも明度グラデーションを作成できます。白黒写真や白黒映画は、無彩色の明度グラデーションといえます。

なお、明度グラデーションは、トーンオントーン配色の一部といえます。

彩度グラデーション

彩度グラデーションとは、色相と明度はできるだけ統一して、彩度だけを動かす配色手法です。彩度差はできるだけ統一し、等間隔で順番に並べます。

トーングラデーション

トーングラデーションとは、色相はできるだけ統一して、トーン（明度＋彩度）を動かす配色手法です。トーン差はできるだけ統一し、等間隔で順番に並べます。

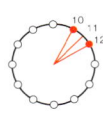

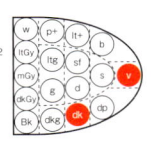

色相グラデーションになっています。緑と赤のような明度が近似した補色の関係は、時に喧嘩をしやすくなりますが、このように面積比にメリハリをつけたり、片方の色（この場合は緑）をグラデーション配色にすると、お互いに引き立て合う魅力的な配色になります。この商品の持つ深みや高級感が美しく表現されています。また、同シリーズ内では、すべての商品に高級感がありながらも、商品ごとにベースカラーが異なるため、全体として統一感と差別化のバランスがとれています。

●ヱビス〈ザ・ホップ〉
URL http://www.sapporobeer.jp/yebisu/

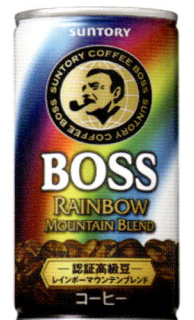

色相グラデーションは、厳密にいうと色と色の関係の色相差をそろえるのが基本です。ですが、このように、トーンを統一すれば、多少の誤差があっても気になりません。統一感の中に変化も感じさせる、心地よい配色になっています。

●ボス レインボーマウンテンブレンド
URL http://www.suntory.co.jp/softdrink/boss/rainbow/

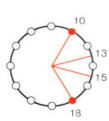

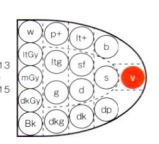

青系から黄緑へと、ほぼ対照色相の関係の2色をグラデーションでつないでいる、振り幅の広い色相グラデーション配色です。そのため、色相差があまりないグラデーションよりも大胆なリズム感を感じさせ、カジュアルな印象になります。端の2色は対照関係なのでお互いの印象を引き立て合うことにも成功しています。

●スウィーティガム
URL http://www.lotte.co.jp/

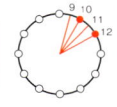

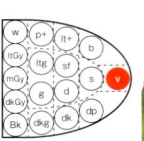

中身の飲料の色も含めた色相グラデーションです。同じ緑系の統一感で訴求力がある中にも、多少の変化やリズムも感じさせる美しい配色です。緑系で統一されているため、お茶ならではのイメージが前面に出ています。また、ロゴ周りの白色や氷のハイライトによって、軽やかさや瑞々しさも付加されています。

●キリン 生茶
URL http://www.beverage.co.jp/namacya/

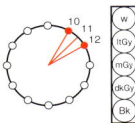

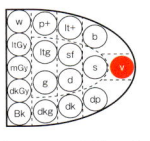

| v10 | v11 | v12 |

色相を少しずつ段階的に移行させた色相グラデーションの配色です。グリーンミントの商品名のごとく、色相をグリーン系に絞っているのでそのイメージを前面に押し出しながら、徐々に変化をつけているので、単純さや飽きを回避することに成功しています。

● ACUO ＜グリーンミント＞
URL http://www.lotte.co.jp/

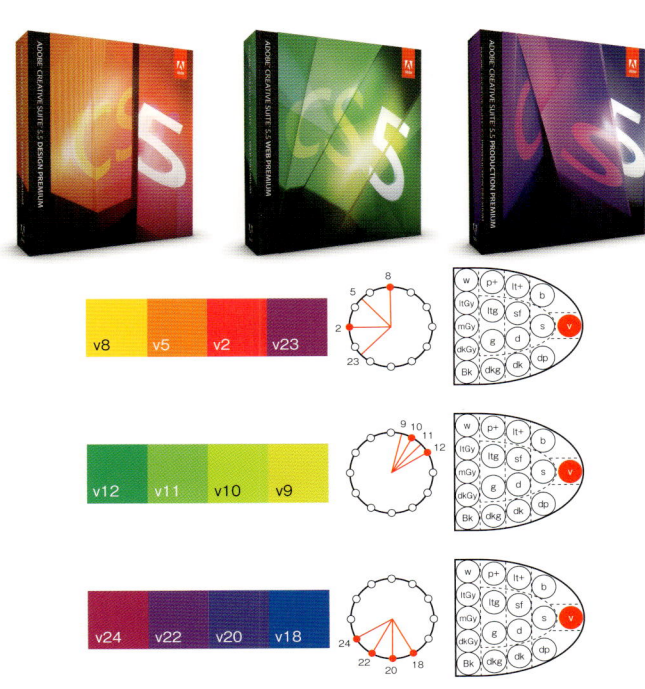

| v18 | v16 | b14 |

| dp8 | dp6 | dk4 |

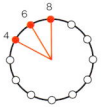

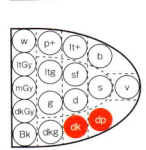

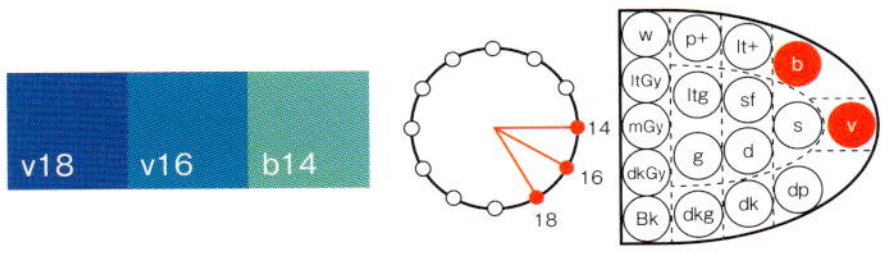

グラデーション配色は、色相グラデーション、明度グラデーション、彩度グラデーション、トーングラデーションを問わず、統一感と変化の両方を感じさせるため、多くの人に受け入れられやすい配色となります。この商品のように、それぞれの商品イメージを表現する色相を使用したグラデーション配色にすると、シリーズとしての統一感と、シリーズ内での差別化の両方を実現できます。

●ジョージア エメラルドマウンテンブレンド
●ジョージア エメラルドマウンテンブレンド微糖
URL http://www.georgia.jp/

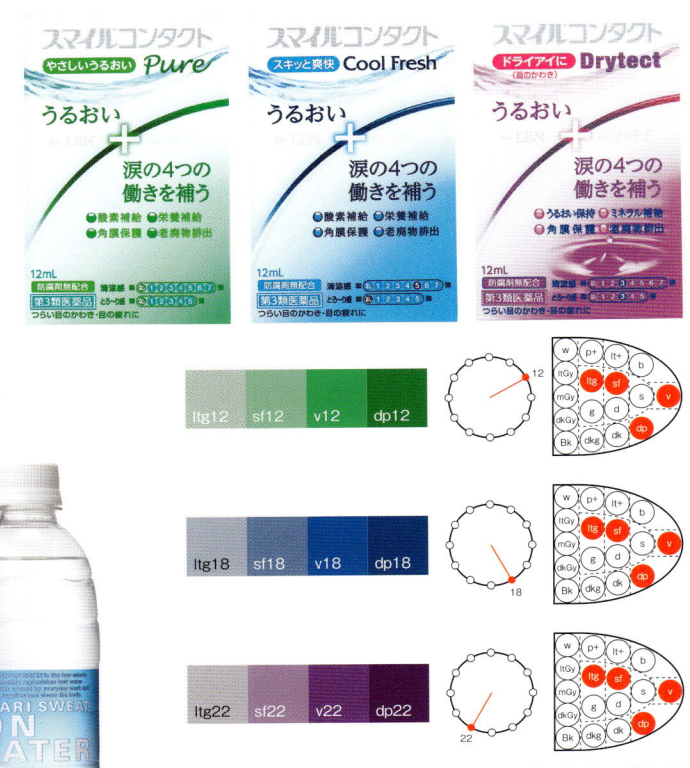

| W | p18+ | lt18+ | b18 |

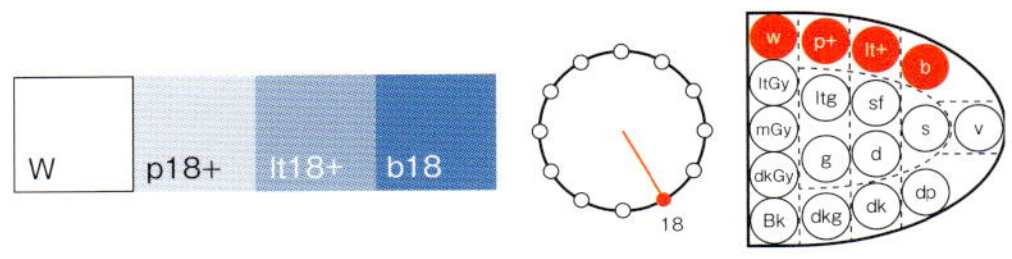

同一色相で色相を統一させて、彩度を移行させた彩度グラデーション配色です。統一と変化に富んだ配色で、爽やかなイメージが美しく表現されています。

●ポカリスエット イオンウォーター
URL http://www.otsuka.co.jp/ion

| v8 | v5 | v2 | v23 |

| v12 | v11 | v10 | v9 |

| v24 | v22 | v20 | v18 |

いずれも高彩度のトーンに統一して色相を徐々に移行させた美しい色相グラデーション配色です。同じ色相グラデーションといえど、どの色相のあたりをメインに選択するかによってイメージは大きく変わります。また、同じ色相を選択しても、各色相差をどれだけつけて、最初と最後の色相の幅をどれだけつけるのかによっても微妙に印象が多少変わります。

● Adobe Creative Suite 5.5 ファミリー
URL http://www.adobe.com/jp/products/creativesuite.html

| ltg12 | sf12 | v12 | dp12 |

| ltg18 | sf18 | v18 | dp18 |

| ltg22 | sf22 | v22 | dp22 |

色相を絞って徐々に明度と彩度を移行させたトーングラデーション配色です。色相を統一してトーンに変化をつけた、統一と変化のバランスに富んだ配色です。シリーズものとして複数の商品を並べてもうるさくならず、全体として統一感を保っています。

●スマイルコンタクト シリーズ
URL http://smile.lion.co.jp/contact/top.htm

06 その他の基本的な配色手法

Color Design Basic Knowledge

043

自然界に学んだ配色と見た目の共通性による配色

ここでは、人間が身近な自然界から学んだ配色手法と見た目の共通性を利用した配色手法の2つを紹介します。これらはともに、とても有効な配色方法なので、ここでしっかりと理解しておきましょう。

ドミナントカラー配色とドミナントトーン配色

自然界によく見られる色の組合せは、私たちが見慣れていることが多いことから、色彩として「調和している」と感じることが多いです。

例えば、先述のドミナントカラー配色（P.26）とドミナントトーン配色（P.28）は、自然界にも見ることができます。

赤い夕焼けに染まった風景はドミナントカラー配色といえ（図1）、霧の灰色のグレイッシュトーンにつつまれた風景はドミナントトーン配色といえます（図2）。このことから、ドミナントカラー配色とドミナントトーン配色はともに、一般的に調和していると感じられやすい配色の代表例といえます。

図1 夕焼けに染まった風景は、ドミナントカラー配色の例として見ることができます。同じドミナントカラー配色でも、朝焼けの色と夕焼けの色では若干印象が違うかもしれません。いずれにしても、いかなる色も同じ朝焼けや夕焼けの色みに包まれると統一感が出て調和して見えます。

図2 霧に包まれた風景は、グレイッシュなドミナントトーン配色の例として見ることができます。また、赤道直下の直射日光が強い時間帯の風景も、鮮やかなドミナントトーン配色の一種といえます。風景の中に存在するいかなる色も、同じトーンに包まれると統一感が出て調和して見えます。

ナチュラルハーモニー

自然の中で見慣れている色相の自然連鎖（色相の自然序列）にしたがって、明るい色を黄みよりに、暗い色を青紫み寄りに選択して組み合わせた配色のことを「ナチュラルハーモニー」といいます（図3）。

ナチュラルハーモニーは、ジャッドの配色調和（P.18）の考え方が元になっています。要は、例えば、同じ緑色の葉でも、日の光があたった明るい所の緑は黄み寄りの緑に、影になっている所の緑は青紫み寄りの緑に見える、ということがヒントになっています。

明るい色を黄み寄りに、暗い色を青紫み寄りにすると、自然界で見慣れた配色になるため、万人にとってなじみやすく、受け入れられやすい傾向があります。

ナチュラルハーモニーは、彩度は一切関係ありません。大切なのは、色相と明度の関係です。黄色に近いほうの色相を明るく、青紫に近いほうの色相を暗くするのが鉄則です。ナチュラルハーモニーの典型的な例は、色相差をあまりとらない「隣接色相配色」か「類似色相配色」です。なお、同じトーン内で配色を選ぼうとすると、ほとんどがナチュラルハーモニーの配色になります。理由は、トーンの中の色の序列は色相の自然連鎖（色相の自然序列）にしたがって並んでいるためです。

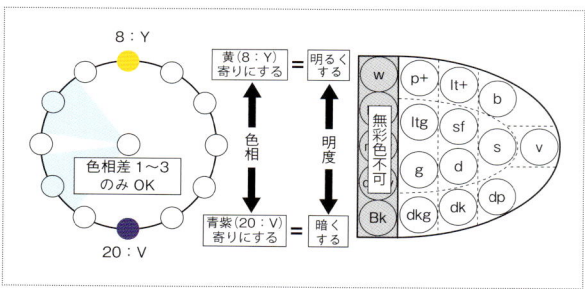

図3 ナチュラルハーモニーを実現する場合は、明るい色を黄み寄りに、暗い色を青紫み寄りにします。

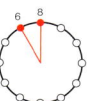

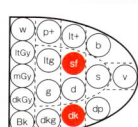

図4 背景色のメタリックのゴールドが、色相環上の8番の位置に近くて明るく、コーヒー豆の茶が6番の位置に近くて暗くなっています。この配色は、見る人に安心感や安定感のある印象を感じさせやすいナチュラルハーモニーです。同シリーズの他の製品の配色と比較して、配色による印象の違いを確認してみましょう（次ページ参照）。
●キリン ファイア挽きたて微糖
URL http://www.beverage.co.jp/fire/

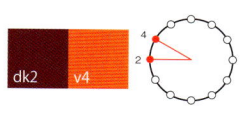

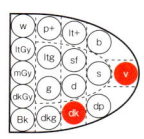

図5 黄に近い色相を明るく、黄から離れた色相を暗くしたナチュラルハーモニーです。自然界にも自然とよくなじむ配色です。よく見慣れているため、多くの人に違和感なく受け入れられやすく、安心感を覚えてもらいやすい配色です。
●レディーボーデン マルチ マルチ クッキーサンド
URL http://www.lotte.co.jp/

コンプレックスハーモニー

コンプレックスハーモニーは、ナチュラルハーモニーの配色の概念を覆した配色手法です。**明るい色は青紫み寄りに、暗い色は黄み寄りに選択して色を組み合わせます。**

コンプレックスハーモニーは、自然界で見慣れない配色となるため、一見するとなじみにくいとされることが多いですが、目的や用途に応じて上手く利用すれば、「新規性」や「斬新感」というイメージを演出できます。また、自然界に見られる配合とは逆の配色なので、都会的で人工的なイメージを演出することもできます。ナチュラルハーモニーとともに、知っておくと非常に便利な配色手法の1つです。

コンプレックスハーモニーにおいても、ナチュラルハーモニーと同様、彩度は一切関係ありません。大切なのは、色相と明度の関係です。黄色に近いほうの色相を暗く、青紫に近いほうの色相を明るくするのが鉄則です。

なお、コンプレックスハーモニーは、ナチュラルハーモニーと異なり、色相差はいくつあっても大丈夫です。

ただし、同じトーン内の色を使ってコンプレックスハーモニーを作ることはできません（同じトーン内は、色相の自然連鎖（色相の自然序列）の順に並んでいるため）。この点は覚えておいてください。

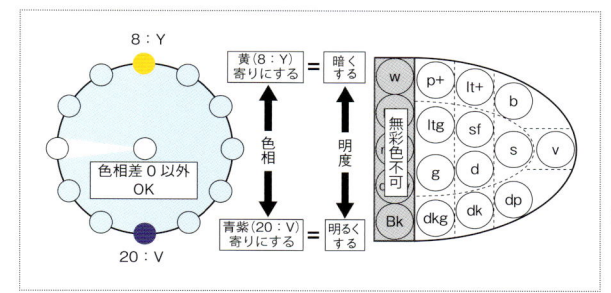

図6 コンプレックスハーモニーを実現する場合は、明るい色を青紫寄りに、暗い色を黄み寄りにします。

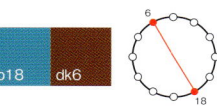

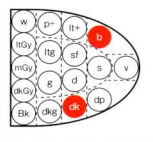

図7 背景色のメタリックのブルーが色相環上の20番の位置に近くて明るく、コーヒー豆の茶が6番の位置に近くて暗くなっています。この配色は、見る人に都会的で斬新な印象を与えやすいコンプレックスハーモニーです。前ページの同シリーズ商品の配色と見比べてみましょう。
● キリン ファイア香る挽きたて
URL http://www.beverage.co.jp/fire/

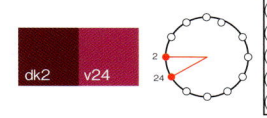

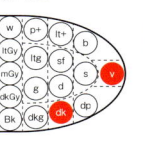

図8 黄に近い色相を暗く、黄から離れた色相を明るくしたコンプレックスハーモニーです。同じ商品群をすべてナチュラルハーモニーにしても美しいですが、このように新規性や斬新感を感じさせるコンプレックスハーモニーを取り入れることで、単調になりがちなイメージを回避することができます。
● レディーボーデン マルチ カップセレクション
URL http://www.lotte.co.jp/

COLUMN ナチュラルハーモニーとコンプレックスハーモニーにならない配色

繰り返しになりますが、ナチュラルハーモニーやコンプレックスハーモニーとなる配色には、色相差と明度差の両方がついていることが前提条件となります。

①ナチュラルハーモニーやコンプレックスハーモニーを実現する場合は、明度差と同時に、必ず「色相差の関係」も見ていかなければなりません。そのため、これらの配色では、無彩色を使用することはできません（図9）。

②色相番号1の「紫みの赤」と色相番号15の「青緑」の組合せや、色相番号2の「赤」と色相番号14の「青緑」の組合せといった、色相環上で左右対称の高さにある2色では、どちらが黄みよりで、どちらが青紫みよりである、といえません。そのため、これらの2色を使用してナチュラルハーモニーやコンプレックスハーモニーを作ることはできません（図10）。

③仮に色相環上で左右対称の色相番号の関係でない場合でも、その2色に明度差がない場合は、ナチュラルハーモニーやコンプレックスハーモニーにはなりません（図11）。

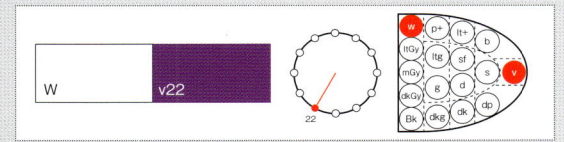

図9 無彩色には「色相」がないため、無彩色を使用してナチュラルハーモニーやコンプレックスハーモニーを実現することは絶対にできません。

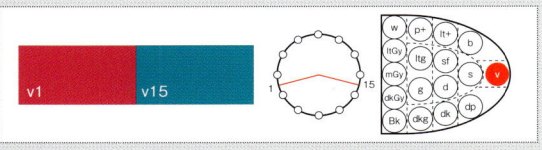

図10 色相番号1の「紫みの赤」と色相番号15の「青緑」の組合せのように、色相環上で左右対称の高さにある2色の組合せでは、たとえトーンを変えたとしてもナチュラルハーモニーやコンプレックスハーモニーを実現することはできません。

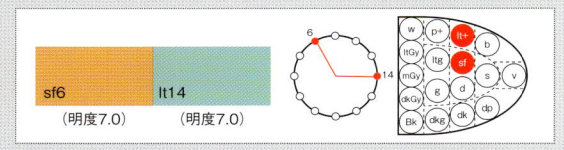

図11 色相環上の位置関係に問題がなくても、選択した2色に明度差がない場合は、ナチュラルハーモニーやコンプレックスハーモニーにはなりません。

見た目の共通性による配色

ここからは、実用色彩調和論として広く活用されている「見た目の共通性」による配色事例を紹介します。

見た目の共通性とは

見た目の共通性をもとにして行う配色手法は、ロバート・ドアの「イエローベースとブルーベース」(P.16)や、フェイバー・ビレンの「ウォームシェードとクールシェード」(P.17)の考え方などがベースになっています。ベースカラーやシェードカラーが共通した色同士は、それぞれ、「黄み（ウォーム）」または「青み（クール）」でドミナントされている、という共通項があるため、いかなる色同士も調和しやすくなります。

これは、あらゆる色を黄または青のフィルターやサングラスを通して見ている印象、または、あらゆる色に黄または青の絵の具を少しずつ足した印象、などと説明することもできます。また、ルードのナチュラルハーモニーである「明るい方を黄み寄りに、暗い方を青紫寄りに」という考え方とも連動しています(P.18)。

つまり、人間が古来より慣れ親しんできた自然界で見られる配色は、多くの人に「調和している」とされやすいといえます。実際にイエローまたはブルーでドミナントされた色群の中にある色同士の組み合わせは、多色配色であっても調和がとれやすくなります。

パーソナルカラーへの応用

ベースカラー（色相）の違いに加え、色の三属性である明度と彩度も絡めて見ていくと、右ページのように色を大まかに4つのグループに分類することができます。

この考え方は「パーソナルカラー」という分野にも引き継がれています。パーソナルカラーとは、「人間が生まれながらにして持っている肌や目や髪の毛などの色素と引き合う色」のことで、客観的に見て、その人に調和しやすい、その人に似合う色、その人らしさを演出する色、のことです。人はパーソナルカラーを身につけることで、右のような効果を得ることができます。

好きな色と似合う色は、いってみれば心理的に引き合う色と、物理的に引き合う（似合う）色です。もちろん両者が似る場合もありますが、まったく異なる場合もあります。

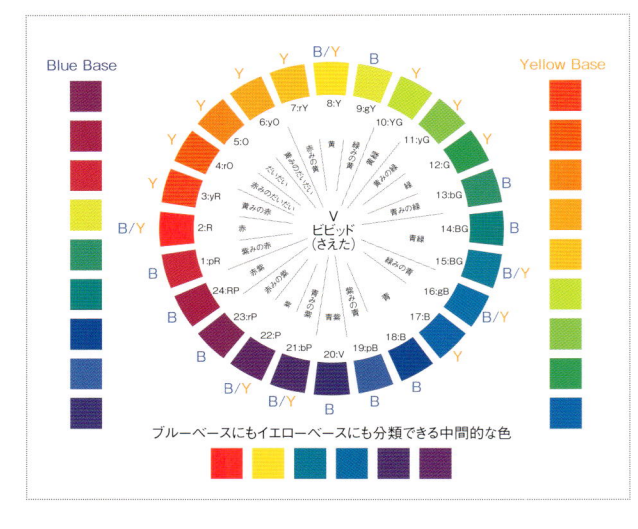

図14 PCCS色相環を、見た目をもとにして、ブルーベースとイエローベースに分析・分類した例。
中には、ブルーベースにもイエローベースにも分類できるような中間的な色もありますが、それぞれブルーベースの色とイエローベースの色を抽出してまとめると、その色みの傾向が見えてきます。

●メイクパレットの例

血色が青みがかった人には左の青みがかったピンクのパレットが似合いやすく
血色が黄みがかった人には右の黄みがかったピンクのパレットが似合いやすくなります。

●トリコロール配色の例

同じトリコロール配色でも、ブルーベースの配色とイエローベースの配色では、印象がかなり異なります。

●ベーシックカラーの例

同じベーシックカラー（白、黒、ベージュ、茶色）等でも、ブルーベースとイエローベースでは、それぞれ得意な色が異なります。

図15 ブルーベース、イエローベースによる配色例

表1：色の4分類

分類	説明
Springタイプ	色相は「イエローベース」、明度は「高明度」、彩度は「高彩度」。明るく、鮮やかな印象
Summerタイプ	色相は「ブルーベース」、明度は「高明度」、彩度は「低彩度」。明るく、穏やかな印象
Autumnタイプ	色相は「イエローベース」、明度は「低明度」、彩度は「低彩度」。暗く、穏やかな印象
Winterタイプ	色相は「ブルーベース」、明度は「低明度」、彩度は「高彩度」。暗く、鮮やかな印象

●パーソナルカラーを身につけると、
- 肌が明るく、顔色や血色が良くなり、ツヤや透明感が増して見える
- 眼が輝き、眼ヂカラが生まれる
- 髪の毛にツヤやうるおいが増して見える
- シミ、シワ、クマ、くすみ、たるみ、赤ら顔、ひげのそり後、などが目立たなくなる
- 自然な陰影がついて、顔が立体的に見える
- フェイスラインが引き締まって小顔に見える
- 全体的に若々しく、健康的に見える

図15 パーソナルカラーを身につけることで得られる効果

見た目の共通性による配色のパーソナルカラーへの応用

【左】
全体的に青みを帯びたブルーベース（クールシェード）の色群。左側の色はすべてブルードミナントになっているので、これらの中から色を選ぶと、どのような組合せでも、どれだけ色数が多くても、調和しやすい配色となります。どちらかというと、都会的かつ人工的な印象を作りやすい色群です。

【右】
全体的に黄みを帯びたイエローベース（ウォームシェード）の色群。右側の色はすべてイエロードミナントになっているので、これらの中から色を選ぶと、どのような組合せでも、どれだけ色数が多くても、調和しやすい配色となります。どちらかというと、自然的かつ天然的な印象を作りやすい色群です。

高明度（ライト） ／ 低彩度（ソフト） ／ 高彩度（クリア）

●Summerタイプ
- 【色のイメージ】初夏の梅雨時期のミストがかかった風景
- 【色相：色み】青み（ブルーベース）
- 【明度：明るさ】明るめ
- 【彩度：色の強さ】穏やかめ（色み弱め）
- 【配色：色の組合せ】グラデーション、ローコントラスト、まとまり／統一

●Springタイプ
- 【色のイメージ】春に芽吹く新緑や、満開のお花畑
- 【色相：色み】黄み（イエローベース）
- 【明度：明るさ】明るめ
- 【彩度：色の強さ】鮮やかめ（色み強め）
- 【配色：色の組合せ】メリハリ、ハイコントラスト、際立ち／変化

ブルーベース（クール） ／ イエローベース（ウォーム）

●Winterタイプ
- 【色のイメージ】冬の夜空に煌めくイルミネーション
- 【色相：色み】青み（ブルーベース）
- 【明度：明るさ】暗め
- 【彩度：色の強さ】鮮やかめ（色み強め）
- 【配色：色の組合せ】メリハリ、ハイコントラスト、際立ち／変化

●Autumnタイプ
- 【色のイメージ】秋にこっくりと色づく山々の紅葉
- 【色相：色み】黄み（イエローベース）
- 【明度：明るさ】暗め
- 【彩度：色の強さ】穏やかめ（色み弱め）
- 【配色：色の組合せ】グラデーション、ローコントラスト、まとまり／統一

高彩度（クリア） ／ 低明度（ディープ） ／ 低彩度（ソフト）

図16 パーソナルカラーを見分ける場合は、それぞれの色群にあるような「ドレープ」という布を顔の下にあてるなどして、顔映りをチェックしながら確認します。

Color Design Basic Knowledge 07 自然界に学んだ配色と見た目の共通性による配色

色の組み合わせと面積比によって変わる色の見え

ここまで、さまざまな配色手法を紹介してきましたが、ここからは色の組み合わせや面積比と色の見え方の関係について解説します。色は、組み合わせる色や、色の面積比、配置場所などによって見え方が変わります。

色の組み合わせによって変わる色の見え方

配色を決めるうえでは、色が持つイメージや、色彩調和などを考慮して使用する色を決定しますが、これらに加えて「色の見え方は、組み合わせる他の色によって変わる」という点も加味する必要があります。

色は、他の色が隣りに配置された場合や、周囲を他の色に囲まれた場合、他の細かい色が挿入してきた場合などは、その色に影響を受けるため、例え表色系上は同一の色であっても、見え方が変わります(本来の色から変化したように見えます)。

このような、色の組み合わせによる色の見えの変化には、大きく「色の同化」と「色の対比」の2種類があります。

TIPS

デザイン用語として、主体となるものを「図」、背景となるものを「地」といいます。また、主体となる図の色のことを「図色」、背景となる地の色のことを「地色」といいます。

表1：色の組み合わせによる色の見え方の変化

種類	説明
色の同化	ある色(地色)に、別の色(図色)が挿入された際、ある色(地色)が挿入された色(図色)に近づくように変化して見える現象。色の違いが軽減されて見える
色の対比	ある色(図色)が、別の色(地色)に囲まれた際、ある色(図色)が囲まれた色(地色)から離れるように変化して見える現象。色の違いが強調されて見える

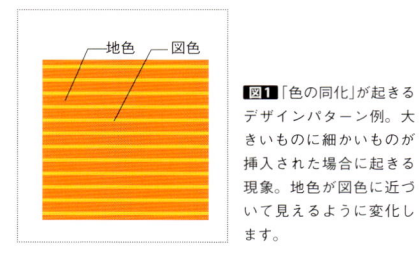

図1 「色の同化」が起きるデザインパターン例。大きいものに細かいものが挿入された場合に起きる現象。地色が図色に近づいて見えるように変化します。

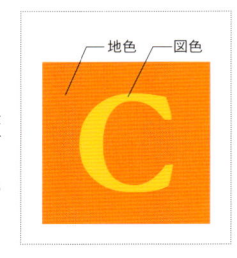

図2 「色の対比」が起きるデザインパターン例。小さいものが大きいものに囲まれるような場合に起きる現象。図色が地色から離れて見えるように変化します。

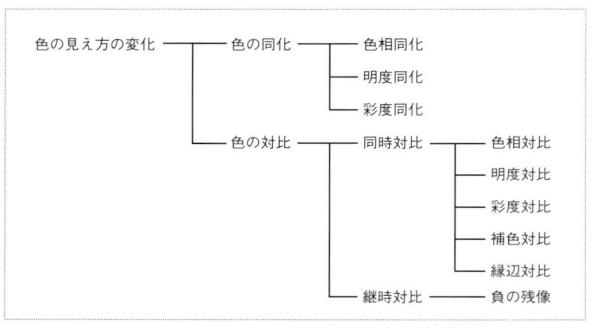

図3 色の見え方の変化には左図の種類があります。それぞれの詳細について、順次解説していくので、各変化の特徴をしっかりと把握しておきましょう。

```
色の見え方の変化 ─┬─ 色の同化 ─┬─ 色相同化
                 │            ├─ 明度同化
                 │            └─ 彩度同化
                 └─ 色の対比 ─┬─ 同時対比 ─┬─ 色相対比
                              │            ├─ 明度対比
                              │            ├─ 彩度対比
                              │            ├─ 補色対比
                              │            └─ 縁辺対比
                              └─ 継時対比 ─── 負の残像
```

対比と同化の関係

実は、同じ縞柄のデザインパターンでも、縞の幅によって、対比して見えたり、同化して見えたり、混色して見えたりと、見え方が変わります。端的にいうと、縞の幅が太いと対比、細かいと同化、さらに細かいと混色になります。

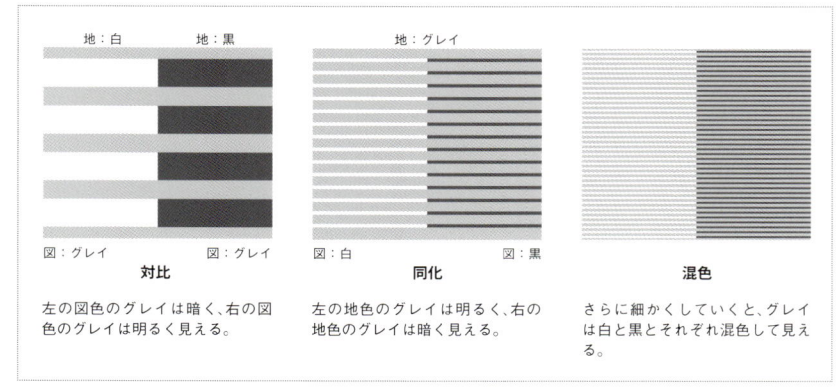

対比
左の図色のグレイは暗く、右の図色のグレイは明るく見える。

同化
左の地色のグレイは明るく、右の地色のグレイは暗く見える。

混色
さらに細かくしていくと、グレイは白と黒とそれぞれ混色して見える。

図4 対比と同化の関係

色の同化① 色相同化

色の同化には「色相同化」、「明度同化」、「彩度同化」の3種類があります。

色相同化とは、色相が異なる色が組み合わされた場合に、図色の影響を受けて、地色の色相が図色の色相に近づいて見える現象です。地色が図色に近づくように、色相環上を時計回りや反時計回りに動くような形で見え方が変化します。その結果、図色と地色の色相差が軽減されて見えます。色相同化は、2色に明度差や彩度差がほとんどなく、色相差がある場合に顕著に現れます。

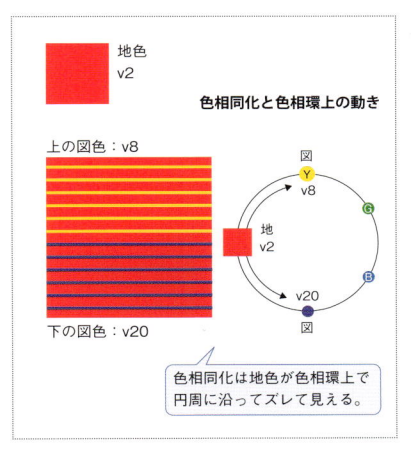

図5 地色(v2)が、図色(v8、v20)に近づいて見えます。

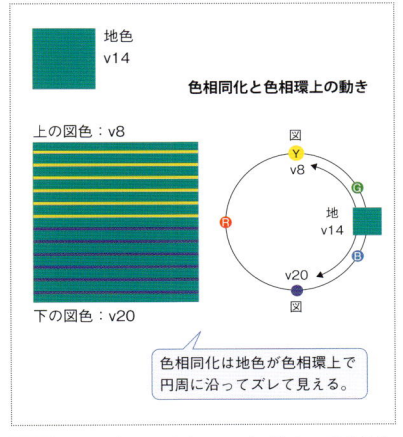

図6 地色(v14)が、図色(v8、v20)に近づいて見えます。

色の同化② 明度同化

明度同化とは、明度が異なる色が組み合わされた場合に、図色の影響を受けて、地色の明度が図色の明度に近づいて見える現象です。地色が図色に近づくようにずれて明度差が小さくなったように見えます。明度同化は、2色に色相差や彩度差がほとんどなく、明度差がある場合に顕著に現れます。

なお、明度同化は有彩色、無彩色のいずれでも発生します。

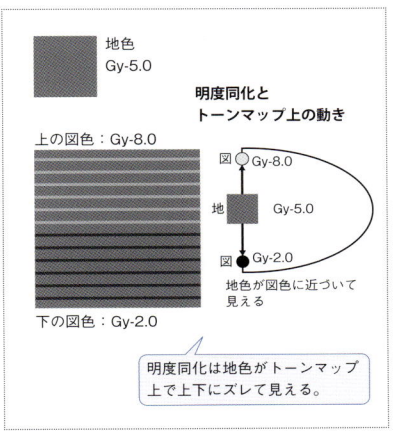

図7 地色(Gy-5.0)が、図色(Gy-8.0、Gy-2.0)に近づいて見えます。

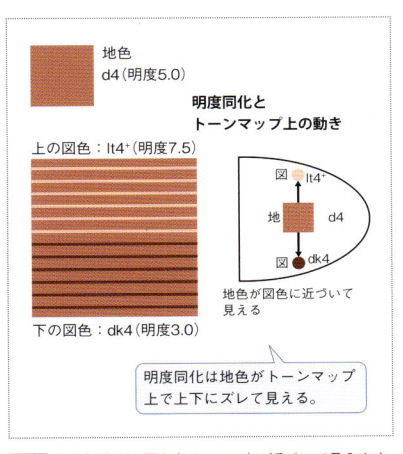

図8 地色(d4)が、図色(lt4+、dk4)に近づいて見えます。

色の同化③ 彩度同化

彩度同化とは、彩度が異なる色が組み合わされた場合に、図色の影響を受けて、地色の彩度が図色の彩度に近づいて見える現象です。地色が図色に近づくように彩度が低くなったように見えます。彩度同化は、2色に色相差や明度差がほとんどなく、彩度差がある場合に顕著に表れます。

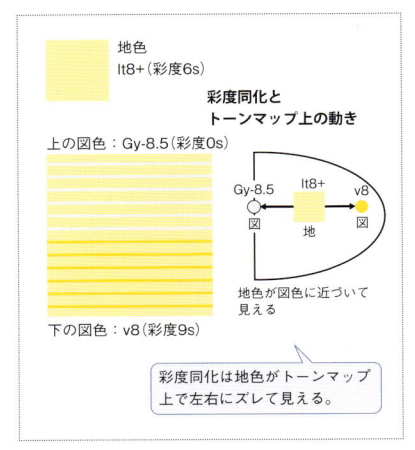

図9 地色(lt8+)が、図色(Gy-8.5、v8)に近づいて見えます。

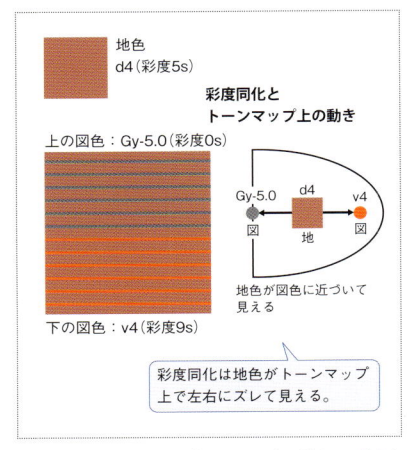

図10 地色(d14)が、図色(Gy-5.0、v4)に近づいて見えます。

色の対比① 同時対比―色相対比

同時対比とは、隣接しておかれた2色を同時に見た場合など、空間的に近い色と色の間に起こる現象です。同時対比には「色相対比」、「明度対比」、「彩度対比」、「補色対比」、「縁辺対比」の5種類があります。

色相対比とは、色相が異なる色が組み合わされた場合に、図色の色相が地色の色相から離れて見える現象です。図色は、色相環上を時計回りや反時計回りに動くような形で見え方が変化します。また、高彩度の色ほどその影響が顕著に現れます。

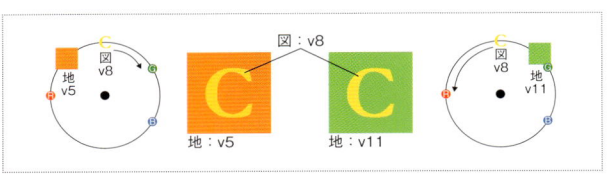

図11 左図では、中央の図色(v8)が背景の地色(v5)の逆方向に色相がずれて見えます(緑みが増して見える)。一方、右図では、中央の図色(v8)が背景の地色(v11)の逆方向に色相がずれて見えます(赤みが増して見える)。

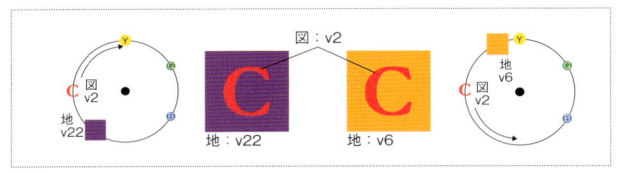

図12 左図では、中央の図色(v2)が背景の地色(v22)と逆方向に色相がずれて見えます(黄みが増して見える)。一方、右図では、中央の図色(v2)が背景の地色(v6)の逆方向に色相がずれて見えます(紫みが増して見える)。

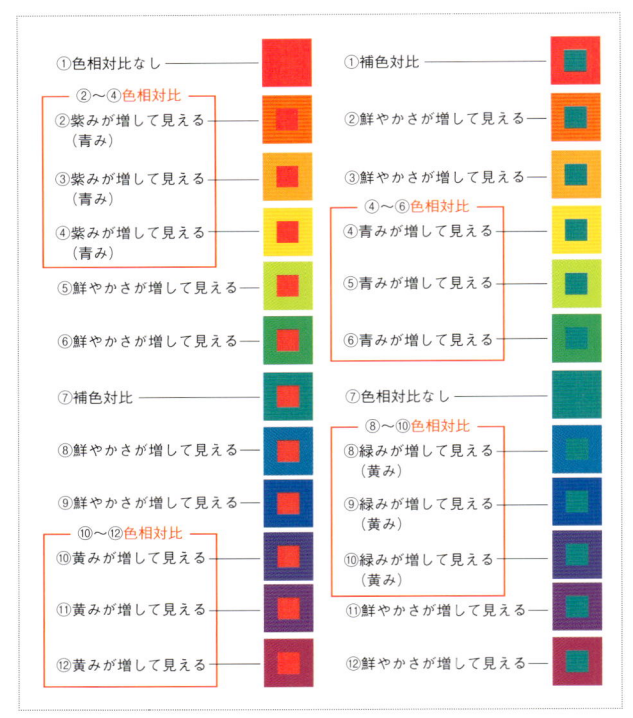

図13 地色の影響による図色の見え方の変化。図色(v2)に対して地色を2色相ずつずらしています。図色の見え方が変わっていることがわかります。ここでは、見え方の変化を示すために「補色対比」も掲載しています。

① 色相対比なし
② 紫みが増して見える(青み) ②〜④色相対比
③ 紫みが増して見える(青み)
④ 紫みが増して見える(青み)
⑤ 鮮やかさが増して見える
⑥ 鮮やかさが増して見える
⑦ 補色対比
⑧ 鮮やかさが増して見える
⑨ 鮮やかさが増して見える
⑩ 黄みが増して見える ⑩〜⑫色相対比
⑪ 黄みが増して見える
⑫ 黄みが増して見える

① 補色対比
② 鮮やかさが増して見える
③ 鮮やかさが増して見える
④ 青みが増して見える ④〜⑥色相対比
⑤ 青みが増して見える
⑥ 青みが増して見える
⑦ 色相対比なし
⑧ 緑みが増して見える(黄み) ⑧〜⑩色相対比
⑨ 緑みが増して見える(黄み)
⑩ 緑みが増して見える(黄み)
⑪ 鮮やかさが増して見える
⑫ 鮮やかさが増して見える

色の対比② 同時対比―明度対比

明度対比とは、明度が異なる色が組み合わされた場合に、図色の明度が地色の明度から離れて見える現象です。図色は、トーンマップ上を上下に動くような形で見え方が変化します。例えば、地色の明度が図色よりも低い場合、図色は、本来の色よりも明度が高く見えます。また、地色の明度が図色よりも高い場合、図色は、本来の色よりも明度が低く見えます。

明度対比は、有彩色同士だけでなく、有彩色と無彩色の組み合わせ、無彩色同士のいずれでも生じます。

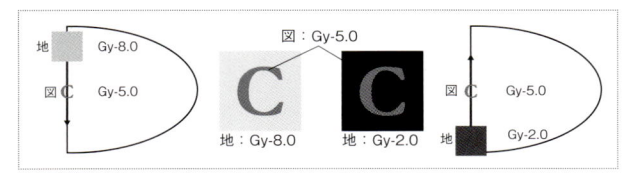

図14 左図では、図色(Gy-5.0)が地色(Gy-8.0)よりも明度が低いため、図色が実際の色よりも明度が高く見えます。一方、右図では、図色(Gy-5.0)が地色(Gy-2.0)よりも明度が高いため、実際よりも明度が低く見えます。

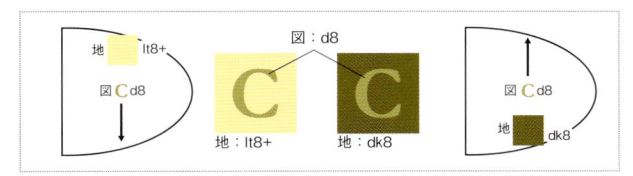

図15 左図では、図色(d8)が地色(lt8+)よりも明度が低いため、図色が実際の色よりも明度が高く見えます。一方、右図では、図色(d8)が地色(dk8)よりも明度が高いため、実際よりも明度が低く見えます。

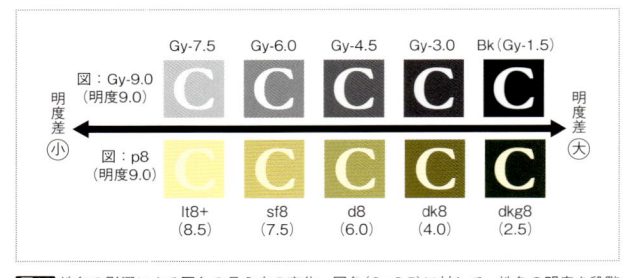

図16 地色の影響による図色の見え方の変化。図色(Gy-8.5)に対して、地色の明度を段階的に変化させています。地色の明度が低くなるにつれて、図色の明度が高くなっているように感じることがわかります。明度対比は上図のように、有彩色・無彩色にかかわらず生じる現象です。

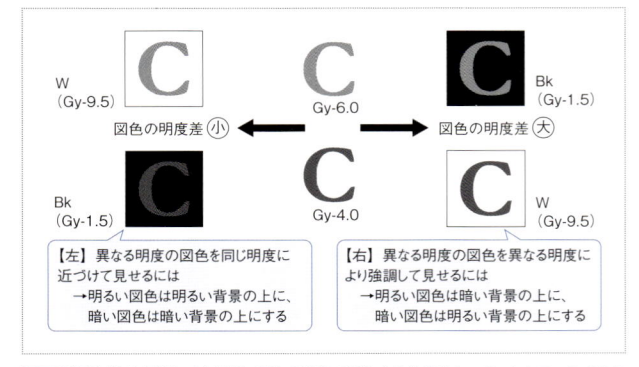

図17 明度対比を把握しておけば、図色の明度の見え方を地色によってコントロールすることができます。このテクニックを応用すれば、中央に配置する商品の見え方を背景色でコントロールすることもできます。

【左】異なる明度の図色を同じ明度に近づけて見せるには
→明るい図色は明るい背景の上に、暗い図色は暗い背景の上にする

【右】異なる明度の図色を異なる明度により強調して見せるには
→明るい図色は暗い背景の上に、暗い図色は明るい背景の上にする

色の対比③　同時対比―彩度対比

彩度対比とは、彩度が異なる色が組み合わされた場合に、図色の彩度が地色の色相から離れて見える現象です。図色は、トーンマップ上を左右に動くような形で見え方が変化します。例えば、地色の彩度が図色よりも低い場合、図色は本来の色よりも彩度が高く見えます。また、地色の彩度が図色よりも高い場合、図色は、本来の色よりも彩度が低く見えます。彩度対比は、色相差や明度差がほとんどなく、彩度差がある場合に起こりやすい現象です。

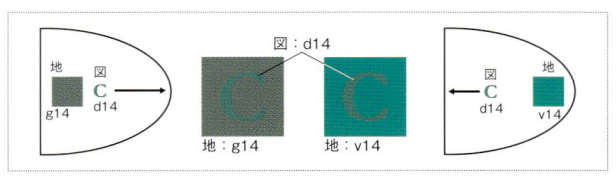

図18 左図では、図色（d14）が地色（g14）よりも彩度が高いため、図色が、実際の色よりも彩度が高く見えます。一方、右図では、図色（d14）が地色（v14）よりも彩度が低いため、実際よりも彩度が低く見えます。

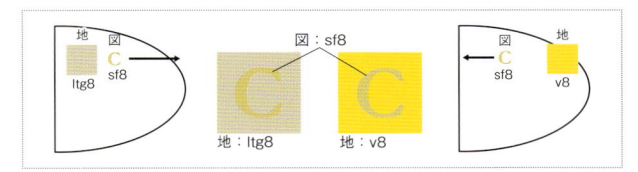

図19 左図では、図色（sf8）が地色（ltg8）よりも彩度が高いため、図色が、実際の色よりも彩度が高く見えます。一方、右図では、図色（sf8）が地色（v8）よりも彩度が低いため、実際よりも彩度が低く見えます。

図20 地色の影響による図色の見え方の変化。図色（d2）に対して、地色の彩度を段階的に変化させています。地色の彩度が高くなるにつれて、図色の彩度が低くなっているように感じることがわかります。地色と図色の彩度差が大きくなるほど彩度対比は強くなります。

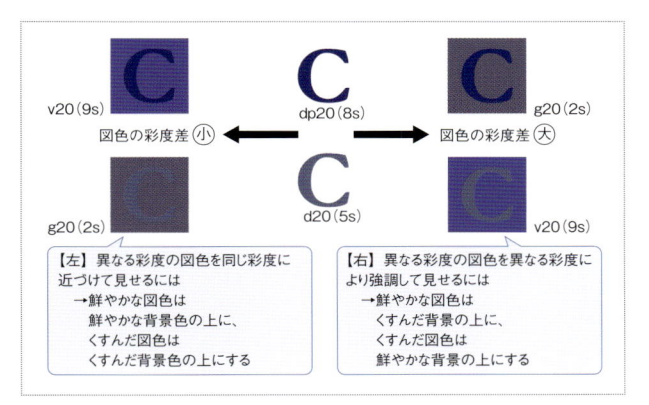

図21 彩度対比を把握しておけば、図色の彩度の見え方を地色によってコントロールすることができます。このテクニックを応用すれば、明度対比と同様に、中央に配置する商品の見え方を背景色でコントロールすることもできます。

色の対比④　同時対比―補色対比

補色対比とは、補色関係の2色が、図色と地色として組み合わされた場合に、図色の彩度が増して見える現象です。図色と地色に明度差があまりない補色の関係の場合に生じやすい現象です。

なお、図色と地色の両方の彩度が高い補色対比の場合は、図色の彩度がさらに増すために「ハレーション」（地色と図色の境目がギラギラして、あいまいになる現象）が発生します。ハレーションが発生すると、図色（文字や図版など）が非常に見にくくなるので、通常は、発生しないように配色を行います。

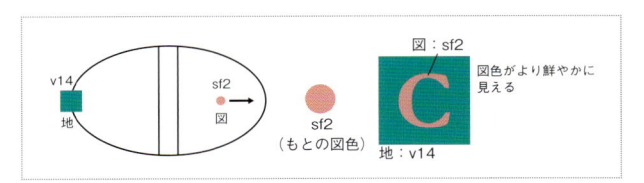

図22 図色（sf2）と地色（v14）が補色の関係にあるため、図が、実際の色よりも彩度が高く見えます。

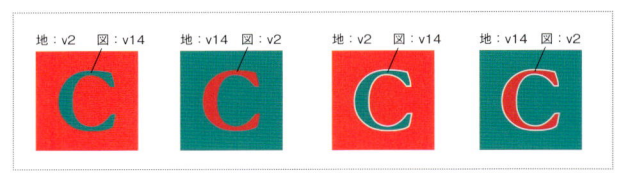

図23 ハレーションの例（上図左2つ）。「ハレーション」が発生すると、文字・図版ともに非常に見にくくなります。ハレーションが発生した場合の対処法としては、セパレーション（P.41）が挙げられます。白や黒を代表とするセパレーションを挿入すると、ハレーションが軽減されます（上図右2つ）。

色の対比⑤　同時対比―縁辺対比

縁辺対比とは、異なる色同士が接している境界付近で、その境界が強調されて見える現象です。縁辺対比は、有彩色、無彩色の両方で生じますが、特に、グラデーションになっていると顕著に表れます。

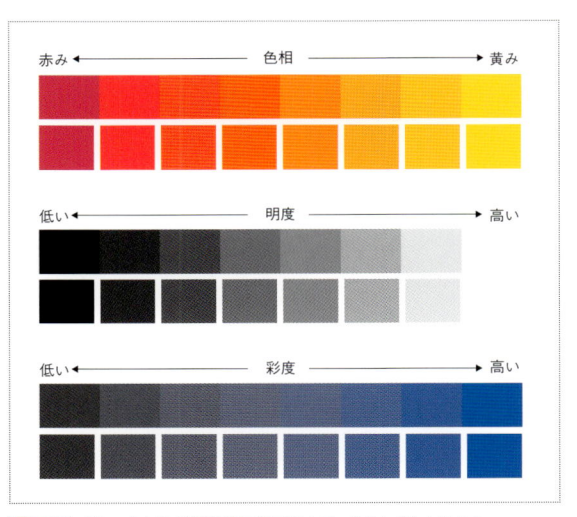

図24 それぞれ、色と色の境界付近が強調されていることがわかります。

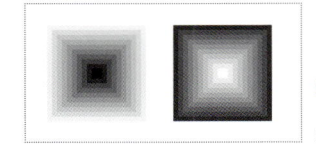

図25 左図からは黒い×印が、右図からは白い×印が浮かんできます。この現象も、縁辺対比によるものです。

色の対比⑥　継時対比

継時対比とは、ある色を見た直後に他の色を見た場合など、時間的に近い色と色の間に起こる現象です。

色は、その直前に見ていた他の色の影響を受けます。そのため、同じ色であっても、鮮やかな色を見た後だと少しくすんで見え、鈍い色を見た後だと少し鮮やかに見えたりします。これが継時対比です。

また、ある色を一定時間見つめた後に、無彩色に目を移すと、見ていた色の補色が見えます（図26）。これを「負の残像」といいます（補色残像、陰性残像ともいいます）。また、このとき見える色を「心理補色」といいます。

実際にカラーデザインを行う際にこれらを考慮することは稀ですが、知識として知っておくと良いでしょう（P.133）。

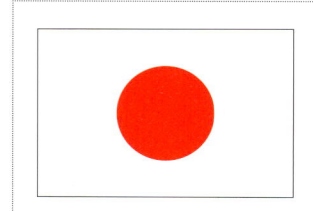

図26 左図の赤い円を凝視した後で右図を見ると、中央に赤の補色である緑の円が見えます。

表2：負の残像の種類

種類	説明
色相対比による負の残像	ある色を見つめた直後に白や灰色に目を移すと、見つめていた色と反対の色相の残像（補色残像）が見える現象。例えば、赤を見つめた直後に白い紙を見ると、青緑の補色残像が見える
明度対比による負の残像	明るい色を見つめた直後に見る色は本来よりも暗く見え、暗い色を見つめた直後に見る色は本来よりも明るく見える現象
彩度対比による負の残像	鮮やかな色を見つめた直後に見る色は本来よりも鈍く、くすんで見え、鈍い色を見つめた直後に見る色は本来よりも鮮やかに見える現象。

残像には上記の「負の残像」以外に、「正の残像（陽性残像）」もあります。正の残像とは、夜の花火など、暗い環境で色を見ている時間が短い時に現れる残像です。ただし、正の残像は見ていた色と同じ色が見えるため、色の対比には含まれません。

色陰現象

図色が無彩色、地色が高彩度の有彩色の場合、図色は背景の有彩色の影響を受けて、地色の心理補色の色みを帯びて見えます。これを「色陰現象」といいます。無彩色を鮮やかな有彩色で囲むようなデザインを制作すると、この色陰現象が起こります。

このように、色は組み合わされる色によって見え方が変わり、そこから受ける印象やイメージも変わります。デザインにおいて、色を単色で使うことはそうないので、デザインを制作する際は、このあたりのことも考慮して、戦略的に色を組み合わせることが大切です。色の特徴を理解したうえで、配色を選択できるようになると、デザインに色の意味性が付加されます。

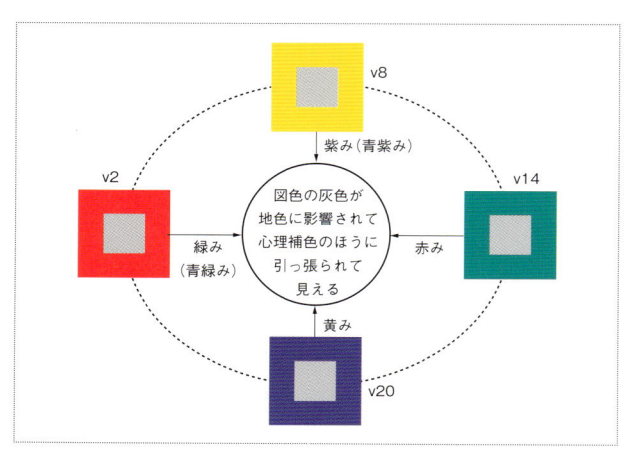

図27 図色が無彩色の場合は、地色の影響を受けて、図色が地色の心理補色の色みを帯びて見えます。上図の図色はすべて同じグレイですが、地色によって見え方が変わることがわかります。

面積効果

面積効果とは、同じ色でもその面積によって色の見え方が変化して見える現象です。一般的には、（視角で20度くらいまでは）面積が大きくなると高明度かつ高彩度に見えます。

なお、面積効果は、緑や黄で顕著に起こります。そのため、小さなカラーチップなどの色見本で色を判断するときには注意が必要です。なぜなら、ポスターや広告、壁紙といった、大きなサイズにした際に、色見本で見た色よりも明るく、鮮やかに感じてしまうからです。

一方、さらに面積が大きくなり、視野全体が均一の色で覆われるような状態（均一視野の状態）になると、今度は有彩色の感覚が消えて、すべての色が無彩色化していきます。床や壁、天井などを同一色で塗りつぶすとこの現象が起きるので覚えておきましょう。

図28 2つの正方形は同じ色ですが、面積が大きい右図のほうが、高明度・高彩度に見えます。

COLUMN　対比や同化の活用シーン

実際のデザインにおいては、主体となるオブジェクト（写真や図版など）をどのように見せたいのかによって背景（地色）を決めることができます。これは、商品のディスプレイや背景色がある物撮りなどにも応用できます。

図色の色相をずらして見せたい場合は色相対比の考え方を、明度をずらして見せたい場合は明度対比の考え方を、彩度をずらして見せたい場合は彩度対比の考え方を使えば効果的に目的のイメージを制作することができます。

一方、背景（地色）をどのように見せたいのかによって挿入する図色を決めることもできます。地色の色相をずらして見せたい場合は色相同化の考え方を、明度をずらして見せたい場合は明度同化の考え方を、彩度をずらして見せたい場合は彩度同化の考え方を使えば効果的に目的のイメージを制作することができます。

また、離れて見たときと、近づいて見たときの印象にギャップを作りたい場合は、混色の考え方を利用できます。離れて見ると1色のように見えますが、近づいて見ると2色それぞれのニュアンスが出てきます。異なる色の糸で織られた織物や、点で描かれた点描画などもこの一種であるといえます（併置加法混色：P.145）。

図29 撮影する物やディスプレイしたい物の色をどのように見せたいのかによって背景の色を決定します。

COLUMN　PCCS ↔ CMYK 対応表（近似値）

	C	M	Y	K
v1	15	100	45	0
v2	0	100	60	0
v3	0	90	80	0
v4	0	80	100	0
v5	0	63	100	0
v6	0	45	100	0
v7	0	28	100	0
v8	0	10	100	0
v9	15	5	100	0
v10	30	0	100	0
v11	55	0	88	0
v12	90	0	80	0
v13	90	8	63	0
v14	100	15	50	0
v15	100	8	25	18
v16	100	0	0	35
v17	100	30	0	18
v18	100	60	0	0
v19	90	70	0	0
v20	80	80	0	0
v21	70	85	0	0
v22	60	90	0	0
v23	45	95	15	0
v24	30	100	30	0

	C	M	Y	K
s2	10	90	60	0
s4	0	80	80	0
s6	0	45	80	0
s8	5	20	100	5
s10	40	0	100	10
s12	85	0	70	0
s14	90	20	50	0
s16	90	0	0	45
s18	100	50	0	10
s20	75	65	0	10
s22	60	90	0	10
s24	30	90	30	0

	C	M	Y	K
sf2	0	55	30	10
sf4	5	50	50	5
sf6	0	40	70	5
sf8	8	15	70	10
sf10	35	5	70	5
sf12	55	0	50	8
sf14	65	0	40	10
sf16	70	20	20	10
sf18	70	40	10	10
sf20	60	50	10	5
sf22	35	55	10	10
sf24	15	50	20	5

	C	M	Y	K
p2+	0	23	14	0
p4+	0	19	21	0
p6+	0	12	28	0
p8+	0	4	33	0
p10+	9	0	28	0
p12+	20	0	22	0
p14+	30	0	17	0
p16+	32	0	7	6
p18+	31	13	4	0
p20+	27	19	0	0
p22+	16	23	2	0
p24+	0	25	3	5

	C	M	Y	K
dkg2	0	100	60	85
dkg4	0	85	90	85
dkg6	0	50	100	85
dkg8	0	15	100	85
dkg10	40	0	100	85
dkg12	90	0	80	85
dkg14	100	20	50	85
dkg16	100	0	20	85
dkg18	100	65	0	85
dkg20	90	80	0	85
dkg22	75	85	0	85
dkg24	40	90	20	80

	C	M	Y	K
dp2	30	100	80	10
dp4	30	85	100	5
dp6	30	60	100	3
dp8	0	20	100	35
dp10	40	0	100	40
dp12	95	10	100	25
dp14	100	0	60	40
dp16	100	0	10	55
dp18	100	60	0	35
dp20	90	90	0	35
dp22	60	100	0	40
dp24	50	100	50	0

	C	M	Y	K
d2	10	70	50	20
d4	10	65	55	15
d6	10	50	70	15
d8	5	12	75	30
d10	35	10	70	25
d12	55	10	55	30
d14	80	20	50	20
d16	85	40	30	20
d18	80	50	20	30
d20	70	60	20	20
d22	50	80	20	20
d24	10	70	20	30

	C	M	Y	K
ltg2	7	26	15	13
ltg4	18	27	27	0
ltg6	11	23	27	5
ltg8	20	0	40	0
ltg10	17	6	35	12
ltg12	23	0	23	23
ltg14	41	0	20	15
ltg16	50	12	17	8
ltg18	34	17	9	17
ltg20	40	27	13	7
ltg22	24	23	12	12
ltg24	22	34	22	0

	C	M	Y	K
W(9.5)	0	0	0	0
Gy-9.0	0	0	0	4
Gy-8.5	0	0	0	8
Gy-8.0	0	0	0	15
Gy-7.5	0	0	0	30
Gy-7.0	0	0	0	40
Gy-6.5	0	0	0	50
Gy-6.0	0	0	0	55
Gy-5.5	0	0	0	60
Gy-5.0	0	0	0	65
Gy-4.5	0	0	0	75
Gy-4.0	0	0	0	80
Gy-3.5	0	0	0	85
Gy-3.0	0	0	0	90
Gy-2.5	5	0	0	95
Gy-2.0	5	0	0	100
Bk(1.5)	20	0	0	100

	C	M	Y	K
b2	0	70	50	0
b4	0	60	65	0
b6	0	40	75	0
b8	0	5	80	0
b10	40	0	80	0
b12	55	0	60	0
b14	75	0	40	0
b16	85	15	20	0
b18	80	35	0	0
b20	65	55	0	0
b22	45	70	0	0
b24	0	70	10	10

	C	M	Y	K
lt2+	0	50	33	0
lt4+	0	40	42	0
lt6+	0	27	52	0
lt8+	0	5	60	0
lt10+	23	0	57	0
lt12+	38	0	43	0
lt14+	58	0	33	0
lt16+	65	5	13	5
lt18+	60	25	3	0
lt20+	48	38	0	0
lt22+	28	50	0	0
lt24+	0	50	10	8

	C	M	Y	K
dk2	0	100	70	70
dk4	60	90	100	20
dk6	0	60	90	60
dk8	10	20	100	60
dk10	40	20	100	60
dk12	90	55	85	30
dk14	100	0	50	70
dk16	100	65	60	25
dk18	100	80	30	40
dk20	85	85	0	60
dk22	90	100	0	50
dk24	80	100	60	10

	C	M	Y	K
g2	15	55	30	45
g4	0	45	30	45
g6	0	30	40	45
g8	10	16	52	47
g10	21	11	42	47
g12	42	11	42	47
g14	47	16	37	47
g16	48	21	25	48
g18	53	32	16	48
g20	50	50	6	50
g22	32	49	11	54
g24	22	44	17	49

普遍的な色のイメージ

色は人間に対してさまざまなイメージを抱かせ、また、さまざまなメッセージを伝えてくれます。ここでは、普遍性の高い色のイメージについて見ていきます。

色の三属性による色のイメージ① | 色相による色のイメージ

色のイメージは、異なる風土や歴史を持つ国や地域、年齢や性別、趣味や嗜好などによって微妙に異なったり、また時代とともに変化していくものもあります。

しかし、その一方で、普遍的なイメージも多く存在しています。その代表的なものが、色の三属性による色のイメージです。ここでは、色のイメージを①色相による色のイメージ、②明度による色のイメージ、③彩度による色のイメージの3つに分けて見ていきます。

まずは①色相による色のイメージです。vトーンの24色に着目してみると、内訳は右図ようになっています（図1）。

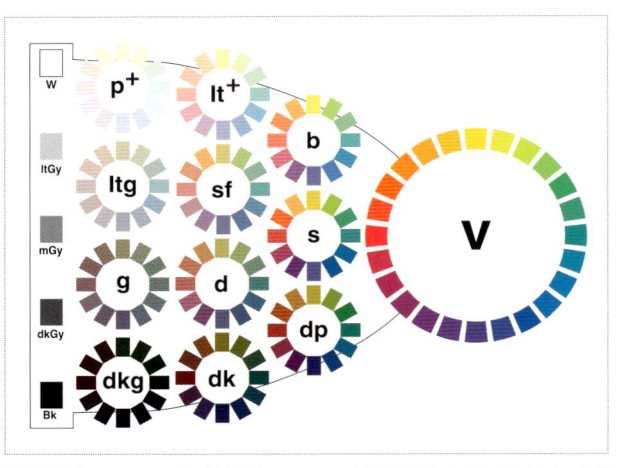

∴ 色の寒暖感

色相番号1～8は温かみ（暖かみ）を感じる「暖色」、色相番号13～19冷たさ（寒さ）を感じる「寒色」です。また、その間の、色相番号9～12、20～24は、温かみ（暖かみ）も冷たさ（寒さ）もいずれも感じないことから「中性色」といいます（図2）。

私たちは五感を使って色（正体は電磁波：P.131）の波動を感じ取っているため、目隠しをして視角を封鎖しても、ある程度色を感じ取ることができます。暖色または寒色に囲まれた、同じ温度の部屋に身を置くのでは、体感温度が約3度違うといわれています。また、暖色と寒色、それぞれに染められた同じ温度の水に手を入れても同じような現象が起きます。このような「色の寒暖感」を理解しておけば、制作するデザインワークの用途や目的に応じて、ベースとなる配色を考える際の参考にすることができます。

∴ 色の進出後退感

色相番号1～8は実際の位置よりも飛び出して（進出して）見える「進出色」、色相番号13～19は実際の位置よりも引っこんで（後退して）見える「後退色」です（図3）。

広すぎるスペースの壁一面に暖色系、狭すぎるスペースの壁一面に寒色系を施せば、進出後退感を調節することができます。つまり、広いスペースは暖色系のアクセントで引き締めることができ、狭いスペースは寒色系で少しでも広く見せることができます。

また、信号機の場合、暖色系は進出して見えるので早く気付いてもらいやすいことから「注意」や「止まれ」に使われ、寒色系は後退して見えることから「進め」に使われています。

他にも、赤い車は相手にも早く気付いてもらいやすいことから事故率が低いといわれていますし、学童の帽子やランドセルのカバーに黄色が使われるのもうなずけます。

図1 低彩度のトーンよりも、最高彩度のvトーンに近づくほど色みが強くなるため、色相の違いによる色のイメージが強くなります。しかし、どのトーンにおいても、色相の違いは寒暖感や進出後退感に影響します。

●暖色（色相番号1～8）：温かみ（暖かみ）を感じさせる
v1 v2 v3 v4 v5 v6 v7 v8

●寒色（色相番号13～19）：冷たさ（寒さ）を感じさせる
v13 v14 v15 v16 v17 v18 v19

●中性色（色相番号9～12、20～24）：温かみも冷たさも感じさせない
v9 v10 v11 v12 v20 v21 v22 v23 v24

図2 人間は、色から温かみ（暖かみ）を感じたり、冷たさ（寒さ）を感じたりします。この性質は、普遍的といえます。

●進出色と後退色の例

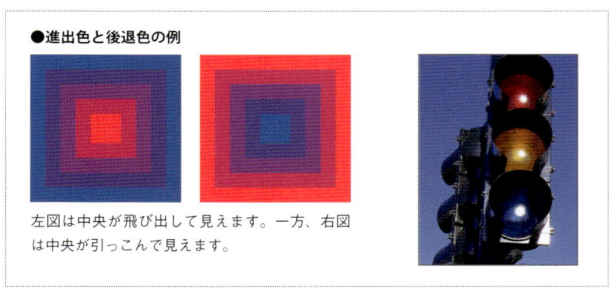

左図は中央が飛び出して見えます。一方、右図は中央が引っこんで見えます。

図3 赤信号と黄信号は「進出色」、青信号は「後退色」です。

色の三属性による色のイメージ②　明度による色のイメージ

明度の違い（トーンマップの上下関係）は、軽重感や膨張・収縮感、硬軟感に影響します。

色の軽重感

高明度の色は軽さを感じさせる「軽い色」、低明度の色は重たさを感じさせる「重たい色」です（図4）。白いカバンよりも黒いカバンのほうが約2倍重たく感じるといわれています。引越屋の段ボールに白いものが増えているのもうなずけます。

図4 明度による色のイメージ―色の軽重感。高明度の色は実際よりも軽さを感じさせ、低明度の色は重たさを感じさせます。

色の膨張・収縮感

高明度の色は実際よりも膨張感を感じさせる「膨張色」、低明度の色は実際よりも収縮感を感じさせる「収縮色」です（図5）。囲碁の碁石は、白と黒が並んだ時に同じ大きさに見えるよう、白が小さめかつ薄め、黒が大きめかつ厚めに作られているのはこの特性が理由の1つです。

また、フランス国旗などは、白が膨張して見えるためもっとも面積が小さく、青：白：赤＝37：30：33の比率で作られています。

一方、収縮効果を狙って、低明度の黒などのストッキングやタイツ、パンツなどを履くことがあります。ただし、低明度の洋服は、収縮効果が高い反面、重たさも感じさせるので注意が必要です。

図5 明度による色のイメージ―色の膨張・収縮感。高明度の色は実際よりも膨張感を感じさせ、低明度の色は収縮感を感じさせます。

色の硬軟感

高明度の色は軟らかさを感じさせる「軟らかい色」、低明度の色は硬さを感じさせる「硬い色」です（図6）。高明度の中でも暖色系のほうがより軟らかさを感じさせ、低明度の中でも寒色系のほうがより硬さを感じさせます。大人の男性がダークスーツなのに対して、女性や赤ちゃんの柔らかい肌には明るいものが合いやすいのもうなずけます。

図6 明度による色のイメージ―色の硬軟感。高明度の色は実際よりも軟らかさを感じさせ、低明度の色は硬さを感じさせます。

色の三属性による色のイメージ③　彩度による色のイメージ

彩度の違い（トーンマップの左右の関係）は派手・地味感や興奮・沈静感に影響します。

色の派手・地味感

高彩度の色は派手さを感じさせる「派手な色」、低彩度の色は地味さを感じさせる「地味な色」です（図7）。日本には「ハレ」や「ケ」という非日常と日常を表す言葉もあります。

図7 彩度による色のイメージ―色の派手・地味感。高彩度の色は派手さを感じさせ、低彩度の色は地味さを感じさせます。

色の興奮・沈静感

高彩度の色は興奮や高揚感を感じさせる「興奮色」、低彩度の色は沈静や落ち着きを感じさせる「沈静色」です（図8）。高彩度の中でも暖色系のほうがより興奮感を感じさせ、低彩度の中でも寒色系のほうがより沈静感を感じさせます。

特別な日のレッドカーペットは気分を高揚させますし、ベッドルームを低彩度の寒色系にすると気分を落ち着かせることができます。また、勉強部屋などの神経を集中させる必要がある空間には、沈静効果の高い寒色系が向いているといえます。

なお、色には、色相や明度や彩度などの三属性が持つイメージの他に、トーンが持つイメージもあります。トーンが持つイメージについては先述の「トーンのイメージワード」（P.13）を参照してください。

図8 彩度による色のイメージ―色の興奮・沈静感。高彩度の色は興奮や高揚感を感じさせ、低彩度の色は沈静や落ち着きを感じさせます。低彩度（特に寒色系）の色は気分の沈静や誘眠効果があります。

味覚・嗅覚と色

ここでは、味覚や嗅覚と色の関係を簡単に紹介します。私たちは、ある特定の色を、いろいろな味覚や嗅覚と関連づけています。パッケージを検討する際は、このことを念頭にカラーデザインを行う必要があります。

視覚、聴覚、触覚、嗅覚、味覚の五感は、それぞれが密接に関連しているといわれています。そして、視覚情報の多くを占める色と味覚もとても密接な関係にあります。

一般的に人は、食材と色、味と色において、慣用的なイメージのつながりが壊れたものに対して違和感を覚えます。特に、身体の安全性に関わる食に関しては、そのパッケージなどに見慣れない色を使用すると、拒否感を感じさせることがあるため注意が必要です。

また、同様に、色と嗅覚も密接な関係にあります。色を見て味や香りをイメージしたり、反対に、香りを嗅いでから色を思い浮かべたりすることもあると思います。

ただし、「香り」は、「食」に比べて商材としての歴史が浅いため、「香りと色」のイメージの連動性は「味と色」の関係性ほど強固ではありません。そのため、商品やメーカーによって香りと色の連動性は異なります。しかしだからといって、パッケージの色から想像する色やネーミングと香りの関係性があまりにも離れていると、食品同様、商品としての訴求力が低下するので注意が必要です。

なお、味覚と視覚、嗅覚と視覚のように、別の感覚器官同士が刺激をし合うことを「共感覚」といいます。

甘い色・酸っぱい色

甘い色

「甘さ」を喚起させる色の代表は、砂糖の甘さ（白や赤）やホイップクリーム（白や黄）などをイメージさせる、高〜中明度、中〜低彩度の赤や黄系の色（色相環の24〜8）などです。

トーンは、ltやpトーンなどの明るく淡い明清色調や、やわらかい印象のsfトーンなどです。また、類似トーンの赤や黄の色相を中心にした類似〜中差色相配色にするとより「甘さ」を表現できます。

図1 甘い色

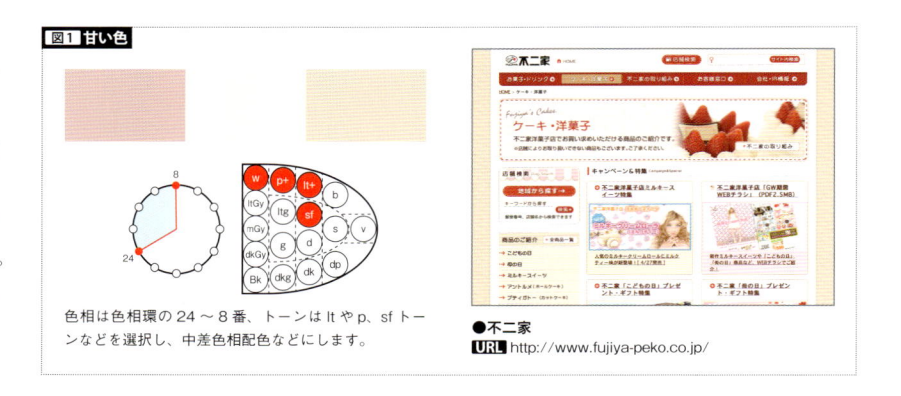

色相は色相環の24〜8番、トーンはltやp、sfトーンなどを選択し、中差色相配色などにします。

●不二家
URL http://www.fujiya-peko.co.jp/

甘酸っぱい色

「甘酸っぱさ」を喚起させる色の代表は、酢豚や肉団子の甘酢あん（茶）など、砂糖の甘さ（白や赤）とお酢（黄や黒）を合わせたものなどをイメージさせる、中〜低明度、中〜高彩度の暖色系の色（色相環の2〜8）などです。

トーンは、dpやvトーンなどです。また、赤や黄の色相を中心とした、中国の中華料理をイメージさせる中差色相配色にすると効果的です。

図2 甘酸っぱい色

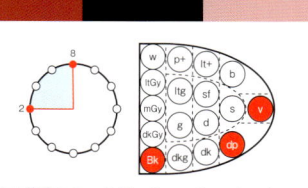

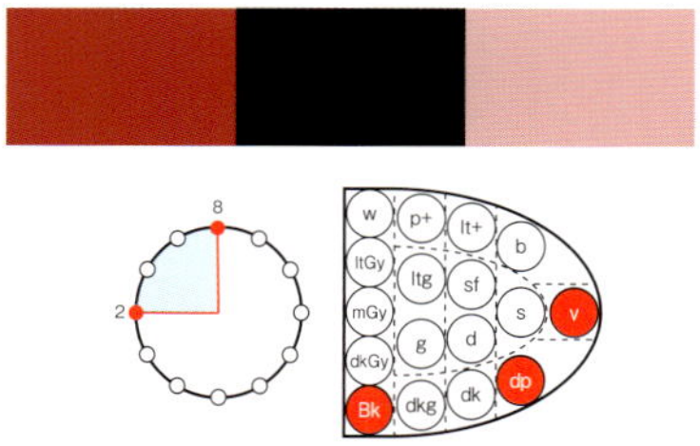

色相は色相環の2〜8番、トーンはdpやvトーンなどを選択し、中差色相配色などにします。

●【味の素KK】Cook Do
URL http://www.ajinomoto.co.jp/cookdo/

酸っぱい色

「酸っぱさ」を喚起させる色の代表は、レモン（黄）やすだち（緑）、かぼす（緑）などをイメージさせる、中〜高明度、高彩度の黄や緑系（色相環の8〜12）などです。

トーンは、vやbトーンなどです（梅干しのような酸っぱさの場合は、dトーンなどの赤です）。白と合わせた対照彩度配色のすっきりとしたハイコントラスト配色などにするとより「酸っぱさ」を演出できます。

図3 酸っぱい色

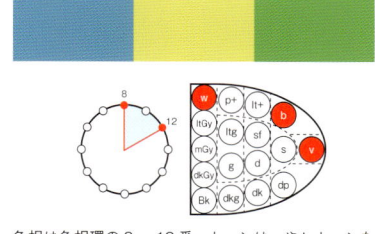

色相は色相環の8〜12番、トーンはvやbトーンなどを選択し、対照彩度配色などにします。

●ポッカレモン100
URL http://pokka.jp/lemon/

辛い色・しょっぱい色

辛い色

「辛さ」を喚起させる色の代表は、唐辛子を中心とする香辛料（黒・赤・黄・緑）やラー油（赤）やマスタード（黄）、カラシ（黄）、わさび（緑）などをイメージさせる、中〜低明度、高彩度の暖色系や緑系の色（色相環の2〜12）などです。

トーンは、dkやdpやvトーンなどです。また、無彩色の黒と合わせた対照彩度配色のハイコントラスト配色にすると効果的です。

甘じょっぱい色

「甘じょっぱさ」を喚起させる色の代表は、みたらし団子（茶）や味噌田楽（茶）、塩大福（白）など、砂糖の甘さ（白や赤）と醤油（茶色）や塩（白）のしょっぱさを合わせたものなどをイメージさせる、中〜低明度、中〜高彩度の赤〜黄赤系（色相環の2〜6）などです。

トーンは、dやdk、dpトーンなどです。また、同系色相の濃淡配色のトーンオントーン配色やドミナントカラー配色などにすると効果的です。

しょっぱい色

「しょっぱさ」を喚起させる色の代表は、醤油（茶）などをイメージさせる、中〜低明度、中〜高彩度の黄赤系（色相環の4〜6）などです。

トーンは、dやdk、dpトーンなどです。また、同系色相の濃淡配色のトーンオントーン配色やドミナントカラー配色などにすると効果的です。

塩辛い色

「塩辛さ」を喚起させる色の代表は、海（青）から採った塩（白）などをイメージさせる、中明度高彩度の青系の色（色相環の17〜19）などです。

トーンは、vやb、dpトーンなどです。無彩色の白と合わせた対照彩度配色のハイコントラストで明快なビコロールやトリコロールにすると効果的です。

図4 辛い色
色相は色相環の2〜12番、トーンはdkやdp、vトーンなどを選択し、対照彩度配色などにします。
● TABASCO
URL http://www.tabasco.com/

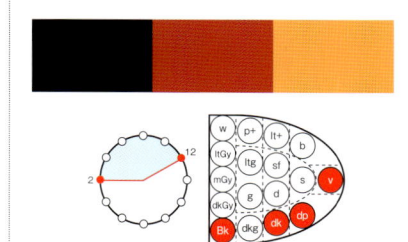

図5 甘じょっぱい色
色相は色相環の2〜6番、トーンはdやdk、dpトーンなどを選択し、トーンオントーン配色などにします。
● むか新
URL http://www.mukashin.com/

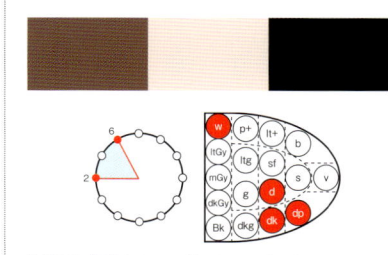

図6 しょっぱい色
色相は色相環の4〜6番、トーンはdやdk、dpトーンなどを選択し、ドミナントトーン配色などにします。
● 亀田製菓株式会社
URL http://www.kamedaseika.co.jp/

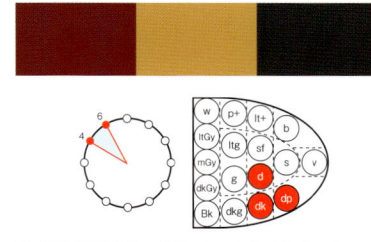

図7 塩辛い色 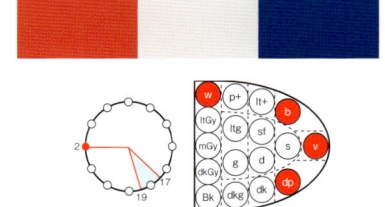
色相は色相環の17〜19番、トーンはvやb、dpトーンなどを選択し、対象彩度相配色にします。 
● 手塩屋
URL http://www.teshioya.com/

苦い色

ほろ苦い色

「ほろ苦さ」を喚起させる色の代表は、ビターなチョコ（茶）やビターなココア（茶）など、砂糖の甘さ（白や赤）とカカオ豆（茶）の苦さを合わせたものなどをイメージさせる、中〜低明度、中彩度の赤や黄赤系の色（色相環の2〜6）などです。

トーンは、dやdk、gトーンなどです。同系色相の濃淡配色のトーンオントーン配色やドミナントカラー配色などにすると効果的です。

図8 ほろ苦い色

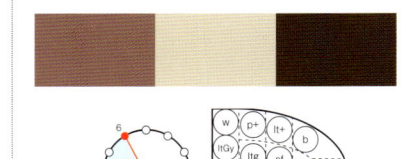

色相は色相環の2〜6番、トーンはdやdk、gトーンなどを選択し、トーンオントーン配色などにします。

● 純ココア
URL http://www.morinaga.co.jp/cocoa/pure/

苦い色

「苦さ」を喚起させる色の代表は、ビターなコーヒー（茶）や、カカオ豆（茶）の苦さなどをイメージさせる、中〜低明度、中〜低彩度の赤や黄赤系（色相環の2〜6）などです。

トーンは、dやdk、g、dkgトーンなどです。同系色相のドミナントカラー配色や、同系トーンのドミナントトーン配色、dやgトーンを中心にまとまったトーナル配色などにすると効果的です。

図9 苦い色

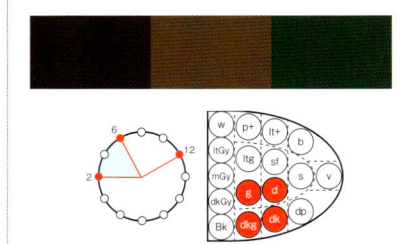

色相は色相環の2〜6番、トーンはdやdk、g、dkgトーンなどを選択し、中差色相配色などにします。

● caffe Nero
URL http://www.caffenero.com/

あっさりした色・さっぱりした色

あっさりした色

「あっさりした」を喚起させる色の代表は、浅漬けやおかゆ（白）などをイメージさせる、中〜高明度、中〜高彩度の色などです。色相は幅広く使用できます。

トーンは、ltやbなど高明度の明清色調のトーンなどです。無彩色の白を多用し、明度が近似し、彩度にほどよく差がついた類似トーン配色などにすると効果的です。

図10 あっさりした色

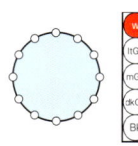

色相は幅広く利用できます。トーンはltやbトーンなどを選択し、類似トーン配色などにします。

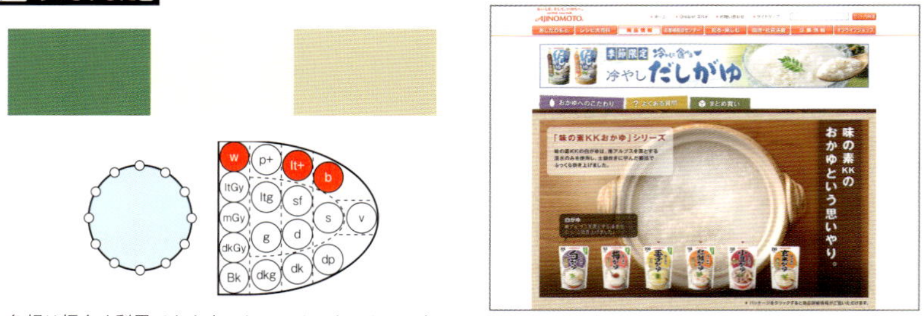

● 味の素KK おかゆシリーズ
URL http://www.ajinomoto.co.jp/okayu/

さっぱりした色

「さっぱりした」を喚起させる色の代表は、ビネガーをベースにしたマリネやカルパッチョのソース（白）、さっぱりした塩タレ（白）などをイメージさせる、中〜高明度、中彩度の色が中心です。あっさりした色と同様に幅広い色相を使用できます。

トーンは、ltやbなど高明度の明清色調のトーンなどが中心です。無彩色の白を用い、明度や彩度にほどよく差がついた類似トーン配色などにすると効果的です。さっぱりした色とあっさりした色はとてもよく似ています。

図11 さっぱりした色

色相は幅広く利用できます。トーンはltやbトーンなどを選択し、類似トーン配色などにします。

● ミツカン くらしプラ酢
URL http://www.mizkan.co.jp/k-plus/

旨みのある色・こってりした色

旨みのある色

「旨みのある」を喚起させる色の代表は、かつお（茶）、しめじ（白）、にぼし（灰色）、昆布（黒）などをイメージさせる、中〜低明度、中〜低彩度の暖色系（色相環の4〜8）や無彩色などです。トーンは、sfやd、ltg、gトーンなどの中間色調と無彩色などです。同系色相の濃淡配色のトーンオントーン配色や、ドミナントカラーのやさしいグラデーション配色などにすると効果的です（無彩色の黒が入ることでコントラストがつく場合もあります）。

こってりした色

「こってり」を喚起させる色の代表は、お好み焼きや照り焼きのソース（茶）や焼き鳥のタレ（茶）などをイメージさせる、低明度、高〜低彩度の暖色系（色相環の2〜6）や無彩色の黒などです。トーンは、dpやdk、dkgトーンなどの暗清色調や黒などです。同系色相のドミナントカラー配色や同系トーンのドミナントトーン配色などにすると効果的です。

図12 旨みのある色

色相は4〜8番、トーンはsfやd、ltg、gトーンなどを選択し、ドミナントカラーのグラデーション配色などにします。

● グリコ 炊き込み御膳
URL http://www.ezaki-glico.net/gozen/

図13 こってりした色

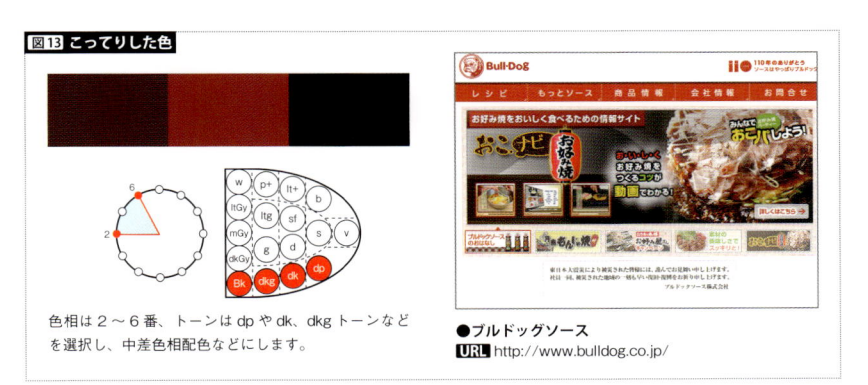

色相は2〜6番、トーンはdpやdk、dkgトーンなどを選択し、中差色相配色などにします。

● ブルドッグソース
URL http://www.bulldog.co.jp/

嗅覚と色

味覚と同様に、色と嗅覚も密接な関係にあります。色を見て味や香りをイメージしたり、反対に、香りを嗅いでから色を思い浮かべたりすることもあると思います。「香りと色」のイメージの連動性は「味と色」の関係性ほどまだ強固ではないため、商品やメーカーによって香りと色の連動性は多少異なりますが、大枠での関連性を把握しておくことは大切です。

「香り」の商品では、天然のハーブを連想させるグリーン系、アロマの素材の代表格の花であるラベンダー系、自然のナチュラルさを連想させるベージュ系などをよく見かけます。より具体的には、花（フローラル）系はパープル〜ピンク〜レッド系、フルーツ系はレッド〜オレンジ系、柑橘系はオレンジ〜イエロー系、ハーブ系や樹木系はグリーン系、せっけん系はブルー系、無香料は白の傾向が高いといえます（図14）。

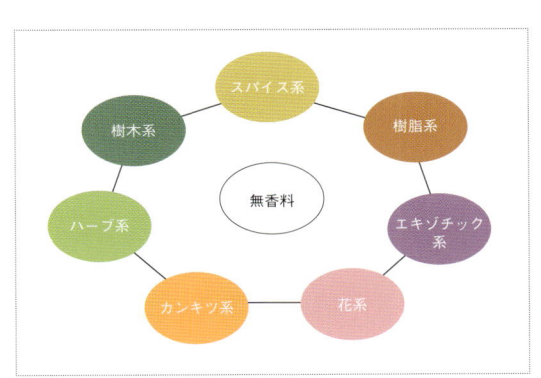

図14
香りを喚起させる色は、香りの元となる素材によってさまざまです。

● 消臭力
URL http://www.st-c.co.jp/

嗅覚と色の関係を組み合わせている代表例の1つです。

世界の国・地域と色の関係

ここでは、いくつかのサイトデザインの実例を挙げながら、国や地域ごとに異なる、色使いの特徴を見ていきます。各国の色に対する潜在的な意識を見ることで、その地域性を垣間見ることができます。

色に対する感覚は、人類共通のものも多くありますが、一方で、国や地域によって異なる場合も多々あります。

例えば、大手ハンバーガーチェーン「マクドナルド」の店舗は世界各国にありますが、メニューやサイトのデザインや配色は国や地域ごとに異なります。色としてよく使われる赤や青の雰囲気も異なります。

また、世界各国で生まれたさまざまなブランドやショップのサイトデザインにも、それぞれのお国柄・地域性が表れています。

大雑把にまとめると、赤道に近くなるにつれて、中～低明度で高彩度、多色のハイコントラスト的配色になる傾向があります。

一般的には、各国の歴史や文化、または気候や風土に根差した、各自然界の中で見慣れた配色や、そのまま自然界になじんで溶け込むような色使いが多くなる傾向があります。

しかし、その一方で、厳しい気候風土から心理的に逃れるために反対色を配したものも見られます（日照時間の短い寒い国における暖色系を用いた配色など）。

以降では各地域別にいくつかの国を取り上げて、各国の色使いの特徴を見ていきます。色に対する感覚が、国や地域によってどのように異なるのか、その一端を見てみましょう。

北米

赤・黄・緑・青・紫といった基本色相の中でも一般的によく使われる赤や青ですが、北米地域では、寒色系の青よりも暖色系の赤を多用する傾向があります。例えば、赤は赤でも、鮮やかで澄んだ赤の使い方が特徴的で、全体的にはハイコントラストの配色が多くなっています。また、基本色相の間にある青緑（ブルーグリーン）や青紫（バイオレット）、赤紫（レッドパープル）などの中間色相を上手く組み合わせる傾向もあります。

アメリカ

● McDonalds USA
URL http://www.mcdonalds.com

● CONVERSE
URL http://www.converse.com/

● COSTCO
URL http://www.costco.com/

カナダ

● McDonalds Canada
URL http://www.mcdonalds.ca/

● crocs
URL http://www.crocs.com/

● PARASUCO
URL http://www.parasuco.com/

オセアニア

赤・黄・緑・青・紫といった基本色相の中でも一般的によく使われるのは赤や青ですが、オセアニア地域では、暖色系の赤よりも寒色系の青を多用する傾向があります。これは、オーストラリアやニュージーランドの自然を代表とする青い海や青い空をイメージする青（ブルー）や青緑（ブルーグリーン）と関係があるのかもしれません。これらの色は、高彩度の色を筆頭に、高明度や低明度の色など、さまざまなトーンが使われます。

オーストラリア

● McDonalds Australia
URL http://mcdonalds.com.au/

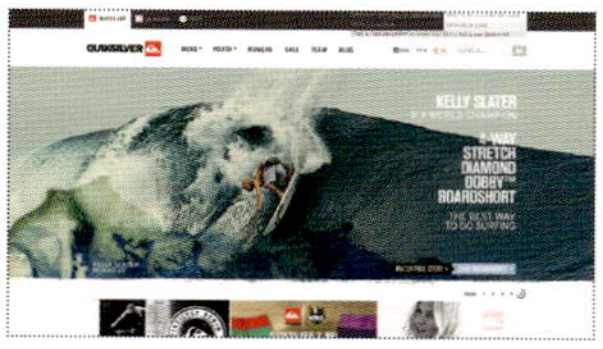

● QUIKSILVER
URL http://www.quiksilver.com.au/

● ROYAL ELASTICS
URL http://www.royalelastics.com/

ニュージーランド

● McDonalds New Zealand
URL http://mcdonalds.co.nz/

● macpac
URL http://www.goldwin.co.jp/macpac/

● GRAN'S REMEDY
URL http://www.grans-remedies.co.nz/

中南米

この地域は、色相の多様性（色数の多さ）を感じさせる地域です。全体的には中明度から低明度で、例えば、赤ならチリやペッパーといった香辛料の赤や、緑なら深緑のように深い色合いを多用する傾向があります。

特に、赤道に近い地域の国々では、圧倒的な高彩度のハイコントラスト配色もよく見られます。日ざしの強い気候に鮮やかな色がよく映えます。

メキシコ

● McDonalds Mexico
URL http://www.mcdonalds.com.mx/

● TABASCO
URL http://www.tabasco.com/

● Pineda Covalin
URL http://www.royalelastics.com/

ブラジル

● McDonalds Brasil
URL http://www.mcdonalds.com.br/

● Via Uno
URL http://www.viauno.com/

● Melissa
URL http://www.melissa.com.br/

アルゼンチン

● McDonalds Argentina
URL http://www.mcdonalds.com.ar/

● LA MARTINA
URL http://www.lamartina.com/

● Juana de Arco
URL http://juanadearco.net/

ロシア・東欧

緯度が高いこの地域は、暖色系の赤、寒色系の青ともに、全体的にクールさを感じるブルーベースカラーを多く見ることができます。

また彩度は、高くてもvトーンのような純色ではなく、それにグレイを少し混ぜたようなsトーンのように少々中間色（濁色）寄りになる傾向があります。

ロシア

● McDonalds. Russia
URL http://www.mcdonalds.ru/

● aeroflot
URL http://www.aeroflot.ru/

● novzar
URL http://www.novzar.ru/

ウクライナ

● McDonalds Ukraine
URL http://www.mcdonalds.ua/

● KRAZ
URL http://www.autokraz.com.ua/

● PA Yuzhmash
URL http://www.yuzhmash.com/

クロアチア

● McDonalds Croatia
URL http://www.mcdonalds.hr/

● Fotokemika
URL http://www.fotokemika.hr/

● JADROLINIJA
URL http://www.jadrolinija.hr/

Color Design Basic Knowledge

11 世界の国・地域と色の関係

北欧

ヨーロッパの中でも比較的緯度が高く、寒いこの地域は、自然界のその気候を象徴する高明度の寒色系がよく使われる傾向があります。

その一方で、限られた太陽光や厳しい寒さから、心理的な温かさを求める傾向があり、暖色系が使われることもあります。

全体的な配色としては、どちらかというと、ブルーベースカラーが中心の、彩度を押さえたグラデーション的な優しい色合いである点が特徴的です。

ノルウェー

- McDonalds Norway　URL http://www.mcdonalds.no/
- wilfa　URL http://wilfa.no/ 
- Helly Hansen　URL http://www.hellyhansen.com/ 

デンマーク

- McDonalds Denmark　URL http://www.mcdonalds.dk/
- ILLUM　URL http://www.illum.dk/ 
- Royal Copenhagen　URL http://www.royalcopenhagen.com/ 

スウェーデン

- McDonalds Sweden　URL http://www.mcdonalds.se/
- IKEA　URL http://www.ikea.com/se/sv/ 
- H&M　URL http://www.hm.com/se/ 

南欧

ヨーロッパの中でも比較的暖かいこの地域は、明るく鮮やかな純色系の、ビビッドで華やかな暖色系も多く見られます。

その一方で、中には、青と白のコントラストが美しい、地中海のイメージを感じさせるような爽やかな寒色系も見ることができます。

全体的には、暖かみのあるイエローベースの色使いが多い傾向です。

イタリア

- McDonalds Italia　URL http://www.mcdonalds.it/
- segafredo　URL http://www.segafredo.it/ 
- United colors of Benetton　URL http://it.benetton.com/ 

スペイン

- McDonalds Espana　URL http://www.mcdonalds.es/
- CAMPER　URL http://www.camper.com/es 
- Cimarron　URL http://www.cimarronjeans.com/ 

ギリシャ

- McDonalds Greece　URL http://www.mcdonalds.gr/
- Folli Follie　URL http://www.follifollie.com/HOME/1_2.html 
- Mythos　URL http://www.mythosbeer.gr/

西欧

この地域は、クールなブルーベースのカラーから、ウォームなイエローベースのカラーまで、お国柄によって色相が多様性に富む傾向があります。

また、国旗のデザインの色使いのイメージが、そのまま反映されているような配色も多く見受けられます。

イギリス

● McDonalds UK
URL http://www.mcdonalds.co.uk/

● Cath Kidson
URL http://www.cathkidston.co.uk/

● Fred Perry
URL http://www.fredperry.com/

フランス

● McDonalds France
URL http://www.mcdonalds.fr/

● AGATHA
URL http://www.agatha.fr/

● Contrex
URL http://www.contrex.fr/

ドイツ

● McDonalds.se Germany
URL http://www.mcdonalds.de/

● PUMA Online Shop
URL http://www.shop.puma.de/

● Dr. Martens
URL http://www.drmartens.com/

中欧

この地域は、寒色系の青よりも、暖色系の赤を多用する傾向があります。明度も彩度も低めになり、純色や清色よりもグレイッシュな中間色や濁色が多く見られる傾向があります。

また、ハイコントラストというよりは、その逆で、ローコントラスト的で落ち着いたグラデーション配色が多く見受けられます。

ポーランド

● McDonalds Poland
URL http://www.mcdonalds.pl/

● Creme Cycles
URL http://cremecycles.com/

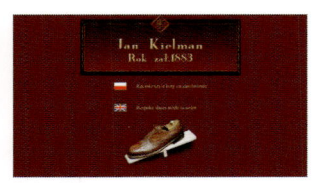

● Jan Kielman
URL http://www.kielman.pl/

チェコ

● McDonalds Czech Republic
URL http://www.mcdonalds.cz/

● CAESAR CRYSTAL BOHEMIAE
URL http://www.caesar-crystal.cz/cz/

● JAKUB POLANKA
URL http://www.jakubpolanka.com/

ハンガリー

● McDonalds Hungary
URL http://www.mcdonalds.hu/

● Vass Shoes
URL http://vass-shoes.com/

● Herendi Porcelanmanufaktura Zrt.
URL http://herend.com/hu/

TIPS

世界地図を広げて、地図上に各国の国旗を並べてみましょう。地域ごとに色使いの傾向が見えてきて、興味深いですよ。

Color Design Basic Knowledge

11 世界の国・地域と色の関係

アジア

この地域は、全体的に寒色系の青よりも、暖色系の赤を好んで用いる傾向があります。ただし、赤は赤でも、日本や韓国は純色に近い赤なのに対して、中国はグレイを混ぜたようなストーンの赤をよく目にするなど、国や地域によって色相やトーンが微妙に異なります。

赤の次に多く用いられる色は、日本では青（藍）、韓国では青、中国では緑と異なっています。

また、国が赤道に近くなるほど、高彩度で多色使いの傾向が強くなります。黒との組合せによるハイコントラスト配色もよく使われます。

日本

● McDonalds Japan
URL http://www.mcdonalds.co.jp/

● 小梅だより
URL http://www.lotte.co.jp/products/brand/koume/

● 藍染工芸館
URL http://www.awaai.com/

中国

● McDonalds China
URL http://www.mcdonalds.com.cn/

● 中国上海
URL http://www.shanghai.gov.cn/

● 大中電器
URL http://www.dzelec.com/

インド

● McDonalds India
URL http://www.mcdonaldsindia.com/

● Titan Watches
URL http://titanworld.com/in/

● MANISH ARORA
URL http://www.manisharora.ws/

韓国

● McDonalds Korea
URL http://www.mcdonalds.co.kr/

● Hyundai Motor Company
URL http://worldwide.hyundai.com/

● SAMSUNG KOREA
URL http://www.samsung.com/sec/

シンガポール

● McDonalds Singapore
URL http://www.mcdonalds.com.sg/

● Prints
URL http://prints.com.sg/

● LIFEbaby
URL http://lifebaby.com/

マレーシア

● McDonalds Malaysia
URL http://www.mcdonalds.com.my/

● VINCCI
URL http://www.padini.com/brands/vincci/intro.aspx

● BONIA Jazz MUse
URL http://www.bonia.com/

Chapter 02

Case Study & Practice
実践・目的別カラーデザイン

ここでは、実務において求められる配色・カラーデザインを、目的別に詳しく解説します。クライアントからの要望には「高級感のあるイメージで」、「もっとシックに」、「元気よく、アクティブな感じで」といった、抽象的な表現も含まれます。これらのイメージを具現化する際に役立つ配色方法や配色の考え方を、優れた具体例とともに解説してきます。

> ❶重要　本章では、各デザインのイメージを以下のカテゴリに分類して紹介しています。
>
> ①無彩色：白～灰～黒
> ②暖色系：赤～橙～黄
> ③寒色系：緑みの青～青～紫みの青
> ④中性色（緑系）：黄緑～緑～青緑
> ⑤中性色（紫系）：青紫～紫～赤紫
>
> この分類は、実務における見た目の印象を重視しているため、これまでに解説してきたPCCSの色相環上の分類と対応していない場合があります（中性色の範囲など）。この点に注意してください。本章では中性色の範囲を、PCCSにおける中性色の範囲よりも広めに定義しています。

目的別カラーデザイン概要

ここからは、「制作するデザインの目的別」に具体的なカラーデザインの方法を解説していきますが、その前段階として、本ページでは制作をはじめる前に押さえておくべき「カラーデザインの基本」をおさらいします。

デザイン（造形）の3要素＋α（アルファ）の2要素

私たちが目にするものには、必ず「①色（Color）」と「②質感（Texture）」と「③形（Form）」があります。これらを「デザイン（造形）の3要素」といいます。

これらの要素は三位一体であり、要素間の優劣はありません。色のない世界はありませんが、当然、色だけで存在している世界もありません。このことから「色だけでイメージを決めることはできない」ということがわかります。

また、上記のデザイン（造形）の3要素にさらに2つ、デザインにおいてとても重要な要素を付け加えるとすればそれは用いる「④分量または面積（Volume）」と「⑤位置（Position）」です。

この2つを加えた理由は、①～③の3要素がまったく同じであっても、④や⑤を変えることで、イメージを多様に変化させることができるためです。これは、まったく同じ食材や調味料を使っても、その分量や使用するタイミング（位置）によって味が変わることと似ています。デザインの世界でも、たとえ同じ色であっても「どこに」（位置：Position）、「どのくらい」（分量：Volume）を使用するかによって、イメージは大きく変わります。

色はもちろん私たちの心や体にダイレクトに影響を及ぼす大きな力を持っていますが、その一方で、上記のことからもわかるように、色は万能ではありません。デザインの3要素の中でも特に色と質感は密接で、「色は質感を伴い、質感は色を伴う」という言葉もあるほどです。色は必ず、質感や形、分量や位置によって、その力やイメージの方向性が変わります。「配色選定だけでイメージは決まらない」ということを大前提のうえで、次ページ以降の「目的別カラーデザイン」の具体例を読み進めてください。

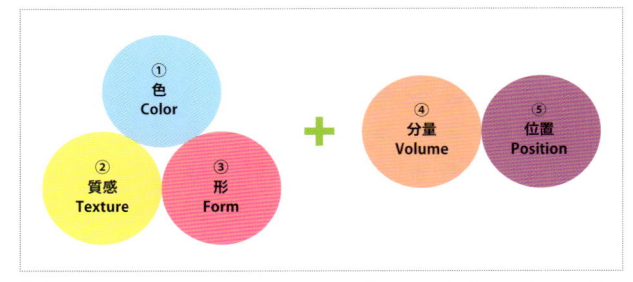

図1 デザインが見る人に与えるイメージは、上図の「デザイン（造形）の3要素＋2要素」によって大きく変わります。決して、色だけでコントロールできるわけではありません。なお、質感は、「素材（Material）」という表現ではなく、あえて「質感（Texture）」という表現にしています。その理由は、同じ素材でも、加工の仕方によって質感が変わるためです。分量は、「面積」という言葉で置き換えることもできます。

表1：色の用いる分量（Volume）や色を施す位置（Position）の例

種類	説明
ベースカラー（基調色）	全体の面積の約70％を占める色であり、もっとも大きい面積を占める色。用いる位置は自由だが、全体の地色や背景色となりやすい色
アソートカラー（配合色または従属色）	全体の面積の約25％を占める色。ベースカラーの次に面積が大きく、出現頻度の高い色。ベースカラーを補佐する役割を持ち、ベースカラーと同系色にするかしないかで、全体のイメージの方向性が大きく変わる。用いる位置は自由だが、基調色と同系色にする場合は地色に近くなり、しない場合は図色としての役割に近くなる
アクセントカラー（強調色）	全体の面積の約5％を占める色。面積はもっとも小さいが、配色の中でもっとも目立つポイントとなりやすい色。全体の配色を引き締めたり、視線を集中させる効果がある。用いる位置は自由

ベースカラー、アソートカラー、アクセントカラーについての詳細はP.40を参照してください。

感性のイメージスケール① CTFイメージリンケージ

色は三属性という明確な3軸（縦・横・斜め）で分析できますが、質感や形を分析する切り口は山のようにあります。それらをあえて、色と同じように3軸で分析できるようにしたのがCTFイメージリンケージです。CTFイメージリンケージのCTFとは、デザイン（造形）の3要素である「Color」、「Texture」、「Form」の頭文字です。CTFイメージリンケージは、「三属性によって規則的かつ客観的に分けられた色の4つの群（P.47）には、それぞれに、人に連想させる質感のイメージや形のイメージがある」ということをヒントにしています。

例えば、明るい色は、軽く薄くやわらかい質感をイメージさせ、小柄で細く繊細な形（柄やラインやシルエット）をイメージさせます。一方で、暗い色は、重く厚くかたい質感をイメージさせ、大柄で太く大胆な形（柄やラインやシルエット）をイメージさせます。CTFイメージリンケージは、この性質を利用してイメージの位置を計測します。

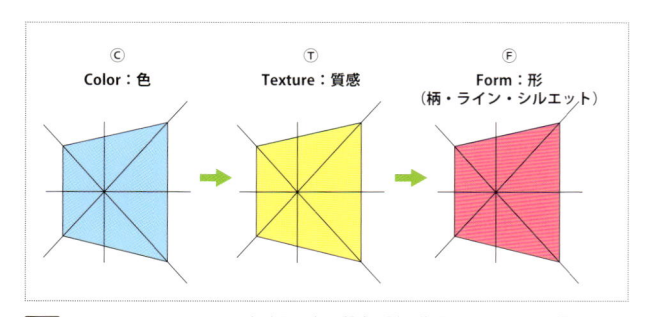

図2 CTFイメージリンケージの概念図。色、質感、形を共通のスケールで分類すると、各々が持つイメージを冷静に分析することができます。ただし、CTFイメージリンケージでは、色、質感、形の分析軸を共通にするだけであり、その分析結果が必ずしも同じところに収まるというわけではありません。むしろそれぞれに異なる場合が多々あります。この点には十分に注意してください。

∵ CTFイメージリンケージの概念図

CTFイメージリンケージの考え方をもとに、分析軸に多くのキーワード（ネーミング）を用いて具体的に表したのが右の図です。左右の軸の色相（色み）は、ブルーベース（クール）またはイエローベース（ウォーム）が基準となっています。それぞれに静的↔動的、無機的↔有機的、都会的↔自然的といったイメージがあります。それを質感に置き換えると、化学（人工）繊維↔天然（自然）繊維、目が細かい↔目が粗い、高密度↔低密度などといったイメージに置き換えることができます。

また、それを形（柄やラインなど）に置き換えると、静的↔動的、直線的↔曲線的、規則的↔不規則的、シンメトリー↔アシンメトリー、抽象的↔具象的などといったイメージに置き換えることができます。

このスケールを使うと、1つのデザインでも、例えば「色と質感はSpringで、形はWinterのテイストミックス」といったように分析・分類することができます。また、このようなテイストミックスを目標としてデザインを制作することも可能になります。

また、異業種の人たちが同じイメージを共有しながら協力してクリエイトする際の、共通のコミュニケーションツールとしても使うことができます。

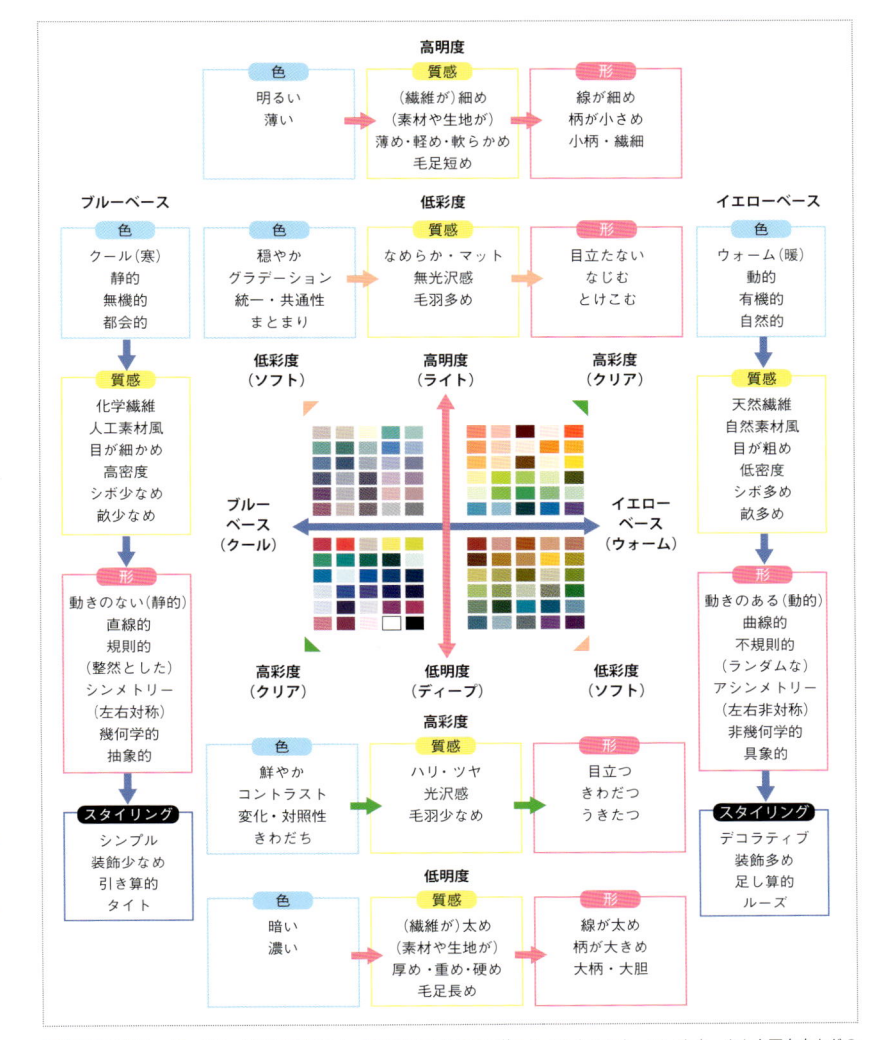

図3 図内の各キーワードは、時代に関係なく、不変的かつ普遍的に使えるようものになっています。また上下左右などの相対する位置には、絶対的なイメージキーワードではなく、相反する相対的なキーワードが選定されていることにより、上下左右斜めの軸の上に目盛りが見えてきます

感性のイメージスケール② 色そのもののイメージスケール

次ページからはデザインの現場でカラーデザインを施す際によく使われるイメージキーワードごとにその配色例を紹介していきます（右図）。

なお、周知のとおり、配色に唯一無二の答えなどはありません。配色は目的や用途の数だけあり、その良し悪しも目的や用途によって変わります。また、配色を選択する際は、色のことだけでなく、前述した色以外の要素（質感や形）や、対象物の特性やターゲット、価格帯、トレンド、ブランドイメージなども加味する必要があります。

この前提を踏まえたうえで、本書では、相反するイメージをあえて「ペア」にして掲載することで、そのイメージと表現手法の違いを、①トーン（明度＋彩度）と②色相、③配色の3つの視点から解説していきます。

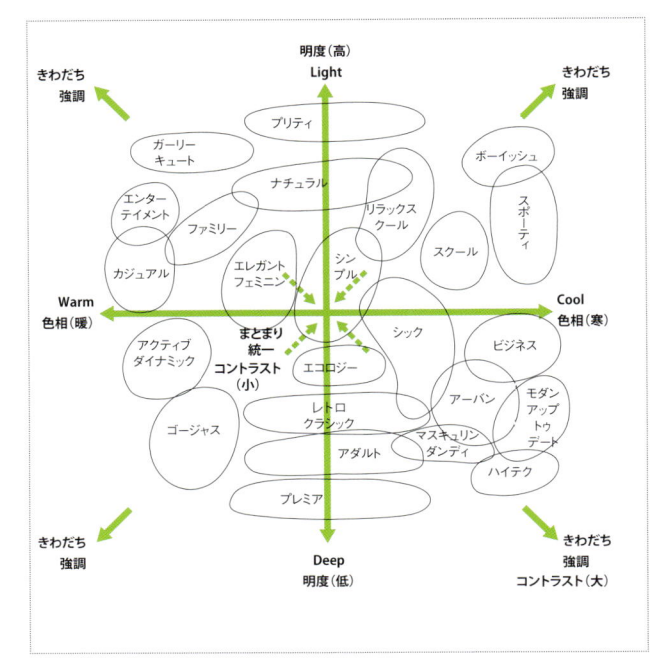

図4 本書で紹介する色のイメージキーワードの相関図。

プレミア感（高級さ）と、カジュアル感（気軽さ）

ここからは、デザインワークの際よく出てくるキーワードごとに、配色の作成方法を具体例を見ながら解説していきます。最初はプレミア感（高級さ）とカジュアル感（気軽さ）を演出する配色です。

プレミア感を演出する配色と、カジュアル感を演出する配色の基本

プレミア感（高級さ）や、カジュアル感（気軽さ）の演出は、デザインワークにおいて求められることの多い、とても重要な演出方法です。クライアントの要望を満たすためにも、これらの演出の基本をしっかりとマスターしておきましょう。

プレミア感とカジュアル感の大きな違いは、明度の違いです。低明度になるとプレミア感（高級さ）の印象が、高明度になるとカジュアル感（気軽さ）の印象が強くなります。

プレミア感（高級さ）

【dpトーン】や【dkトーン】といった、低明度のトーンを選択すると、プレミア感のある印象を演出できます。黒に限りなく近い【dkgトーン】や、無彩色を使用する場合は【Bk】（黒）との組み合わせも効果的です。

プレミア感（高級さ）の演出において、色相はあまり問われませんが、【dpトーン】のイエロー（dp8）のような黄金色や、ゴールド、シルバーといった金属色を加えるとプレミア感が増します。

また、色数を押さえ気味にしてローコントラストにし、質感を全面に出すような配色でプレミア感を出す手法も多く見られます。

カジュアル感（気軽さ）

一方、【ltトーン】や【bトーン】、【vトーン】といった、高明度や高彩度のトーンを選択すると、カジュアルな印象を演出できます。

色相については、オレンジや黄色を筆頭とした暖色系をベースに、黄緑や緑などの中性色系を加えるとよりカジュアル感を際立たせることができます。黄色を中心に、黄緑や緑などの中性色系を加えて、水色や青などの寒色系をさらに多めにすると、クールなカジュアルになります。

また、カラフルな多色のハイコントラスト配色にするとカジュアル感が増します。無彩色であれば、プレミアム感とは反対に、【W】（白）との組み合わせが効果的です。

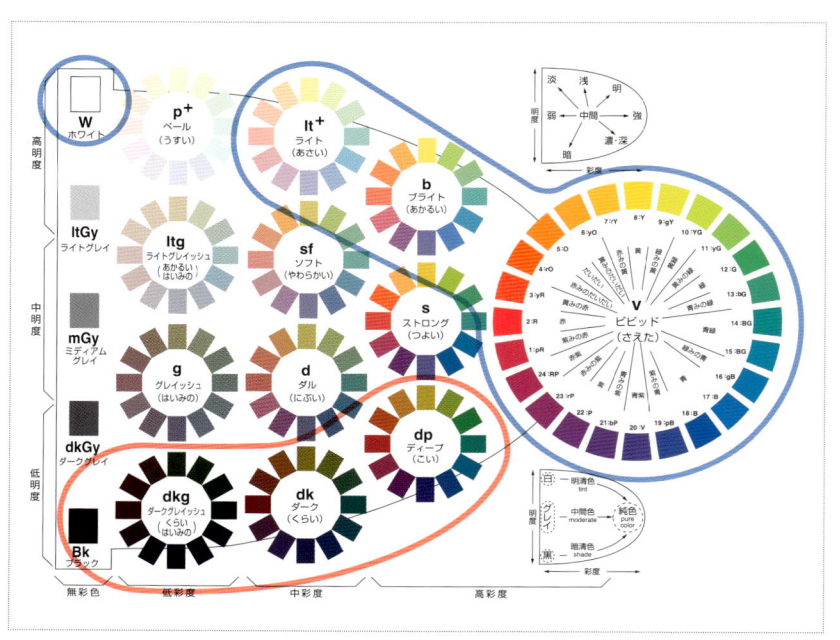

図1：【dpトーン】や【dkトーン】といった、低明度のトーンを選択すると、プレミアな印象を演出でき（赤枠）、【ltトーン】や【bトーン】、【vトーン】といった、高明度や高彩度なトーンを選択すると、カジュアルな印象を演出できます（青枠）。

表1：プレミア感やカジュアル感を演出する配色の基本

	プレミア感（高級さ）	カジュアル感（気軽さ）
トーン	dp や dk、dkg といった、低明度のトーンを選択する	lt や b、v といった、高明度や高彩度のトーンを選択する
色相	dp トーンのイエロー（dp8）のような黄金色や、ゴールドやシルバー（金属色）を加える	オレンジや黄色を筆頭とした暖色系をベースに、黄緑や緑などの中性色系を加える
配色	ローコントラスト配色	ハイコントラスト配色

図2 プレミア感（高級さ）の配色例

dp2	Bk	dp8
dp6	dk8	dk10
dp18	Bk	dp14
dp22	dp8	dk2

図3 カジュアル感（気軽さ）の配色例

v2	W	v8
v6	lt8+	b10
b18	W	lt14+
lt22+	b8	lt2+

プレミア感とカジュアル感の配色は、色相はまったく同じです。トーンを変えるだけでこれほどまでにイメージを大きく変えることができます。

プレミア感を演出する配色①
無彩色をベースにした例

基本的には、無彩色だけでプレミア感を演出するのは困難ですが、上手に金属色（ゴールドやシルバーなど）を挿し色として使用することで、プレミア感を演出できます。また、Wなどの高明度の色よりも、Bkやそれに限りなく近いdkGyなどの低明度の方が高級感を演出しやすくなります。

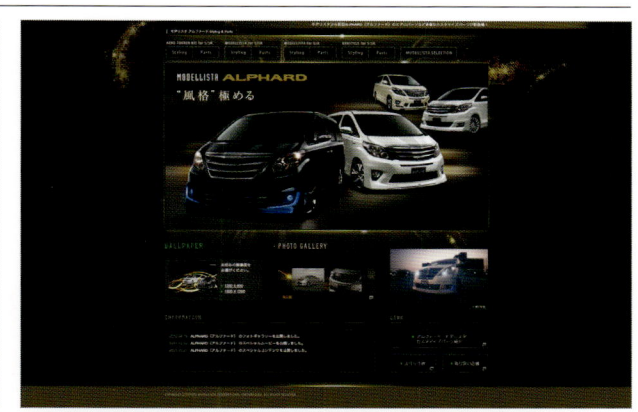

#ECF3F3　c10/m3/y5/k0
#C6C9C9　c26/m18/y19/k0
#2A2C2B　c81/m75/y74/k52

無彩色のW（白）をベースにした配色です。この色でプレミアムな印象を作るのは難しいですが、同じ白でもその陰影や質感へのこだわりなどを見せることで、特別なプレミアム感のある印象に近づけることができます。
● ROYAL ASSCHER DIAMOND
URL http://www.royalasscher.jp/

#040000　c91/m88/y88/k79
#5A4C22　c66/m65/y100/k31
#D1D6D6　c21/m13/y15/k0

黒をベースカラーにした配色は、白をベースにした場合よりも高級感を演出しやすくなります。しかし無彩色だけでは高級感は出しにくいので、dpトーンなどの深く濃い有彩色を追加します。またスポットライトのような陰影をつけるのも効果的です。
●アルファード
URL http://www.modellista.co.jp/product/

プレミア感を演出する配色②
暖色系をベースにした例

プレミア感特有の低明度なトーンをベースとしたなかでも、色相を暖色系にしたものは、温もりのある空間のなかで複数の人との会話を楽しむ、特別でゆったりと時間が流れるような懐古的な印象になります。

#4E2A11　c62/m81/y100/k50
#79090B　c50/m100/y100/k31
#A57235　c43/m61/y89/k2

大人っぽく円熟したdkトーンの暖色系をベースにした配色です。深く濃いdp8の黄金色に近い質感のゴールドが、さらにリッチでプレミアムな印象になっています。多色使いが、ゴージャスな印象にもなっています。
● 表参道うかい亭
URL http://www.omotesando-ukaitei.jp/

#312927　c77/m77/y76/k54
#465E6E　c79/m62/y50/k6
#E0AD74　c16/m38/y57/k0

dkトーンの暖色系をベースにした配色です。左の雰囲気に似たプレミアムな印象ですが、左のように暖色系でまとめると伝統的なニュアンスになり、アソートカラーを寒色系にすると、都会的でクールなニュアンスに変わります。
● ROPPONGI HILLS CLUB
URL http://www.roppongihillsclub.com/visitor/dfw/jp/index.html

※CMYK値は、RGB値をもとにした近似値（参考値）です。

プレミア感を演出する配色③
寒色系をベースにした例

プレミア感特有の低明度なトーンをベースとした中でも、色相を寒色系にしたものは、1人または特別な人同士だけのプライベートな室内で、自分たちだけのスペシャルな時が流れるような都会的な時間を演出することができます。

#0A144E
c100/m100/y61/k25

#000000
c93/m88/y89/k80

#97542F | c46/m74/y91/k10

#000000
c93/m88/y89/k80

#5A5DB8
c75/m67/y0/k0

#D41707 | c21/m98/y100/k0

dkトーンの青をベースにした配色です。ロイヤルブルーという色名があるように、青系は鮮やかで深みがあるとプレミアムな印象に近づきます。このように低明度の無彩色の黒を合わせるとその深みが増してより高級感のある印象です。
● 芳香剤 BLANG
URL http://www.carmate.co.jp/blang/

dpトーンの青～Bk（黒）を基調とした配色です。ダークブルーの夜空に広がる夜景がまるでジュエリーのように煌めき、大人のためのプライベートでプレミアムな時間をイメージさせます。
● セルリアンタワー東急ホテル
URL http://www.ceruleantower-hotel.com/

プレミア感を演出する配色④
中性色（緑）系をベースにした例

中性色のなかでも、特に緑系は自然界などのナチュラルな印象が強いため、プレミアな印象を演出しづらい場合がありますが、選ぶトーンや配色に注意すると、その印象に近づけることができます。

#264623
c84/m60/y100/k39

#000000
c93/m88/y89/k80

#6F1E7F | c71/m100/y18/k0

#173A1E
c88/m63/y100/k48

#CFB04F
c26/m33/y76/k0

#AC166B | c43/m99/y35/k0

深みのあるdp～dkトーンの緑系をベースにした配色です。緑系でプレミア感を出すのは難しいですが、このように緑に深みを増したり、高級な印象の紫を追加したり無彩色の黒で引き締めると、プレミアムで高級感のある印象に近づけることができます。
● トーキョー☆ブックマーク
URL http://tokyobookmark.net/blog_top/report/kelly/flash.html

無彩色にほど近いごく暗い緑系がベースになっているデザインです。緑系はプレミアムな印象を出すのが難しい色相ですが、このように低明度にすることでその印象を演出できます。同じ中性色でもプレミア感を演出しやすい紫、その他ゴールドといった色みを加えることでプレミア感が増強されています。
● Multi Device Lab.
URL http://mdlab.jp/nenga2012/index.html

※ CMYK値は、RGB値をもとにした近似値（参考値）です。

プレミア感を演出する配色⑤

中性色（紫）系をベースにした例

中性色のなかでも、紫系は昔から高貴なイメージと結びつきやすいため、プレミア感を演出しやすい色相といえます。

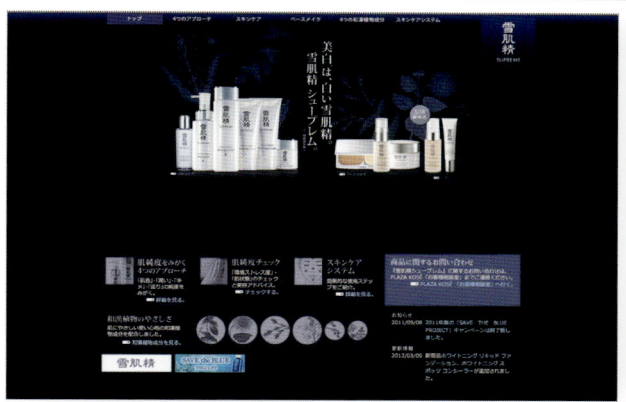

#12172B
c94/m93/y66/k55

#4F5E8D
c78/m66/y29/k0

#F5F5F5 | c5/m4/y4/k0

#382670
c93/m100/y35/k2

#040000
c91/m88/y88/k79

#BD7341 | c33/m64/y79/k0

大人っぽいdkトーンの青紫をベースにした配色です。ダークなトーンでプレミア感を出しつつ、紫に近い色相が他にはない、プレミアムな印象です。やわらかいsfトーンの同じ青紫系のトーンオントーンで心地よいリズム感も追加しています。
● KOSE 雪肌精シュープレム
URL http://www.sekkiseisupreme.jp/

dpトーンの青紫系を基調とした配色です。銘酒のプレミアムな味わいが、大人っぽく深い色合いで表されています。またクールな色合いが、日本酒でもバーで洋酒のような感覚で味わえる斬新な雰囲気を醸し出しています。
● 八重垣
URL http://www.yaegaki.jp/

カジュアル感を演出する配色①

無彩色をベースにした例

基本的には無彩色だけでカジュアル感を演出するのは困難ですが、高明度・高彩度の多色を組み合わせることで、カジュアルな印象を演出できます。

#F1F4F6
c7/m4/y3/k0

#D04366
c23/m86/y45/k0

#E0C325 | c19/m24/y88/k0

#E3E2E2
c13/m11/y10/k0

#67BCE4
c59/m13/y9/k0

#E6171B | c11/m96/y95/k0

黒をベースにするとプレミアムな印象になりやすく、その反面、このように白をベースにするとライトでカジュアルな印象になります。またこのように、高明度・高彩度の多色配色を加えるとよりカジュアルな印象になります。
● Art4Web
URL http://www.art4web.sk/

無彩色のグレーがベースになるとシックなイメージになりやすいですが、無彩色はこのように色を引き立ててくれる立役者になります。高明度・高彩度の有彩色を多色配色にすると、やはりカジュアルな印象になります。
● 美容専門学校モア・ヘアメイクカレッジ
URL http://www.more-hairmake-college.ac.jp/

Color Design Case Study & Practice

02 プレミア感（高級さ）と、カジュアル感（気軽さ）

※CMYK値は、RGB値をもとにした近似値（参考値）です。

カジュアル感を演出する配色②
暖色系をベースにした例

カジュアル感特有の高明度や高彩度のトーンをベースとしたなかでも、色相を暖色系に絞ったものは、元気で活発、動きのある「ウォームカジュアル」な印象になります。

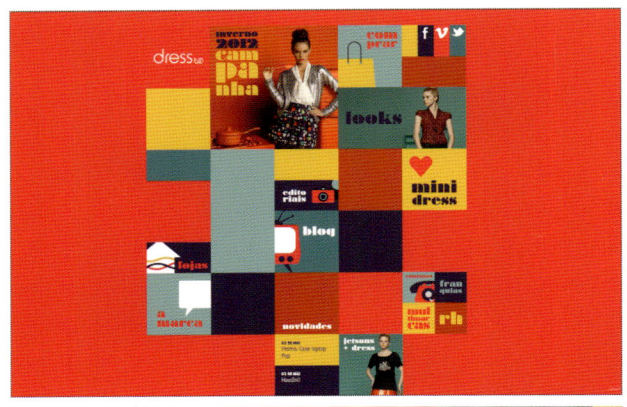

#E72845　c10/m93/y65/k0
#32807F　c80/m42/y52/k0
#F3BD2B　c9/m32/y85/k0

派手なvトーンの赤をベースにした配色です。同じく冴えたイメージの同一〜類似トーンの多色配色を加え、色相のコントラストをつけた元気いっぱいの配色です。純色〜清色を中心に多色配色にすると、カジュアルな印象になります。

● Dress To
URL http://www.dressto.com.br/

#EF7833　c7/m66/y81/k0
#339B4A　c77/m22/y90/k0
#F0CF31　c12/m21/y84/k0

高明度の明るく陽気な暖色系をベースにした配色です。暖色系といっても赤から橙〜黄まですべて入っており、イメージが多彩です。暖色系以外の色相も数多く入っており、美しい多色配色が軽快でカジュアルな印象です。

● Rajkot Web Design Company
URL http://www.webplanex.com/

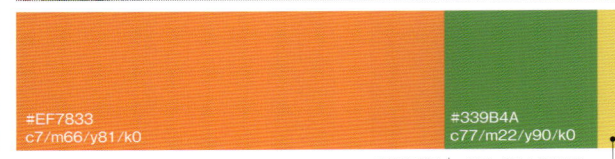

カジュアル感を演出する配色③
寒色系をベースにした例

カジュアル感特有の高明度や高彩度のトーンをベースとしたなかでも、色相を寒色系にしたものは、青空のように爽やかな「クールカジュアル」の印象になります。

#A6D8EC　c39/m5/y8/k0
#78B056　c59/m16/y80/k0
#EEC728　c13/m25/y86/k0

さわやかなltトーンの青系にbトーンも含めた多色を組み合わせた、ライトでカジュアル、楽しげな印象です。同じブルーでもブルーベースだとクールカジュアルに、イエローベースだとウォームカジュアルな印象になりますが、これは後者のイメージです。

●ようこそ！まねきねこダックTOWN
URL http://www.manekinekoduck.jp/

#1F64AD　c87/m61/y10/k0
#EE8817　c8/m58/y91/k0
#FEEB19　c7/m7/y85/k0

明るく鮮やかなvトーンの青をベースとした配色です。明るさのなかにも信頼感や落ち着きのある青ですが、オレンジや黄色をアクセントにあしらうことで、クールカジュアルな印象になっています。多色使いのところもポイントです。

● LAWSON
URL http://www.lawson.co.jp/

※CMYK値は、RGB値をもとにした近似値（参考値）です。

カジュアル感を演出する配色④

中性色(緑)系をベースにした例

カジュアル感特有の高明度や高彩度のトーンをベースとしたなかでも、色相を中性色の緑系に絞ったものはナチュラルな印象になります。

#4A9D36
c73/m22/y100/k0

#F1F9FB
c7/m1/y2/k0

#DF600E | c15/m75/y98/k0

#348B44
c79/m33/y93/k0

#FEF5E5
c1/m6/y13/k0

#DCA14C | c18/m43/y74/k0

中性色の緑系、なかでも高明度・高彩度の黄緑はより明るくなるのでカジュアルな印象が強くなります。また、橙系や黄系、白などとの組合せにすると、より明るく活発な印象になります。
● DPC
URL http://www.dpc-net.ne.jp/

中性色の緑系をベースにカジュアルな印象を出すのは比較的簡単です。このようにベージュ系と組み合わせると、カジュアルななかでもよりナチュラルに近い印象になります。
● Pioneer Records Management
URL http://www.floridadocumentscanning.com/

カジュアル感を演出する配色⑤

中性色(紫)系をベースにした例

カジュアル感特有の高明度や高彩度のトーンをベースとしたなかでも、色相を中性色の紫系に絞ったものはカジュアルなイメージを出しにくいのですが、ともすると斬新な印象になります。

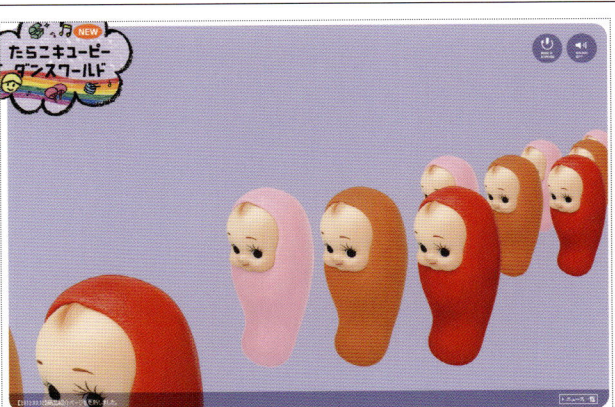

#AFABDA
c37/m34/y0/k0

#BF0208
c33/m100/y100/k1

#EFBAD8 | c8/m37/y1/k0

#CDB9DA
c24/m31/y2/k0

#957AB6
c51/m57/y6/k0

#D62055 | c20/m95/y53/k0

高明度で中～低彩度の紫にはエレガントなイメージがあるので、一般的に紫を使用してカジュアル感を演出するのは難しいのですが、このサイトデザインでは、キャラクターに楽しさと親しみやすさを付加することで、カジュアル感を演出しています。
● たらこキユーピー
URL http://www.kewpie.co.jp/tarako/

中性色の紫でカジュアルな印象を出すのは難しいですが、明度を高くしてライトな印象にしたり、高明度の多色配色を加えたハイコントラスト配色などにするとカジュアルな印象に近づけることができます。
● Dilson Stein Casting Models
URL http://www.dilsonstein.com.br/

※ CMYK値は、RGB値をもとにした近似値(参考値)です。

ゴージャス感（豪華さ）と、シンプル感（素朴さ）

ここでは、ゴージャス感を「豪華さ」、シンプル感を「素朴さ」と捉えて、その相反するイメージの違いを表現するための配色方法を詳しく見ていきます。

ゴージャス感を演出する配色と、シンプル感を演出する配色の基本

ゴージャス感とシンプル感の大きな違いは、彩度の違いです。高彩度になるとゴージャス感の印象が、低彩度になるとシンプル感の印象が強くなります。

ゴージャス感（豪華さ）

高彩度寄りのトーンを選択するとゴージャス感を印象を演出できます。明度を下げると、よりゴージャスな印象になります。

典型的なトーンは、【sトーン】や【dpトーン】【dkトーン】です。色相はあまり問いませんが、【dpトーン】のイエロー（dp8）や、金属色は、ゴージャスなイメージを増加させます。

色数は抑え気味にするのではなく、むしろ多色使いにしたほうがゴージャスな印象になります。また、明度や彩度のコントラストはあまりつけずにローコントラストにしてトーンをまとめるとゴージャスな印象に近づきます。

シンプル感（素朴さ）

低彩度寄りのトーンを選択するとシンプルな印象を演出できます。典型的なトーンは【ltgトーン】や【gトーン】です。また、無彩色（特に中明度から高明度）も使えます。色みを強くしないことで、人の手が加わっていない「素」の状態を連想させることができます。

色相はあまり問いませんが、シンプル感の演出には、自然界に「素」の状態で見られるイエローベース寄りの色が効果的です。特に、綿花や砂、ワラ、干し草のような風合いを感じさせるような色を使用するとシンプル感が増します。色数は絞ったほうがよいです。

また、ゴージャス感同様、明度や彩度のコントラストはあまりつけずにトーンをまとめるとシンプルな印象に近づきます。

なお、「シンプル感」は、「ナチュラル感」と似たイメージとして混同されることもありますが、本書では「シンプル＝素朴」、「ナチュラル＝自然的」として分けて考えています（ナチュラル感の演出方法についてはP.92を参照）。

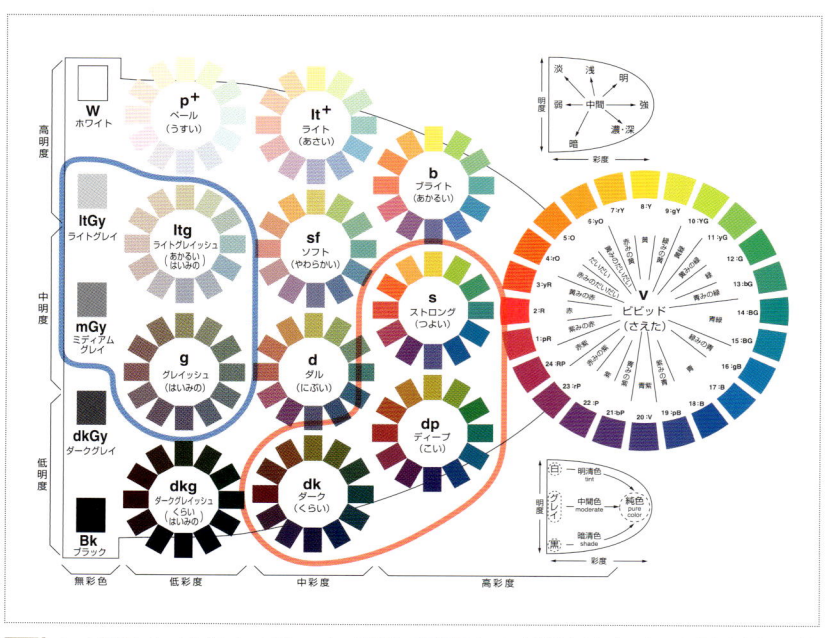

図1：【sトーン】や【dpトーン】、【dkトーン】といった、低明度・高彩度のトーンを選択するとゴージャスな印象を演出でき（赤枠）、【ltgトーン】や【gトーン】といった、高明度・低彩度のトーンを選択するとシンプルな印象を演出できます（青枠）。

表1：ゴージャス感やシンプル感を演出する配色の基本

	ゴージャス感（豪華さ）	シンプル感（素朴さ）
トーン	sやdp、dkといった、高彩度寄りのトーンを選択する	ltgやgや無彩色といった、低彩度寄りのトーンを選択する
色相	dpトーンの黄（dp8）のような黄金色や金属色を加える	綿花や砂、ワラ、干し草のような、自然界に「素」の状態で見られるイエローベース寄りの色を選択する
配色	多色使いのローコントラスト配色にする	色数を絞ったローコントラスト配色にする

図2 ゴージャス感（豪華さ）の配色例

s22	dp8	dp2
dp6	s8	dp20
dp24	dkGy	dp14
dp24	s6	s4

図3 シンプル感（素朴さ）の配色例

ltg22	ltg8	ltg2
ltg6	g8	ltg20
g24	W	ltg14
ltg24	g6	ltg4

ゴージャス感とシンプル感の配色は、色相はまったく同じです。トーンを変えるだけでこれほどまでにイメージを大きく変えることができます。

ゴージャス感を演出する配色①
無彩色をベースにした例

基本的には、無彩色だけでゴージャス感を出すのは困難ですが、黒を効果的に使用するとゴージャス感が増します。また、光と影による陰影や艶感などの上質な質感がわかるようなデザインにすると、ゴージャス感が伝わります。

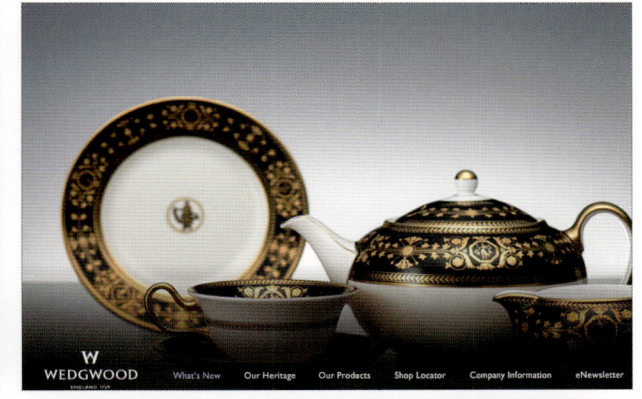

#020202	#006841	#DBA345
c92/m87/y88/k79	c89/m49/y90/k13	c19/m42/y78/k0

無彩色の黒をベースにしていますが、永遠の輝きを彷彿とさせるジュエリーの輝きが、ゴージャスな印象になっています。ゴールドやシルバーなどの金属色や、プラチナなどの宝石色を加えると、よりゴージャスな印象になります。
● BVLGARI
URL http://www.bulgari.com/

#788998	#010001	#DBA566
c60/m43/y34/k0	c93/m88/y88/k79	c19/m41/y63/k0

背景を無彩色のグレイのグラデーション使いにすることで、奥行きを演出しています。背景を無彩色にすることで商品自体に目が行き、食器にあしらわれているゴールドが引き立つことで、ゴージャスな印象になっています。
● WEDGWOOD
URL http://uk.wwrd.com/

ゴージャス感を演出する配色②
暖色系をベースにした例

暖色系をベースにしてゴージャス感（豪華さ）を演出すると、より華やかな印象になります。寒色系や中性色系と比べ、暖色系は比較的ゴージャス感を演出しやすい色相といえます。

#6E040C	#000000	#008234
c52/m100/y100/k37	c93/m88/y89/k80	c85/m37/y100/k1

高彩度で深みのあるdpトーンの赤をベースとした配色です。この色は、カルティエのブランドカラーでもあります。また、dkトーンやBkと組み合わせることで、プレミア感（高級感）も併せ持つ演出となっています。
● Cartier
URL http://www.cartier.com/

#443231	#C0A052	#8F2325
c71/m77/y73/k44	c32/m39/y75/k0	c46/m97/y96/k18

暗く円熟したdkトーンの暖色系をベースにした配色です。ゴールドをイメージさせるようなdpトーンの黄がゴージャス感を追加しています。ブロンズカラーの色みや質感もゴージャス感を追加し、全体的にダイナミックゴージャスな印象です。
● Alexander McQueen
URL http://www.alexandermcqueen.com/

※ CMYK値は、RGB値をもとにした近似値（参考値）です。

ゴージャス感を演出する配色③
寒色系をベースにした例

寒色系をベースにしてゴージャス感（豪華さ）を演出すると、よりクールで落ち着いた印象になります。寒色系は暖色系に比べて多少ゴージャス感を演出しにくい色相ですが、上手にデザインするととても上品なゴージャス感を演出できます。

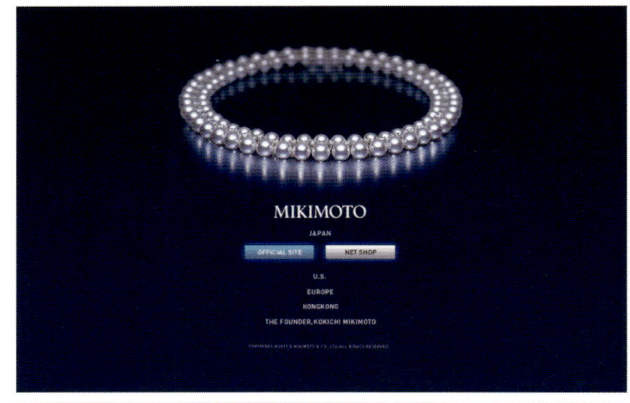

#1C2A51 c97/m94/y51/k23	#9DA9CF c44/m32/y8/k0

#45A3C8 | c70/m24/y18/k0

#1F3B85 c97/m84/y23/k0	#C9C67D c28/m19/y59/k0

#0F1116 | c90/m85/y78/k70

dpトーンの青を基調に、パールシルバーを組み合わせた配色です。色数を削ぎ落として主張が少ない分、素材の質感に目がいきます。低明度の青が、パールの贅沢な輝きをより一層強調して、プレミアム感を演出しています。
● MIKIMOTO
URL http://www.mikimoto.com/

vトーンの青を基調とした配色です。陰影がついた奥行き感で、商品の煌めきや高級感がより際立っています。また、ブルーの補色のイエローがいいアクセントとなり配色全体を引き締めています。
● ROYAL ASSCHER DIAMOND
URL http://www.royalasscher.jp/

ゴージャス感を演出する配色④
中性色（緑）系をベースにした例

中性色の緑系の色相をベースにしたものは、ゴージャスな印象を出しにくいといえます。しかし、明度や彩度を工夫することで、独特な印象を演出することができきます。

#11353B c92/m73/y68/k42	#D8A52E c21/m40/y87/k0

#BB7D57 | c33/m58/y67/k0

#162A15 c87/m69/y98/k59	#AFC48A c39/m15/y54/k0

#EEF0AA | c12/m3/y43/k0

中性色の緑系をベースにしてゴージャスな印象を作るのは難しいですが、このように明度を低くして、ゴールドやブロンズを連想させるような深みのある暖色系などを追加するとゴージャスな印象に近づけることができます。
● Custom Wordpress Theme Designer
URL http://customwordpresstheme.co.uk/

一般的に中性色の緑系をベースにして、ゴージャスな印象を作るのは難しいですが、低明度の陰影をつけて質感へのこだわりを見せたり、ところどころにゴールドのような輝きを見せるとゴージャスな印象に近づけることができます。
● 猿人
URL http://www.en-jin.jp/

※ CMYK値は、RGB値をもとにした近似値（参考値）です。

ゴージャス感を演出する配色⑤

中性色(紫)系をベースにした例

中性色系の色相をベースにしたものは、独特なこだわりのある印象になります。特に、高級感も感じさせる紫系の色相はゴージャス感の演出に適した色相といえます。

#603580　c76/m91/y23/k0
#861A17　c48/m99/y100/k23
#B2672E　c38/m68/y92/k1

深く鮮やかなdp～vトーンの紫系をベースにした配色です。同じように深みのある同一トーンの暖色系を加えています。ローコントラストながらも、主張の強さを感じさせる色によってゴージャス感が演出されています。

● にっぽんと遊ぼう
URL http://www.nippontoasobo.jp/

#390C1C　c69/m95/y75/k60
#9B7A97　c48/m57/y27/k0
#C38B6D　c29/m52/y56/k0

dkgトーンの紫をベースにbトーンの紫が効いています。明度差があり、奥行きと立体感のある配色です。輝きのあるジュエリーやブロンズカラーがよりゴージャスな印象を増強しています。

● BVLGARI cosmesi
URL http://it.bulgari.com/department.jsp?cat=cat00007

シンプル感を演出する配色①

無彩色をベースにした例

無彩色だけでシンプル感を出すのは、ゴージャス感の演出に比べてとても簡単です。黒よりも白の面積が大きいほうが、人の手があまり加わっていない未加工の「素」の一面が感じられ、よりシンプルなイメージに近くなります。

#EEEEEE　c8/m6/y6/k0
#5F5F5F　c70/m62/y59/k10
#C6C6C6　c26/m20/y19/k0

高明度の無彩色をベースに、高明度の無彩色を組み合わせた配色です。色みと色数を極力削ぎ落としたことによって、よりシンプルで素朴なイメージがよく出ています。

● MAQINA
URL http://maqina.co.uk/

#C0CAD1　c29/m17/y15/k0
#144269　c95/m80/y45/k9
#000000　c93/m88/y89/k80

高明度の無彩色をベースにした、シンプルで素朴な配色です。青みを帯びたセメントグレー(コンクリートグレー)のような無彩色は、クールで都会的な印象も少し付加します。

● アーノルドパーマーワールド
URL http://www.renown.co.jp/ap_world/

※ CMYK値は、RGB値をもとにした近似値(参考値)です。

シンプル感を演出する配色②
暖色系をベースにした例

暖色系をベースにしてシンプル感（素朴さ）を演出すると、シンプルななかにも温かみのある印象になります。「素朴」な演出を前面に出したい場合は、もっとも有効な配色の1つといえます。

#C1C5B7　c29/m19/y29/k0
#C2B59C　c29/m29/y39/k0
#7A6958 | c59/m59/y65/k7

ltgトーンの暖色系をベースにしたグレイッシュなトーナル配色です。ナチュラルな素材そのものが持つ風合いの色を生かした、素朴さあふれる印象です。
● MUJI Global
URL http://www.muji.com/

#FAF4F3　c3/m6/y4/k0
#909189　c50/m41/y44/k0
#743F3F | c57/m80/y71/k23

低彩度で高明度のpやltgトーンの暖色系をベースにした配色です。自然の食材そのものが持つ色合いを邪魔しない、素朴でやさしく穏やかな印象です。
● うさぎ屋
URL http://usagiya-yaizu.com/

シンプル感を演出する配色③
寒色系をベースにした例

シンプル感特有の低彩度のトーンを選択したなかでも、寒色系の色相をベースにしたものは、暖色系に比べ、よりシンプルでスッキリとした印象になります。

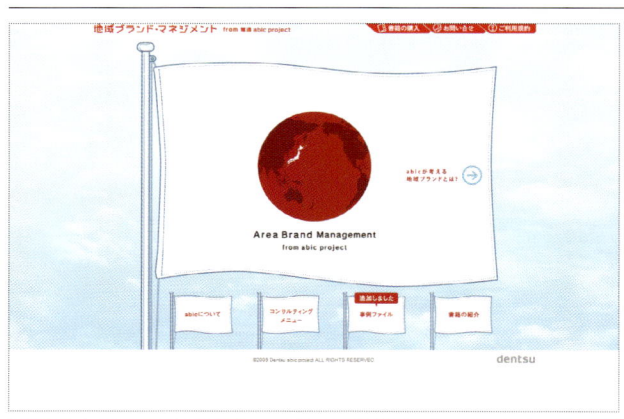

#C2E3F9　c28/m4/y1/k0
#FFFFFF　c0/m0/y0/k0
#B7001B | c36/m100/y100/k2

pトーンの青をベースにした配色です。高彩度が入っていることでコントラストはついていますが、色数を絞っているためシンプル感が出ています。高彩度の色を用いる場合は、この例のように少し面積を抑え目にするのがコツです。
● 地域ブランド・マネジメント
URL http://www.dentsu.co.jp/abic/

#5287A0　c72/m41/y32/k0
#F6F6F6　c4/m3/y3/k0
#0E849E | c82/m39/y34/k0

p〜ltgトーンの青をベースに、sfトーンの青をアクセントに加えた配色です。低彩度中心で、より色数を絞った分、シンプルな印象になっています。色数を絞ってコントラストをあまりつけすぎないことがシンプルさを演出するコツです。
● ART SETOUCHI
URL http://setouchi-artfest.jp/

※CMYK値は、RGB値をもとにした近似値（参考値）です。

シンプル感を演出する配色④

中性色(緑)系をベースにした例

緑系の色相はゴージャスな印象になりにくい分、自然界の素朴な印象に近くなるため、シンプル感(素朴さ)を演出しやすい色相といえます。

#DAD9C2
c18/m13/y26/k0

#FFFFFF
c0/m0/y0/k0

#7D7851 | c59/m51/y75/k4

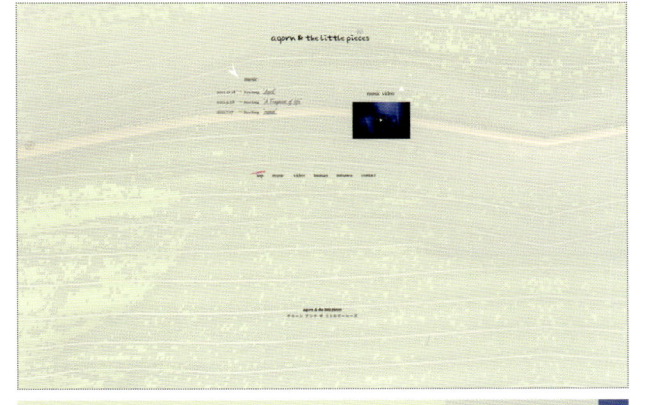

#EAF0CD
c12/m3/y26/k0

#DADDCA
c19/m11/y23/k0

#4263AD | c81/m63/y8/k0

ltgトーンの緑系をベースとした配色です。畳のい草のような色合いのみでまとめ、自然の素朴さとシンプルさを感じさせる配色です。ごく小面積にまとめた赤のアクセントカラーが効いて全体をほどよく引き締めています。
● 中目卓球ラウンジ
URL http://albe.co.jp/

ltgトーンの緑系をベースにした配色です。限りなく彩度を落とすことで、シンプルで素朴な印象になっています。低彩度な色だと、柄や素材感の印象に目が行きやすくなるので、背景の微妙な柄のこだわりをより感じ取ることができます。
● aqorn and the little pieces
URL http://aqornmusic.com/

シンプル感を演出する配色⑤

中性色(紫)系をベースにした例

紫系の色はゴージャスな印象になりやすい分、シンプル感(素朴さ)を演出するのは比較的困難です。紫系を使用する場合は、彩度差やコントラストが強く出ないように注意することが必要です。

#D1D1D1
c21/m16/y16/k0

#714C9C
c68/m78/y8/k0

#B8E1EB | c33/m3/y10/k0

#E9EDF2
c11/m6/y4/k0

#564687
c79/m81/y24/k0

#050101 | c91/m88/y87/k79

紫はゴージャスなイメージを作りやすいため、紫をベースにシンプル感を演出するのは難しいのですが、低明度ではない無彩色と組み合わせてポイントで用いるとゴージャス感を抑えることができ、シンプルなイメージに寄せることができます。
● psdStyle
URL http://www.psdstyle.com/

ごく低彩度の色をベースに、中彩度のdトーンの紫が効いた配色です。紫はゴージャスさを演出しやすい反面、シンプルなイメージは演出しにくいですが、色数を削ぎ落として面積比を抑えることで、シンプルで素朴な印象を演出できます。
● Bicho Malvado
URL http://www.bichomalvado.com/

※ CMYK値は、RGB値をもとにした近似値(参考値)です。

アクティブ＆ダイナミック感（躍動的）と、リラックス＆クール感（沈静的）

ここでは、アクティブ感を「ダイナミックで躍動的」、リラックス感を「クールで沈静的」と捉え、これらのイメージを配色でどのように演出するかについて見ていきます。

アクティブ感を演出する配色と、リラックス感を演出する配色の基本

アクティブ感と、リラックス感の大きな違いは、色相と彩度の違いです。暖色系で高彩度の配色にするとアクティブでダイナミックな印象が強くなり、寒色系で低彩度の配色にするとリラックスでクールな印象が強くなります。

アクティブ感（躍動的）

高彩度寄りのトーンを選択すると、色みの量が増えて、色が強くなる分、アクティブでダイナミックな印象に仕上がります。典型的なトーンは【vトーン】、【bトーン】、【sトーン】などです。なかでも高明度寄りにするとよりアクティブになり、低明度寄りにするとよりダイナミックになります。

また、暖色系の色相を選択すると、よりアクティブでダイナミックな印象になります。暖色系は人間の交感神経に働きかけるため、実際に血流や脈が活発になります。また、色数を増やし、多色使いにしてコントラストをつけたほうがアクティブ＆ダイナミック感は高くなります。

リラックス感（沈静的）

中～低彩度寄りのトーンを選択すると、色みの量が減り、色が弱くなる分、リラックスでクールな印象に仕上がります。典型的なトーンは【ltトーン】、【sfトーン】、【pトーン】、【ltgトーン】などです。

また、寒色系の色相を選択すると、よりリラックスでクールな印象になります。寒色系は人間の副交感神経に働きかけるため、実際に血流や脈がおだやかになります。また、色数を抑え気味にしてローコントラストでまとめたほうがリラックス＆クール感はより一層高くなります。

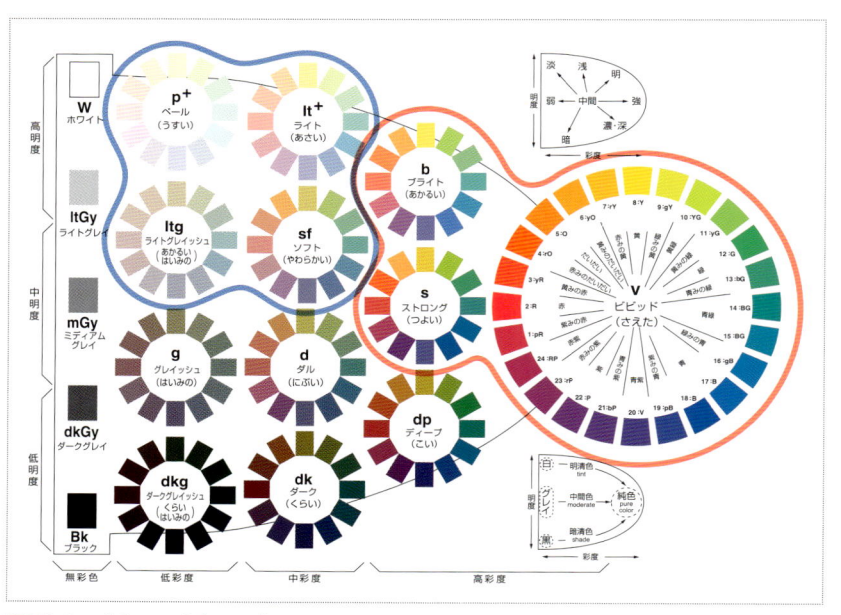

図1 【vトーン】、【bトーン】、【sトーン】といった、高彩度寄りのトーンを選択するとアクティブな印象を演出でき（赤枠）、【ltトーン】、【sfトーン】、【pトーン】、【ltgトーン】といった、低彩度寄りのトーンを選択するとリラックスな印象を演出できます（青枠）。

表1：アクティブ感やリラックス感を演出する配色の基本

	アクティブ感（躍動的）	リラックス感（沈静的）
トーン	v、b、sといった、高彩度寄りのトーンを選択する	lt、sf、p、ltgといった、中～低彩度寄りのトーンを選択する
色相	暖色系の色相を選択すると、アクティブ感が増す	寒色系の色相を選択すると、リラックス感が増す
配色	メリハリのある色相コントラストで動きをつける。多色使いも可	色相にあまりコントラストをつけずにまとめる。色数は少なめがベスト

図2 アクティブ感（躍動的）の配色例

v18　v8　b10
v6　v22　b16
b24　v12　v20
b14　b4　s2

図3 リラックス感（沈静的）の配色例

ltg18　ltg8　sf10
ltg6　p22+　ltg16
ltg24　p12+　lt20+
p14+　p4+　lt2+

アクティブ感とリラックス感の配色は、色相はまったく同じです。トーンを変えるだけでこれほどまでにイメージを大きく変えることができます。

アクティブ感を演出する配色①
無彩色をベースにした例

基本的には、無彩色だけでアクティブ感を演出するのは難しいのですが、左記のような色を組み合わせることで、アクティブな印象を演出することができます。無彩色のなかでは、低明度の黒に近づくとアクティブな印象からよりダイナミックな印象になります。

#0C0C0C　c88/m84/y84/k74
#D62021　c20/m97/y95/k0
#AB3C9B　c43/m86/y0/k0

#040000　c91/m88/y88/k79
#618834　c70/m38/y100/k1
#F5CC1D　c9/m23/y87/k0

無彩色をベースにした配色ですが、高彩度の色を多数組み合わせているため、アクティブでダイナミックな印象になっています。このサイトのように、色数が豊富で彩度が高くなると、カジュアル寄りのアクティブさが出てきます。
● Ray-Ban
URL http://www.ray-ban.com/

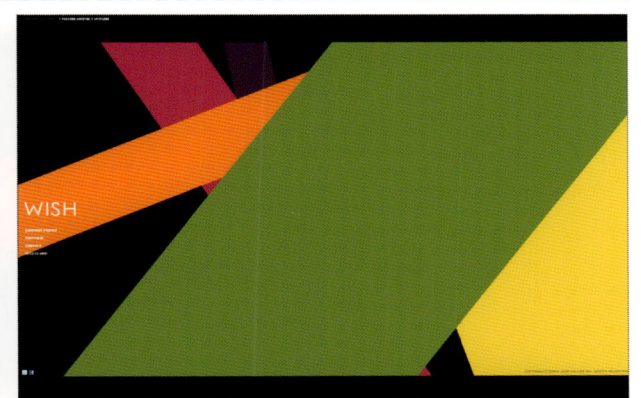

無彩色の黒をベースに、高彩度の多色を大胆にあしらった配色です。明度や彩度のハイコントラスト感のある組合せも、よりアクティブでダイナミックな動きのある印象を付加しています。
●株式会社ウイッシュ
URL http://www.wishweb.org/

アクティブ感を演出する配色②
暖色系をベースにした例

暖色系の色相をベースにしたものは、アクティブなイメージを演出するのにもっとも効果的な配色といえます。色数を多めにして、色相コントラストをつけることでもこのイメージを演出できます。

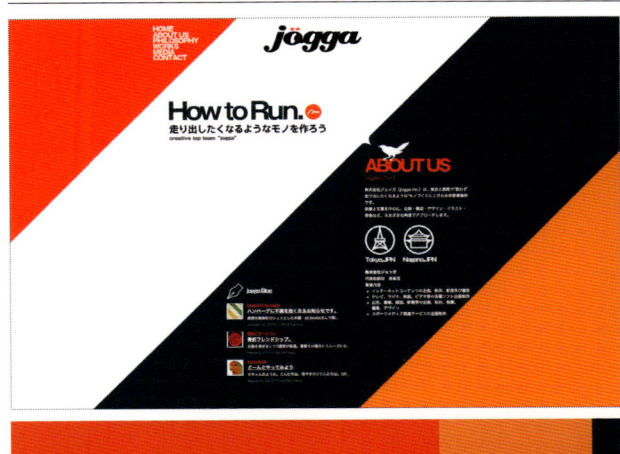

#E71F19　c10/m95/y96/k0
#EC651A　c8/m73/y92/k0
#09202B　c95/m84/y70/k55

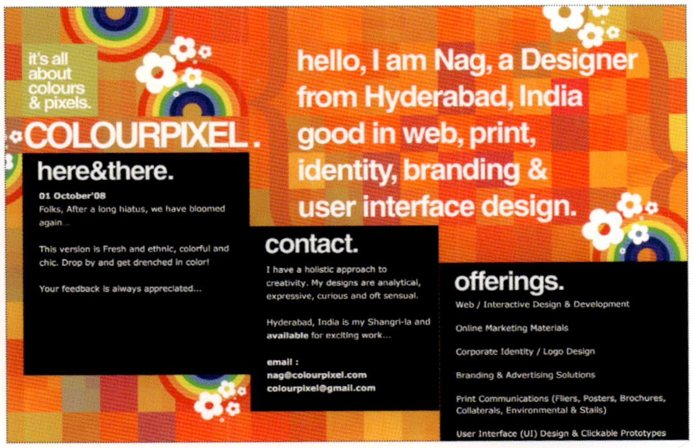

#E6512A　c11/m81/y86/k0
#040000　c91/m88/y88/k79
#F0C423　c11/m27/y87/k0

vトーンの暖色系（赤や橙）がベースの配色です。無彩色との明度コントラストや彩度コントラストもついており、アクティブかつダイナミックな印象です。4色配色ですが、トリコロール配色のような明快さとスッキリさでスポーティな印象も感じます。
●ジョッガ
URL http://jogga.jp/

vトーンの橙系をベースに多色配色をあしらったデザインです。アクティブかつダイナミックであり、カジュアルな印象もあります。にぎやかですが、白抜き文字がいい息抜きになっています。
● Colourpixel
URL http://www.colourpixel.com/

※CMYK値は、RGB値をもとにした近似値（参考値）です。

アクティブ感を演出する配色 ③
寒色系をベースにした例

寒色系の色相をベースにしたものは、アクティブなイメージを演出しにくくなります。なるべく色数を増やしてコントラスト配色にすることで配色に動きをつけ、アクティブ感を出すといいでしょう。

#1DB1DB
c72/m14/y14/k0

#FEFC7C
c8/m0/y59/k0

#000000 | c93/m88/y89/k80

#27A6C9
c74/m21/y20/k0

#E8E536
c18/m6/y83/k0

#D6398E | c21/m88/y11/k0

明るく陽気なbトーンの寒色系をあしらった配色です。ベースカラーになっているCMYの色料の三原色のような配色が明快で、アクティブな印象です。低明度・低彩度の黒で全体が引き締まっており、ダイナミックかつスポーティな印象にもなっています。
● SUPERSTAR
URL http://www.superstar-undoukai.jp/

bトーンの緑みの青がベースの配色です。青系の色だけでアクティブさを出すのは難しいですが、組み合わせた多色のグラデーション配色が、アクティブな動きを追加しています。にぎやかな印象ですが、黒がいい引き締めになっています。
● WebTek
URL http://www.webtek.cz/

アクティブ感を演出する配色 ④
中性色(緑)系をベースにした例

中性色(緑)系をベースにしたものは、明るめにして、かつ色数を増やしてコントラストをつけるなど、配色に動きをつけると良いでしょう。

#BDD94C
c35/m3/y80/k0

#DA192A
c17/m98/y87/k0

#20B8E8 | c70/m10/y9/k0

#B6D343
c38/m5/y84/k0

#42A5DB
c70/m24/y7/k0

#EA6390 | c10/m74/y21/k0

明るいltトーンの黄緑系をベースにした配色です。bトーンやvトーンの高彩度の多色をあしらい、明るく楽しげな印象になっています。黄緑と対照色相の赤を組み合わせることで、コントラストを高くしているところもアクティブらしいポイントです。
● GREENSTYLE Kids Program
URL http://greenstyle-kidspr.com/

vトーンの黄緑系をベースにした配色です。ハイコントラストの多色配色のあしらいがアクティブさを追加しています。また、対照色相に近い赤紫がアクセントとして効果的に使われています。白も入って、明るくカジュアルな印象もあります。
● LOFT
URL http://www.loft.co.jp/

※CMYK値は、RGB値をもとにした近似値(参考値)です。

アクティブ感を演出する配色 ⑤

中性色(紫)系をベースにした例

中性色(紫)系をベースにしたものは比較的アクティブなイメージを演出しにくくなりますが、同様に色数を増やして配色に動きをつけると良いでしょう。

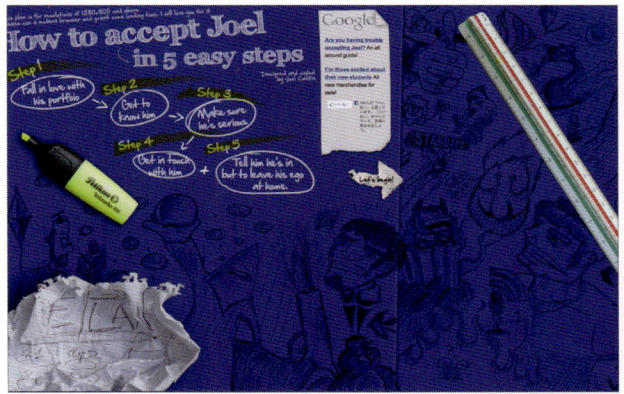

#373687 c91/m91/y18/k0	#192123 c87/m78/y75/k60
	#86A72A ｜ c56/m24/y98/k0

vトーンの青紫系がベースの配色です。この色をメインにアクティブな印象を作るのは難しいですが、対照色相に近い黄緑がアクセントカラーとしていい動きを出しています。また、(小さいですが)赤と緑の補色関係の挿し色もダイナミックな印象の演出に一役かっています。

● Joel Califa's online portfolio
URL http://www.acceptjoel.com/

#D42D63 c21/m92/y43/k0	#97CEDC c45/m8/y15/k0	#040000 c91/m88/y88/k79

vトーンの赤紫系をベースにした配色です。組み合わせた多色配色がアクティブさを追加しています。黒が程よいセパレーションカラーとして配色全体を引き締め、コントラスト感を調整しています。

● Cool T Shirt Design
URL http://cooltshirtdesign.co.uk

リラックス感を演出する配色 ①

無彩色をベースにした例

無彩色を使用してリラックス感を演出する場合は、白をベースにするとそのイメージに近くなります。また、あまりコントラストをつけないほうが、配色がおだやかにまとまり、リラックスでクールな印象になります。

#FFFFFF c0/m0/y0/k0	#93D1F3 c45/m7/y4/k0
	#E4007B ｜ c13/m96/y20/k0

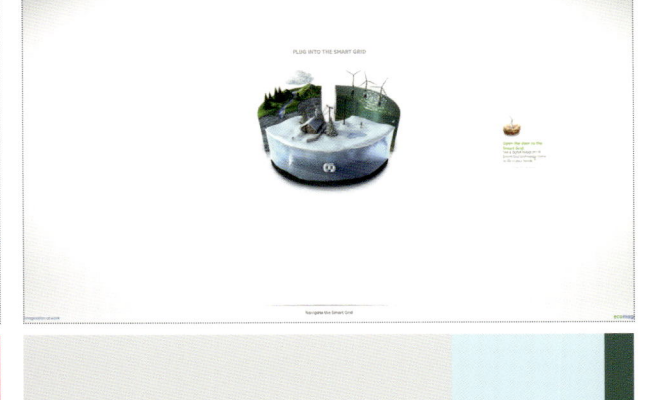

高明度のW(白)をベースとした配色です。低彩度の寒色系との組み合わせでコントラストをあまりつけずにトーンをまとめているため、クールでリラックスした印象になっています。また、アソートカラーと対照色相の赤紫が程よいアクセントカラーとして配色全体を引き締めています。

● Contrex
URL http://www.contrex.co.jp/

#E1E3E2 c14/m9/y11/k0	#CFF0F8 c23/m0/y6/k0
#2F635A ｜ c84/m55/y67/k12	

高明度の無彩色のltGyをベースにした配色です。自然界によくある青や緑でも、爽やかなブルーやクールなグリーンをあしらい、全体を鎮静的な低彩度のブルーベースでまとめた、都会的なリラックス感のある印象です。

● ecomagination
URL http://www.ecomagination.com/

※ CMYK値は、RGB値をもとにした近似値(参考値)です。

リラックス感を演出する配色②
暖色系をベースにした例

暖色系をベースにリラックス＆クール感（沈静的）なイメージは演出しにくいのですが、彩度を抑えるか、もしくはブルーベースのクールな暖色系を選ぶなどすると、リラックス感を演出することができます。

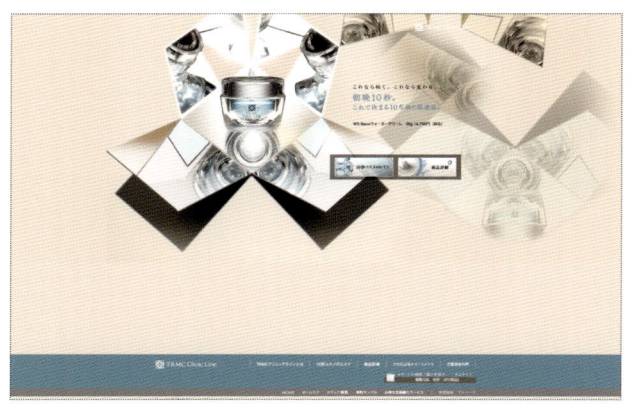

#EBDDD3	#5B92A4
c10/m15/y16/k0	c68/m35/y32/k0

#948878 | c49/m46/y52/k0

#FBE3AC	#BECCE2
c4/m14/y38/k0	c30/m17/y6/k0

#2E4D75 | c89/m75/y41/k4

高明度で低彩度のltgトーンの暖色系がベースの配色です。暖色系でリラックス感のある印象を作るのは難しいですが、このように低彩度にすると印象がかなり穏やかになります。加えて、寒色系をプラスするとより一層クール感が増します。
● TRMC クリニックライン
URL http://www.trmc-cl.jp/

高明度で低彩度のpトーンの黄系をベースにした配色です。黄色という色相も活発な印象ですが、このように彩度を下げると強さをかなり和らげることができます。ともに加えた寒色系がより沈静効果と弛緩効果を高めています。
● Dental Website Design
URL http://www.prodentalwebdesign.com/

リラックス感を演出する配色③
寒色系をベースにした例

リラックス感特有の低彩度なトーンのなかでも、寒色系の色相をベースにしたものは、暖色系の色相をベースにしたものと比べ、よりリラックス＆クール感を演出しやすくなります。

#C4E8F7	#DCBF96
c27/m1/y4/k0	c18/m28/y43/k0

#673235 | c58/m84/y73/k33

#DDF0F6	#51B4E5
c17/m2/y4/k0	c64/m16/y7/k0

#75A64A | c61/m22/y86/k0

優しいpトーンの青をベースにした配色です。沈静効果の高い寒色系だけではなく、このように暖色系を加えることで、クール感だけではなく、リラックス感も演出できます。クールダウンとエネルギーチャージのイメージです。
● CSM Bakery Products NA
URL http://csmfoodservice.com/

軽くあっさりしたペールトーンの青系をベースとした配色です。ブルードミナントのグラデーションで優しい印象ですが、トーンオントーンの軽快なリズムも感じさせます。アクセントのグリーンがエコらしく、クール感とリラックス感を両方感じる配色です。
● AIR CITY
URL http://aircity.daikin.com/

※ CMYK値は、RGB値をもとにした近似値（参考値）です。

リラックス感を演出する配色④

中性色(緑)系をベースにした例

中性色のなかでも、緑系は自然界をイメージさせるので、リラックスなイメージを演出しやすい色相といえます。

#EFF4DA
c10/m2/y20/k0

#9DB886
c46/m19/y55/k0

#C1BC33 | c33/m22/y88/k0

#CCEDBF
c26/m0/y34/k0

#D5EEED
c21/m0/y10/k0

#529B14 | c71/m24/y100/k0

高明度・低彩度のpトーンの黄緑系がベースの配色です。緑系は自然界に多く見られるので、リラックス効果の高い色相ですが、このようなトーンにするとより優しく穏やかで弛緩効果が高くなります。同系色相のグラデーションでまとめているところもポイントです。
● 株式会社クレストデンタルアート
URL http://crestdentalart.com/

高明度・低彩度のltgトーンの緑系がベースの配色です。これだけでもリラックス感がありますが、低彩度の寒色系の青系を追加することでよりクールで鎮静効果が高くなります。
● Afternoon Tea
URL http://www.afternoon-tea.net/

リラックス感を演出する配色⑤

中性色(紫)系をベースにした例

リラックス感特有の低彩度なトーンのなかでも、中性色の紫系を使用する場合は、トーンを高明度・低彩度にすることが大切です。すると、ラベンダーのような色になり、リラックス効果が倍増します。

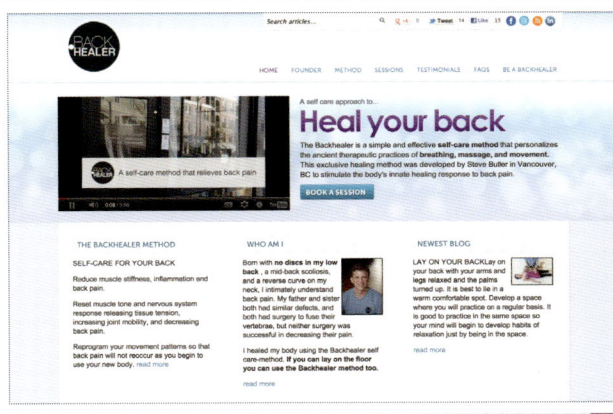

#D6DDF0
c19/m12/y1/k0

#CAE5F5
c25/m5/y3/k0

#7C4195 | c64/m84/y8/k0

#C9C6CF
c25/m21/y14/k0

#D6CFBD
c20/m18/y27/k0

#3C2F5D | c88/m93/y46/k13

高明度・低彩度のpトーンの紫系をベースにした配色です。同一トーンの青系までつなげた色相グラデーションが美しく、リラックス感とクール感の両方が、非常に高くなっています。彩度を少し上げた紫も、上品なアクセントになっています。
● The Backhealer.com
URL http://www.thebackhealer.com/

高明度・低彩度のltgトーンの紫系をベースにした配色です。ltgの同一トーンの暖色系(ベージュ)と組み合わせてナチュラル(素朴)で優しい印象にもなっています。また少しグレイッシュなパープルがアクセントとなりつつも全体をドミナントトーンで美しくまとめています。
● agete
URL http://www.agete.com/

※CMYK値は、RGB値をもとにした近似値(参考値)です。

モダン感(現代的)と、レトロ感(懐古的)

ここでは、モダン感(アップトゥデート感)を「現代的」、レトロ感(クラシック感)を「懐古的」と捉えて、これらのイメージを配色でどのように演出するかについて見ていきます。

モダン感を演出する配色と、レトロ感を演出する配色の基本

モダンな印象を与える配色と、レトロな印象を与える配色のもっとも大きな違いは、清色(明清色+暗清色)であるか、中間色(濁色)であるかという点、または配色のコントラストの違いです。

ただし、モダンという概念は、時代と共に変化していくので、常にアップデートしていく必要があります。また、「レトロ」と似ているキーワードに「クラシック」などがあります。なお、「シック」というキーワードになると、ゴージャスと反対のイメージに近くなり、モダンな印象に近い位置になります。(ゴージャスについてはP.74参照)

モダン感(現代的)

無彩色や、明清色や暗清色の濁りのないトーンを選択するとモダンでアップトゥデートな印象になります。典型的なトーンは、【W(白)】、【Bk(黒)】、【pトーン】、【dkgトーン】、【vトーン】などです。また、全体をハイコントラストな配色にするとよりモダンな印象になります。

色相はあまり問われませんが、色数を減らしたほうがモダンな印象は強くなります。また、ブルーベースの色でまとめるとよりモダン感を演出しやすくなります。また、色相差やトーン差を離して対照系の色相(対照色相、補色色相)や、対照系のトーン(対照トーン)にすると効果的です。

レトロ感(懐古的)

白や黒以外の無彩色や、明度や彩度が低めの中間色(濁色)を選択するとクラシックでレトロな印象になります。典型的なトーンは【ltGy】、【mGy】、【ltgトーン】、【gトーン】、【dトーン】などです。また、全体をローコントラストな配色にすると効果的です。

色相はあまり問われませんが、イエローベースの色でまとめるとよりレトロ感を演出しやすくなります。また、色相差やトーン差を離さずに同系の色相(同一色相、隣接色相、類似色相)や、同系のトーン(同一トーン、類似トーン)にすると効果的です。また、明度をさらに低くするとレトロからよりクラシカルな印象になります。

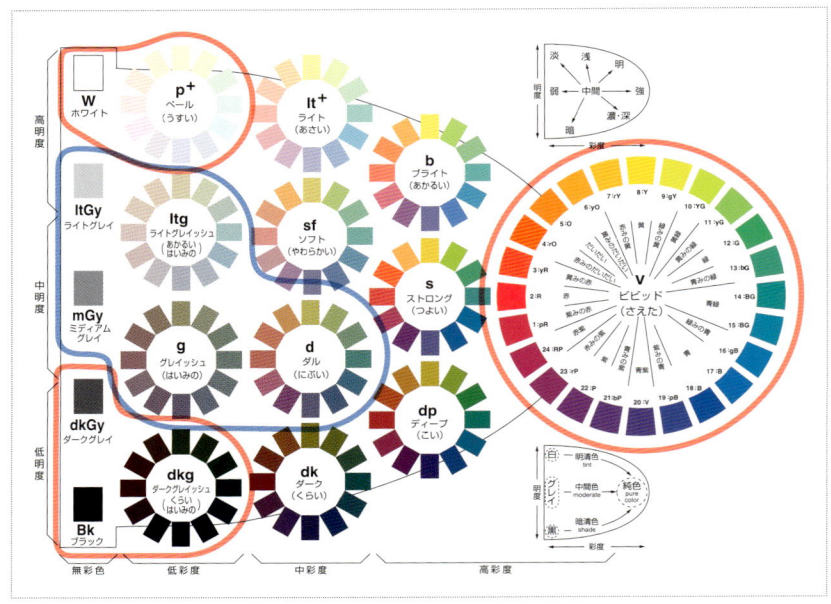

図1 【W(白)】、【Bk(黒)】、【pトーン】、【dkgトーン】、【vトーン】などを選択すると、モダン感やアップトゥデート感を演出でき(赤枠)、【ltGy】、【mGy】、【ltgトーン】、【gトーン】、【dトーン】などを選択するとクラシック感やレトロ感を演出できます(青枠)。【dpトーン】や【dkトーン】にするとよりクラシカルな印象になります。

表1:モダン感やレトロ感を演出する配色の基本

	モダン感(現代的)	レトロ感(懐古的)
トーン	W(白)、Bk(黒)などの無彩色や、v などの濁りのないトーンを選択する	ltGy、mGyといった無彩色や、ltg、g、dといった、明度や彩度が低めの中間色(濁色)を選択する。明度をさらに下げると、レトロからクラシカルな印象になる
色相	色数を減らし、ブルーベースの色でまとめる	イエローベースの色でまとめる。色数は多くてもOK
配色	色数を絞ってハイコントラストの配色にする	色数多めでもOK。ただし、ローコントラストの配色にする

図2 モダン感(現代的)の配色例

dkGy / v8 / W
v2 / ltGy / Bk
W / v16 / v9
v14 / v23 / v20

図3 レトロ感(懐古的)の配色例

mGy / ltg8 / ltGy
d2 / ltGy / mGy
ltGy / ltg16 / ltg14
ltg14 / g22 / ltg20

モダン感を演出する配色①

無彩色をベースにした例

無彩色をベースにした配色でモダン（現代的）な印象を制作する場合、無彩色の組合せでは、明度差をとったハイコントラストな配色を意識し、高彩度の有彩色をアクセントカラーとして用いると効果的です。有彩色を使用する場合は、ブルーベースの色を選択するとより効果的です。

#000000　c93/m88/y89/k80
#D7387C　c20/m89/y26/k0
#57A898 | c67/m19/y46/k0

#FFFFFF　c0/m0/y0/k0
#3B3633　c76/m73/y73/k43
#BB4049 | c34/m87/y68/k0

シックなBk（黒）をベースにした配色です。高彩度のvトーンの赤紫やbトーンの青緑を加えてハイコントラストの配色にしています。心理四原色ではなく、それらの中間色相をうまく使って、全体をブルーベースのクールな印象にまとめているところが、モダンな印象になっているポイントです。

● Douglas Menezes Design
URL http://douglasmenezes.com/wp/

無彩色のW（白）をベースに、同じく無彩色のBk（黒）や高彩度の赤を効かせた、明度・彩度ともにハイコントラストの配色です。色数を絞って、余分なものを削ぎ落し、シンプルかつハイコントラストの明快な印象にしているところがモダンな印象になっているポイントです。

● Normann-Copenhagen
URL http://www.normann-copenhagen.com/

モダン感を演出する配色②

暖色系をベースにした例

モダンな印象の演出において、暖色系や寒色系、中性色系といった色相の種類はあまり問われません。色数を絞って高明度の清色と低明度の清色中心のハイコントラスト配色や、高彩度の純色と低彩度の無彩色のハイコントラスト配色にすることがモダン感のポイントになります。

#EC342F　c7/m91/y81/k0
#EAE9E7　c10/m8/y9/k0
#090909 | c89/m85/y85/k76

#EFE538　c14/m7/y82/k0
#E2E0E2　c13/m12/y9/k0
#040404 | c91/m87/y87/k78

最高彩度のvトーンの赤にハイコントラストの無彩色を加えたスッキリとしたトリコロール配色です。シンプルで明快な印象がモダンなイメージにもつながっています。右上の例とは面積比違いですが、同じような色使いでも分量を変更することで、全体のイメージを変えることができます。

● POPA
URL http://thisispopa.com/

最高彩度のvトーンの黄に、同じくハイコントラストの無彩色を加えたトリコロール配色です。左の例の配色バランスと同じですが、同じ暖色系でも、最高彩度の分、色相が異なるととりわけイメージが変わります。いずれにしても、これらのように暖色系でもクールなものをを選ぶと、よりモダンな印象になります。

● Helveticons
URL http://helveticons.ch/

※ CMYK値は、RGB値をもとにした近似値（参考値）です。

モダン感を演出する配色 ③

寒色系をベースにした例

モダンな印象の演出において、暖色系や寒色系、中性色系といった色相の種類はあまり問われませんが、寒色系を選ぶとよりクールモダンな印象になります。

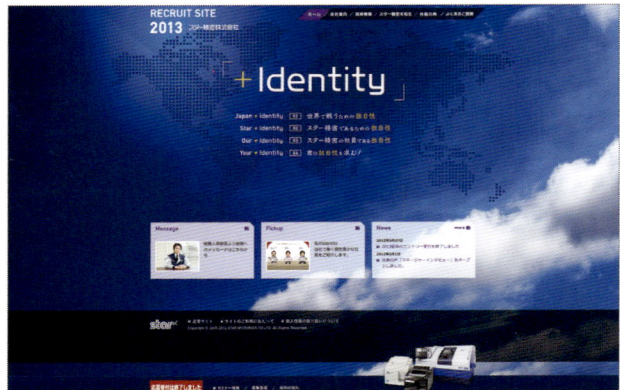

#5ACBE4　c60/m1/y15/k0
#000000　c93/m88/y89/k80
#EEE1D2　c8/m13/y18/k0

明るく鮮やかなbトーンの緑みの青がベースの配色です。無彩色とのハイコントラストが明快で、トリコロールのような爽快、かつモダンな印象になっています。色数を削ぎ落としているところもモダンな印象につなげるポイントです。
● digitz
URL http://www.digitz.fr/

#162F85　c100/m94/y22/k0
#BDCAE5　c30/m18/y4/k0
#A12528　c42/m97/y96/k9

最高彩度の鮮やかなvトーンの青がベースの配色です。同系色相の青と明度や彩度のコントラストがついているためモダンな印象になっています。また、少量の赤がアクセントカラーとなって配色全体を引き締めています。
● スター精密株式会社
URL http://www.star-m.jp/recruit/

モダン感を演出する配色 ④

中性色(緑)系をベースにした例

中性色(緑)系をベースにモダン感を演出する場合も、ハイコントラスト配色を意識します。蛍光発光的な緑や、クールな緑を選ぶと、よりモダンな印象になります。

#BED147　c35/m9/y82/k0
#DDE3E6　c16/m9/y9/k0
#1D1F16　c82/m76/y87/k65

最高彩度の鮮やかなvトーンの黄緑とハイコントラストが効いたモダンな配色です。ナチュラルなイメージのイエローベースの黄緑ですが、このように蛍光色の発色のようなクールな黄緑を選ぶと、自然界というよりモダンで都会的な印象になります。
● Duffy & Partners
URL http://www.duffy.com/

#DFFFFF　c15/m0/y5/k0
#239B83　c77/m23/y57/k0
#111111　c87/m83/y82/k72

淡いpトーンの青緑系をベースにした配色です。緑系でも青みに触れると寒色系の領域なのでかなりクールな印象です。トーンオントーンで動きをつけ、無彩色とのハイコントラスト配色でモダンな雰囲気になっています。蛍光色的な発色も重なってハイテク感も感じさせる配色です。
● クライムプロダクツ株式会社
URL http://www.climb-pro.jp/

※ CMYK値は、RGB値をもとにした近似値(参考値)です。

モダン感を演出する配色⑤

中性色(紫)系をベースにした例

中性色(紫)系をベースにモダン感を演出する場合も、ハイコントラスト配色を意識します。紫系を使用すると日常とはかけ離れた、独特なモダンの印象になります。

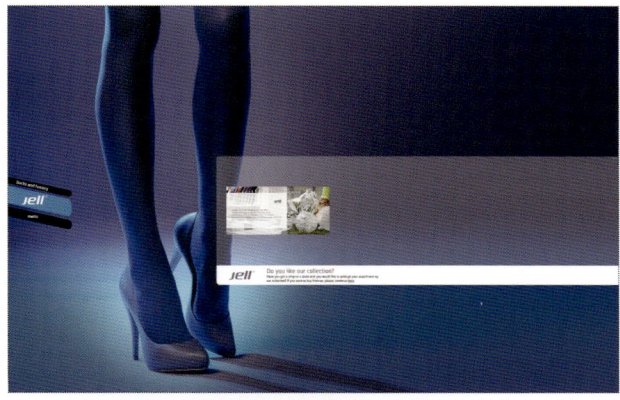

#24253E | c91/m90/y59/k40
#74B3CA | c58/m19/y19/k0
#FFFFFF | c0/m0/y0/k0

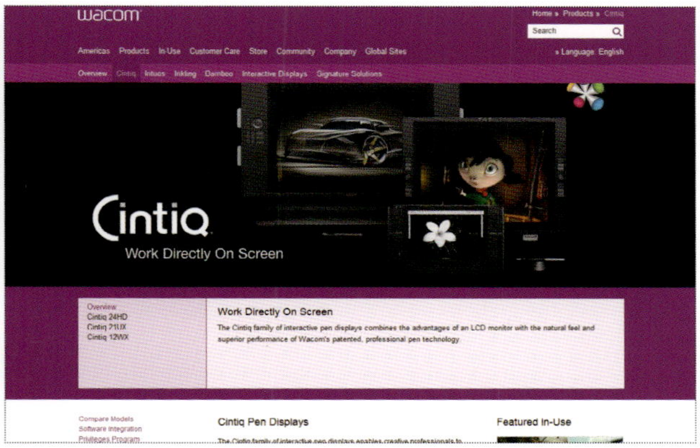

#8C1274 | c58/m100/y27/k0
#000000 | c93/m88/y89/k80
#E7CEE2 | c11/m24/y2/k0

青に近い青紫系がベースの配色です。全体的にクールな色相がモダンなイメージになっています。青紫から緑みの青までを色相グラデーションでまとめていますが、これらをリズミカルに区切ると、モダンな印象に近づけることができます。
● Jell
URL http://www.jell.cz/#/en

最高彩度のvトーンの赤みの紫をベースにした配色です。白や黒といった明度コントラストがついた無彩色との組み合わせによって、明快でモダンな印象になっています。全体的にもブルーベースでまとまっており、都会的な印象です。
● wacom
URL http://wacom.com/

レトロ感を演出する配色①

無彩色をベースにした例

無彩色の色をベースにした配色でクラシック感やレトロ感を演出する場合は、中明度の無彩色を中心にローコントラストの配色でまとめます。

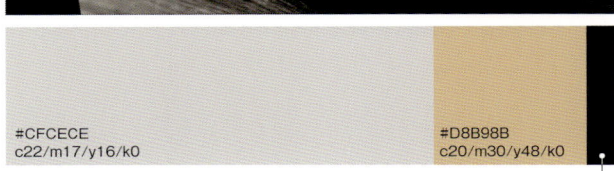

#CFCECE | c22/m17/y16/k0
#D8B98B | c20/m30/y48/k0
#040000 | c91/m88/y88/k79

#D1CDC4 | c22/m18/y22/k0
#36261A | c72/m77/y88/k57
#FC551F | c0/m80/y87/k0

無彩色のltGyをベースにした配色です。ハイコントラストではなく、無彩色のやさしい明度グラデーションが、クラシックでレトロな印象です。多少明度差もあるのでモダンな印象を残しつつも、彩度差をつけていないので、全体的にノスタルジーな雰囲気にまとまっています。
● McCafe
URL http://www.mcdonalds.com.tw/mccafe/

無彩色のltGyに近い、低彩度のltgトーンをベースにした配色です。ltgと同系色相、同系トーンのグレイベージュを合わせ、ブラウンやブラックで多少明度差をつけています。また、橙をアクセントカラーとして効かせています。全体的にイエローベースでグレイッシュな印象が、クラシックでレトロな雰囲気を演出しています。
● Trailer Park Truck
URL http://www.trailerparktruck.com/

レトロ感を演出する配色②
暖色系をベースにした例

暖かみを感じさせる暖色系は、明度や彩度を抑えたグレイッシュなトーンにすることで懐古的なレトロ感を演出できます。イエローベースにするとなおさらです。

#E9E2BF
c12/m11/y30/k0

#992F28
c44/m93/y95/k12

#573920 | c62/m74/y93/k41

#DA8246
c18/m59/y75/k0

#F9E9CD
c4/m11/y23/k0

#3E7F9B | c77/m44/y33/k0

ltgトーンの黄系をベースに、暖色系の深い赤や茶を加えた、まとまりのある配色です。一部に高彩度のトーンも使っていますが、色相差やコントラストなどのトーン差があまりついていないため、レトロな印象になっています。

● ミリカンパニーリミテッド
URL http://www.milli-coltd.com/

dトーンをベースにした配色です。黒にほど近いdkGyなどを組み合わせているため、多少のコントラストがついていますが、有彩色を暖色系でまとめたり、アクセントカラーを少量にしているため、レトロな印象になっています。

● ZERO
URL http://www.getzeroapp.com/

レトロ感を演出する配色③
寒色系をベースにした例

色相の種類に限らず、低彩度でローコントラストのグラデーション的な配色は、レトロ感の演出に適しています。なかでも寒色系の色相をベースにしたものは静的な色である分、暖色系よりも落ちついている感じを強く演出できます。

#123C64
c97/m84/y46/k11

#7790A3
c60/m39/y30/k0

#D77936 | c20/m63/y83/k0

#AAC2D3
c39/m18/y14/k0

#40382E
c73/m71/y78/k44

#598039 | c72/m42/y97/k3

dpやd、sfトーンなどの青系で色相をまとめた配色です。一部高彩度のトーンも使われていますが、明度差や彩度差があまりつかないように、グラデーション的にまとめているため、クラシックな印象になっています。また、白や黒を上手に使用して、白黒テレビのような雰囲気を演出しているところもポイントです。

● Tebays
URL http://www.tebays.co.uk/

低彩度のltgトーンの青をベースにした配色です。自然界によく見かけるような茶や緑によって、ナチュラルな印象になっています。明度や彩度を抑えめにして、穏やかなトーンでまとめているところがポイントです。全体的には、クラシックでノスタルジーな雰囲気に仕上がっています。

● Envira Media Inc
URL http://enviramedia.com/

※CMYK値は、RGB値をもとにした近似値（参考値）です。

レトロ感を演出する配色④

中性色（緑）系をベースにした例

中性色（緑）系を使用する場合は、トーンを抑えることが重要です。また、青みに振った緑を選択すると、都会的な印象にもなります。

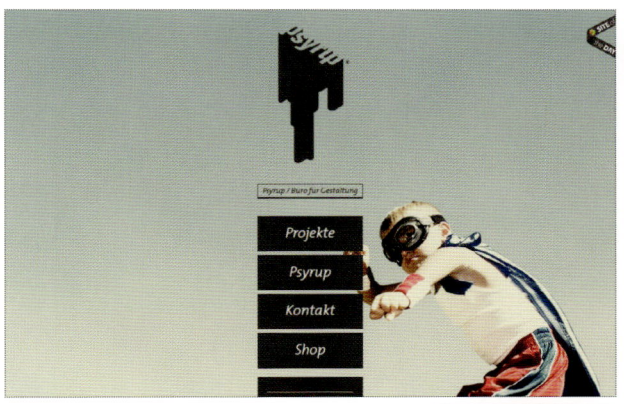

#B7C4B3　c34/m18/y31/k0
#212121　c83/m78/y77/k60
#E47368 ｜ c13/m68/y52/k0

#8FCBBC　c49/m7/y33/k0
#E8E3CE　c12/m11/y22/k0
#BFC94F ｜ c34/m14/y79/k0

低彩度の ltg トーンの緑系がベースになっている配色です。一部無彩色とのコントラストが効いていますが、面積がそれほど大きくないため、全体的にはレトロな雰囲気になっています。このように配色においては、面積比を考えることも重要なポイントです。
● Psyrup
URL http://www.psyrup.com/

同じく低彩度の p トーンの緑系がベースの配色です。黄緑や黄、橙など、多くの色相が含まれているため、多少モダンな印象もありますが、高彩度の色を控えめにしているので、全体的にはレトロな印象になっています。
● Clearideaz
URL http://clearideaz.com/

レトロ感を演出する配色⑤

中性色（紫）系をベースにした例

中性色（紫）系を使用する場合は、トーンを抑えます。紫系を使用するとレトロのなかでも、個性的な印象になります。

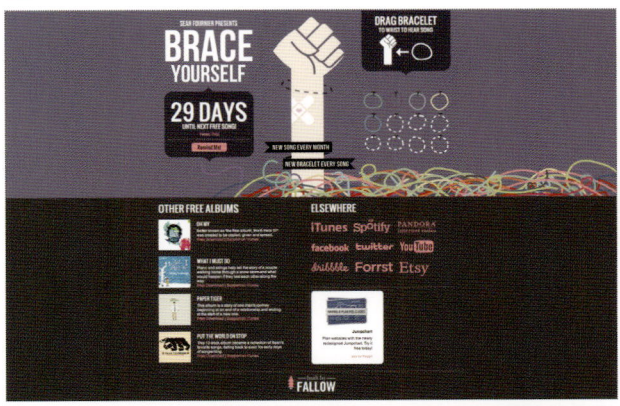

#6D677C　c67/m62/y42/k1
#383838　c78/m72/y70/k41
#7A9C95 ｜ c58/m31/y42/k0

#923361　c53/m92/y47/k2
#9D9B72　c46/m36/y59/k0
#D3C4B7 ｜ c21/m24/y27/k0

低明度・低彩度の g トーンの紫系をベースにした配色です。同じ紫系のトーンオントーン配色に多色を組み合わせてリズム感を演出していますが、全体的に低彩度のトーンでまとまっているので、クラシックでレトロな雰囲気になっています。
● Sean Fournier
URL http://sean-fournier.com/

中性色の赤紫と黄緑による色相差のあるコントラスト配色です。ベージュ系を用いることで対照色相によるコントラスト感を弱めています。また、高彩度になりすぎないようにトーンを抑えているため、レトロな印象になっています。
● C-Graphics
URL http://ceegraphics.com/

※ CMYK 値は、RGB 値をもとにした近似値（参考値）です。

アーバン感（都会的）と、ナチュラル感（自然的）

ここでは、アーバン感を「都会的」、ナチュラル感を「自然的」と捉えて、これらのイメージを配色でどのように演出するかについて見ていきます。

アーバン感を演出する配色と、ナチュラル感を演出する配色の基本

アーバン（都会的）な印象を与える配色と、ナチュラル（自然的）な印象を与える配色のもっとも大きな違いは、色相と配色のコントラストです。

配色をハイコントラストやコンプレックスハーモニーにすると都会的な印象になり、ローコントラストやナチュラルハーモニーにすると自然的な印象になります。また、配色をブルーベースでまとめるとよりアーバン（都会的）に、イエローベースでまとめるとよりナチュラル（自然的）になります。

アーバン感（都会的）

都会的な印象を演出する場合、トーンはあまり問われませんが、高明度・高彩度寄りの【vトーン】や【bトーン】などを選択するとより都会的な印象になります。

また、配色をコンプレックスハーモニー（P.45）や、ハイコントラストにすると、都会的な印象は強くなります。

色相は、ブルーベースの色でまとめると都会的な印象を演出しやすくなります。ブルーベースの色相を選ぼうとすると、必然的に各トーンの色相環の下半分を選択することになります。

ナチュラル感（自然的）

ナチュラルな印象を演出する場合も、トーンはあまり問われませんが、中明度で中〜低彩度寄りの【sfトーン】、【dトーン】、【ltgトーン】、【gトーン】などを選択するとよりナチュラルな印象になります。

また、配色をナチュラルハーモニー（P.44）や、ローコントラストのグラデーションにすると、ナチュラルな印象は強くなります。

色相は、イエローベースの色でまとめるとナチュラルな印象を演出しやすくなります。イエローベースの色相を選ぼうとすると、必然的に各トーンの色相環の上半分を中心に選択することになります。

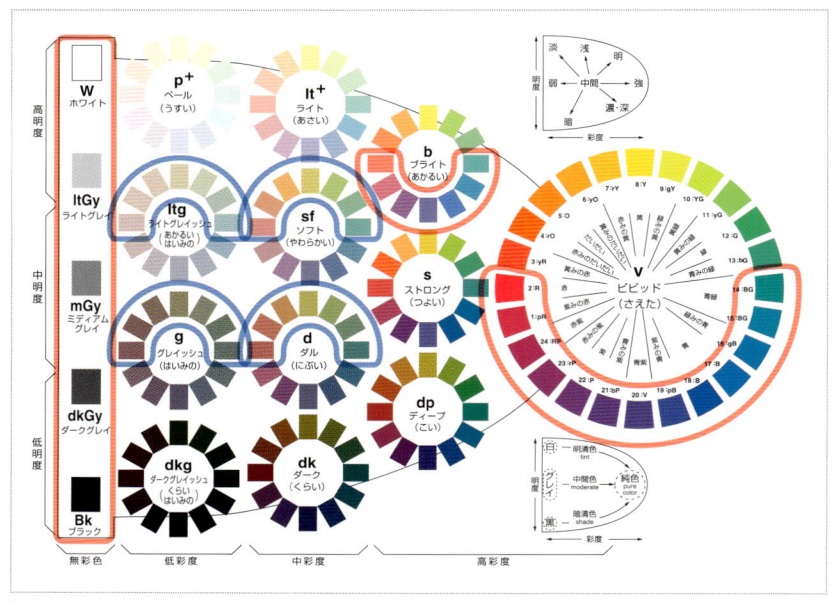

図1 高明度・高彩度寄りの【vトーン】や【bトーン】などを選択するとアーバン感を演出でき（赤枠）、中明度で中〜低彩度寄りの【sfトーン】、【dトーン】、【ltgトーン】、【gトーン】などを選択するとナチュラル感を演出できます（青枠）。

表1：アーバン感やナチュラル感を演出する配色の基本

	アーバン感（都会的）	ナチュラル感（自然的）
トーン	vやbといった、高明度・高彩度寄りのトーンを選択する	sf、d、ltg、gといった、中明度で中〜低彩度寄りのトーンを選択する
色相	ブルーベースの色でまとめる	イエローベースの色でまとめる
配色	ハイコントラスト配色や、コンプレックスハーモニーにする	ローコントラスト配色や、ナチュラルハーモニーにする

図2 アーバン感（都会的）の配色例

Bk	W	v19
b22	ltGy	v9
b24	v14	b20
v5	W	Bk

図3 ナチュラル感（自然的）の配色例

dk6	ltg6	g12
g22	ltGy	sf8
ltg2	ltg10	ltg22
d6	ltg8	g6

アーバン感を演出する配色①

無彩色をベースにした例

無彩色をベースにした配色は、アーバン（都会的）な印象の演出にも適しています。アーバン感を前面に出したい場合は、色数を抑え気味にし、高彩度のアクセントカラーを加えてハイコントラストにすると効果的です。

#FFFFFF
c0/m0/y0/k0

#D9DE6B
c23/m8/y68/k0

#30B3CA | c71/m12/y24/k0

#000000
c93/m88/y89/k80

#E62019
c11/m95/y96/k0

#179D79 | c78/m20/y63/k0

無彩色のW（白）をベースにした配色です。赤・黄・緑・青などの基本色相の中間にある黄緑や青緑などを上手にあしらった感じが、洗練された都会的な印象を醸し出しています。全体的にクールな印象にまとまっていることもアーバン感を出すポイントです。
● Normann-Copenhagen
URL http://www.normann-copenhagen.com/

Bk（黒）をベースにした配色です。ブルーベースの赤や、その補色の青緑がアクセントカラーとして効いているため、全体的に都会的な印象です。加えてdpトーンの暖色系も入っているので、銀座ならではの伝統的な要素も感じられます。
● LE CAFE DOUTOR
URL http://www.doutor.co.jp/lcd/

アーバン感を演出する配色②

暖色系をベースにした例

暖色系の色相をベースにしたものは、アーバンでも活動的な印象になります。暖色系のなかでも、クールなブルーベースの色を選ぶと、よりアーバンな印象に近づけることができます。

#D33637
c21/m91/y79/k0

#D8D8D8
c18/m14/y13/k0

#1F2653 | c98/m98/y49/k21

#D33637
c2/m4/y15/k0

#F8F638
c11/m0/y79/k0

#282804 | c79/m72/y100/k59

鮮やかな高彩度のvトーンの赤をベースにした配色です。無彩色や、赤と対照色相の青をあしらって、トリコロール配色の明快さも出ています。全体的にブルーベースのクールカラーでまとまった都会的な印象です。
● Campari.com
URL http://www.campari.com/int/en/

ベースは淡いpトーンの黄なのですが、vトーンの黄がポイントになった配色です。ベースは暖色系の黄色ですが、ポイントが強い蛍光色をともなった青みよりの黄色なので、ブルーベースならではのクールで都会的な印象になっています。
● Maillot Jaune
URL http://jewel-mj.jp/

※ CMYK値は、RGB値をもとにした近似値（参考値）です。

アーバン感を演出する配色③
寒色系をベースにした例

寒色系の色相をベースにしたものは、ビジネス感や機能性の高い印象になります。寒色系のなかにはブルーベースの色の割合が多いため、暖色系よりも都会的な印象は演出しやすいといえます。

#0C4FB1 c93/m72/y0/k0	#B0C9EC c36/m17/y1/k0	#1D1E1F c84/m79/y77/k62

#8ED0EC c47/m6/y8/k0	#EFEFEE c8/m6/y6/k0	#000000 c93/m88/y89/k80

vトーンの青系をベースにした配色です。青を明るくしたltトーンの色をトーンオントーンのように重ね、無彩色の黒で引き締めています。全体をブルーベースの色でクールな印象にまとめたモダンかつアーバン(都会的)な配色です。
● Ao <アオ>
URL http://www.ao-aoyama.com/

高明度のltトーンの青をベースにした配色です。高明度と低明度の無彩色をあしらってハイコントラスト感を追加し、クールな色でまとめたモダンで都会的な印象です。無駄な色を削ぎ落としているのでシンプな印象でもあります。
● Normann-Copenhagen
URL http://www.normann-copenhagen.com/

アーバン感を演出する配色④
中性色(緑)系をベースにした例

自然界のイメージの中性色の緑系をベースにアーバン感を演出するのは困難ですが、ブルーベースのグリーン系にもっていくように工夫すると効果的です。

#98C09A c47/m14/y46/k0	#ECF6D1 c12/m0/y25/k0	#0E7469 c86/m46/y64/k3

#D4FD9E c24/m0/y49/k0	#75A2B4 c59/m29/y26/k0	#12110F c86/m82/y84/k72

中性色の緑系をベースにした配色です。同じ色相だけだと単調になりがちなところを、イエローベースの温かみのある緑から、ブルーベースのクールな緑までのさまざまな緑を混在させることでそれを回避しています。特に高彩度のクールなグリーンと黒の配色が良いアクセントになって都会的な印象を付加しています。
● i Avion
URL http://www.i-avion.com/

中性色の黄緑をベースにした配色です。一般的に、自然界の中によく見かける黄緑だけで都会的な印象を作るのは難しいですが、このように蛍光色のような発色をさせるとクールさが増し、都会的な印象に近づけることができます。あしらった青みのグレーや黒の組み合わせもポイントになっています。
● Silverback
URL http://silverbackapp.com/

※ CMYK値は、RGB値をもとにした近似値(参考値)です。

アーバン感を演出する配色 ⑤

中性色(紫)系をベースにした例

中性色(紫)系は、自然界にあまり見ることのできない色相なので、アーバンかつ都会的なイメージを演出しやすいといえます。

#EOE1FB
c15/m12/y0/k0

#306395
c85/m62/y27/k0

#1E788B | c84/m47/y43/k0

#939EDD
c49/m37/y0/k0

#1E2A4A
c95/m91/y55/k30

#FD98CA | c2/m54/y0/k0

高明度で低彩度のpトーンの青紫系をベースにした配色です。寒色系の青や青緑をあしらい、全体をよりクールな印象でまとめています。無彩色のdkGyとはハイコントラストになっていて、都会的な印象になっています。
● Freelancers Outpost
URL http://www.freelancersoutpost.com/

ltトーンの青紫系がベースの配色です。赤紫系まで色相グラデーションになっていますが、低明度の青紫が配色全体をクールに引き締めています。全体で見てもブルーベースでまとまっているので、やはり都会的な印象です。
●株式会社第一設計
URL http://www.disk.co.jp/

ナチュラル感を演出する配色 ①

無彩色をベースにした例

基本的に、無彩色だけでナチュラルな印象を演出するのは困難ですが、黒よりも白などの高明度の色を選択してイエローベースの色を組み合わせるとその印象に近づけることができます。

#FFFFFF
c0/m0/y0/k0

#7BB045
c59/m16/y88/k0

#BF8931 | c32/m52/y89/k0

#EBEBEB
c9/m7/y7/k0

#DDC66D
c20/m23/y64/k0

#CBA977 | c26/m37/y56/k0

無彩色のW(白)をベースにした配色です。多くの色が使われていますが、青を除き、イエローベースの色(黄や茶色、黄緑や緑など)が多様に組み合わされているため、ナチュラルな印象になっています。また、強いコントラストではなく、グラデーション的なタッチになっているところもポイントです。
● ヨーガンレール
URL http://www.jurgenlehl.jp/

高明度のltGyをベースにした配色です。彩度が高すぎない中彩度のイエローベースカラーを使い、ローコントラストにまとめているため、全体的にナチュラルな印象になっています。高明度・低彩度の無彩色の分量が多くなっているので、シンプルな素朴さや静的なシックさも感じられます。
● EPOCA THE SHOP
URL http://www.epoca-the-shop.com/

ナチュラル感を演出する配色②
暖色系をベースにした例

暖色系の色相をベースにしたものはナチュラルな印象が強くなります。暖色系のなかには温かみのあるイエローベースの色の割合が多いため、ナチュラル感を演出しやすい色相といえます。

#FDE6C3　c2/m14/y27/k0
#DBB34C　c20/m33/y76/k0
#5B9546 | c70/m29/y90/k0

#E7E6DF　c12/m9/y13/k0
#3A290A　c71/m76/y100/k56
#C99A52 | c27/m44/y73/k0

高明度で低彩度の橙系がベースの配色です。自然界そのままをイメージさせるような黄や黄緑を配置して、全体をイエローベースでまとめています。グラデーションの自然な陰影もあり、温かみのあるウォームナチュラルな印象です。
● North Coast Naturals
URL http://www.northcoastnaturals.com/

落ち着いた ltg トーンの暖色系をベースとした配色です。同系色相で明度差のあるトーンオントーン配色で動きがついていますが、いずれも自然界に見られる見慣れた色ばかりなので穏やかでナチュラルな印象です。
●オーガニック化粧品 Nature & Co
URL http://www.nature-and-co.com/

ナチュラル感を演出する配色③
寒色系をベースにした例

寒色系の色相をベースにしたものは、爽やかな印象が強くなります。ただし、寒色系の中にはイエローベースの色が少ないため、ナチュラルな印象を演出する場合は黄み寄りの寒色系を上手く見つけることが必要となります。

#CEE1E8　c23/m7/y9/k0
#A8C7BA　c40/m14/y30/k0
#D9D5CA | c18/m16/y21/k0

#3198C1　c75/m30/y19/k0
#3B6647　c80/m52/y82/k14
#1A455D | c93/m74/y53/k17

淡い p トーンの青系をベースとした配色です。類似トーンの ltg トーンの緑系や、同じ ltg トーンのベージュに似た橙系を合わせることで、飾らないナチュラル(自然的)な印象になっています。コントラストをあまりつけないことがナチュラルさを出すポイントです。
● ICONICO
URL http://iconico.jp/

寒色系の青がベースですが、冷たい印象にならないのは配色全体がイエローベースでまとまっているためです。ナチュラルハーモニーやコンプレックスハーモニーも混在した、ナチュラルな自然さと都会的なアーバンさの両方が感じられる興味深い配色です。
●東京分室
URL http://www.canarygraphics.jp/

ナチュラル感を演出する配色④

中性色（緑）系をベースにした例

中性色系のなかでは紫系よりも緑系のなかにイエローベースの色の割合が多いため、緑系（黄緑〜緑）はナチュラル感（自然的）な印象を演出しやすい色相といえます。

#E5F1DB
c14/m1/y19/k0

#5B7437
c71/m48/y96/k7

#FAB951 | c4/m36/y72/k0

#9FBC72
c45/m16/y65/k0

#54985C
c71/m27/y77/k0

#8A4B18 | c50/m76/y100/k17

やさしいpトーンの黄緑系がベースの配色です。低明度の黄緑をトーンオントーンのようにあしらってリズム感をつけ、橙系のアクセントカラーでさらに動きをつけています。多色のように見えますが、全体をイエローベースでまとめているのでナチュラルな印象になっています。
● グリーン環境メンテナンス株式会社
URL http://www.green-eco.co.jp/

穏やかなsfトーンの黄緑系がベースの配色です。緑や茶色やベージュなど、自然界そのままの色を加えています。全体的に見てもイエローベースのグラデーションでまとめているので自然でナチュラルな印象です。左例に比べて色みが強いですが、高彩度に寄せるとカジュアルな印象も出てきます。
● 木づかい.com
URL http://www.kidukai.com/town/

ナチュラル感を演出する配色⑤

中性色（紫）系をベースにした例

中性色系のなかでも、紫系はブルーベースの要素が強く、自然界でもあまり見ることのできない色相であるため、ナチュラルな印象を演出するのが難しい色相といえますが、トーンを控えにすることがポイントです。

#E7EAFA
c12/m8/y0/k0

#603957
c70/m86/y52/k16

#D2ABAA | c21/m38/y27/k0

#EFE5E8
c7/m12/y6/k0

#FEC8CE
c0/m32/y11/k0

#84507E | c60/m78/y32/k0

淡いpトーンの紫系をベースとした配色です。同じ紫の低明度色を加えてトーンオントーンのようにリズムをつけています。紫だけでナチュラルな印象を作るのは難しいですが、このように食材の紫に近い色や、食材そのものの色を付加すると、ナチュラルな印象に近づいていきます。
● Afternoon Tea
URL http://www.afternoon-tea.net/pc/download/wallpaper/

女性的なpトーンの赤紫系をベースとした配色です。トーンはさまざまですが、同系色相でドミナントしています。桜咲く春、満開の花たちに包まれた空間にいるかのような印象です。やはり赤紫系だけで自然の印象をつくるのは難しいですが、少し黄みに寄せるとナチュラルな印象に近づいていきます。
● SAKURA SELECTION
URL http://www.keisatodesign.com/sakura

※ CMYK値は、RGB値をもとにした近似値（参考値）です。

ハイテク感（先進的）と、エコロジー感（環境的）

ここではハイテク感を「先進的」、エコロジー感を「環境的」と捉えて、これらのイメージを配色でどのように演出するかについて見ていきます。

ハイテク感を演出する配色と、エコロジー感を演出する配色の基本

ハイテク（先進的）な印象を与える配色と、エコロジー（環境的）な印象を与える配色のもっとも大きな違いは色相です。無彩色を多用すると先進的な印象になり、イエローベースの有彩色を多用するとエコ（環境的）な印象になります。

ハイテク感（先進的）

先進的な印象を演出する場合、トーンはあまり問われませんが、低彩度の無彩色を選択すると、より先進的な印象になります。また、そこに少量の最高彩度色やそれよりもさらに違和感の強い蛍光色などを加えることも効果的です。

色相は、寒色系の青緑〜青系が中心になります。また、ブルーベースの色でまとめると、先進的な印象が強くなります。ブルーベースの色相を選ぼうとすると、必然的に各トーンの色相環の下半分の色相が多くなります。

エコロジー感（環境的）

環境的な印象を演出する場合も、トーンはあまり問われませんが、色相は中性色系の黄緑〜緑系が中心になります。また、「ナチュラルな印象」を演出する場合と同様に、イエローベースの色でまとめると環境的な印象を演出しやすくなります。イエローベースの色相を選ぼうとすると、必然的に各トーンの色相環の上半分を中心選択することになります。

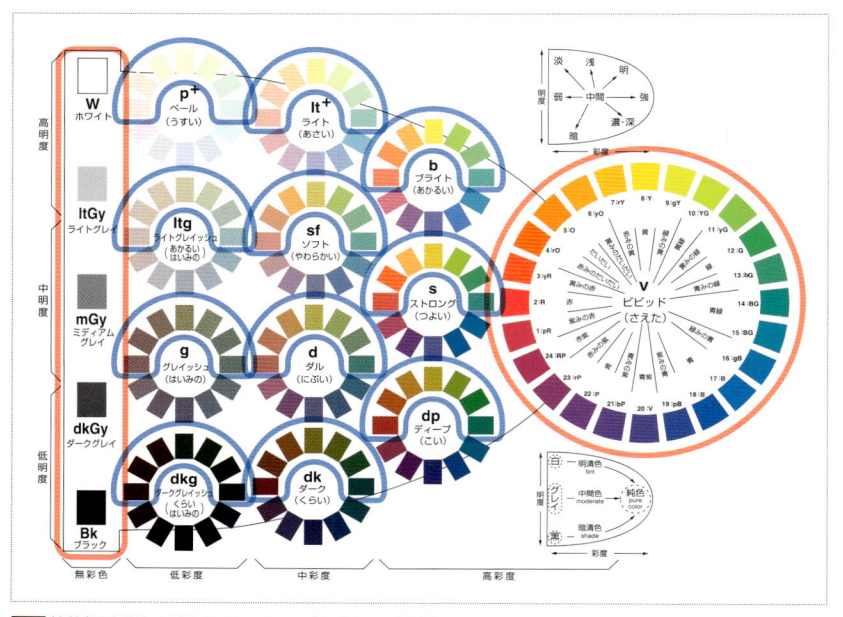

図1 低彩度の無彩色を選択するとハイテク感を演出でき（赤枠）、イエローベースの有彩色を多用するとエコロジー感を演出できます（青枠）。

表1：ハイテク感やエコロジー感を演出する配色の基本

	ハイテク感（先進的）	エコロジー感（環境的）
トーン	W、mGy、Bkといった、低彩度の無彩色を中心に最高彩度のvトーンを組み合せる	問わない
色相	寒色系の青緑〜青〜紫系を中心に、ブルーベースの色でまとめる	中性色系の黄緑〜緑系を中心に、イエローベースの色でまとめる
配色	色数を絞って、同系色にまとめ、そこに多少のアクセントカラー（色みの組合せというより、高彩度の質感の演出で勝負する）	自然界に見られる配色を意識した、ナチュラルハーモニーにする

図2 ハイテク感（先進的）の配色例

Bk	W	mGy
v18	ltGy	Bk
v9	mGy	v21
v22	W	Bk

図3 エコロジー感（環境的）の配色例

dk6	ltg8	sf10
v11	W	lt16
b18	p10	d12
v13	ltg6	sf6

ハイテク感を演出する配色①

無彩色をベースにした例

無彩色の色は、ハイテク感を演出しやすい色といえます。色の力だけではなく、近未来的な光沢や透明感のある、上質で高級そうな質感も演出できればより効果的にハイテク感を演出できます。

#FFFFFF
c0/m0/y0/k0

#9661DE
c60/m67/y0/k0

#3DA3E4 | c70/m26/y1/k0

#000000
c93/m88/y89/k80

#4CD5FC
c59/m0/y7/k0

#27E2E4 | c61/m0/y24/k0

無彩色のW（白）をベースに多色をあしらった配色です。有彩色は高明度から低明度、高彩度から低彩度までと多彩ですが、ブルーベースの色の面積比が多くなっています。また、蛍光色的な発光も先進的（ハイテク）な印象を増強しています。
● BEAMS ARTS
URL http://www.beams.co.jp/beams-arts/

無彩色のBk（黒）をベースにした配色です。蛍光発光的なブルーが近未来的で先進的（ハイテク）な印象です。全体的に寒色系でクールな印象にまとまっているところもポイントです。
● BANDEL（バンデル）公式サイト
URL http://bandel.jp/

ハイテク感を演出する配色②

暖色系をベースにした例

基本的に、暖色系の色をベースにしてハイテク（先進的）な印象を演出するのは困難ですが、ブルーベースの暖色系を選択したり、高輝度の発色を組み合わせたりすると、ハイテク感を演出することができます。

#E0132F
c14/m98/y82/k0

#F2F2F2
c6/m5/y5/k0

#0F0F0F | c88/m83/y83/k73

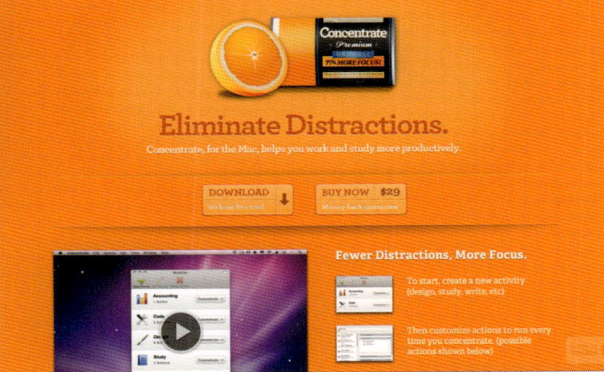

#F2913B
c6/m54/y79/k0

#C646C8
c43/m77/y0/k0

#1E1E1E | c84/m79/y78/k63

最高彩度のvトーンの赤をベースにした配色です。ハイコントラストの無彩色をあしらって、トリコロール配色のような明快さも加わっています。黄みの橙色のレーザー発光のようなラインが、先進さ（ハイテク感）を増強しています。
● MAZARINE
URL http://www.mazarine.com/

最高彩度のvトーンの橙がベースになった配色です。橙と中差色相配色の関係の紫系のグラデーションが自然界ではあまり見られないなんとも不思議な斬新さと先進さ（ハイテク感）を加えています。
● Eliminate Distractions
URL http://getconcentrating.com/

※ CMYK値は、RGB値をもとにした近似値（参考値）です。

ハイテク感を演出する配色③
寒色系をベースにした例

寒色系の中にはブルーベースの色が多いため、ハイテク感（先進的な印象）を演出しやすい適した色相といえます。ハイテク感を演出する際は、色数をあまり増やさず、上手にアクセントカラーを使用すると上手くいきます。

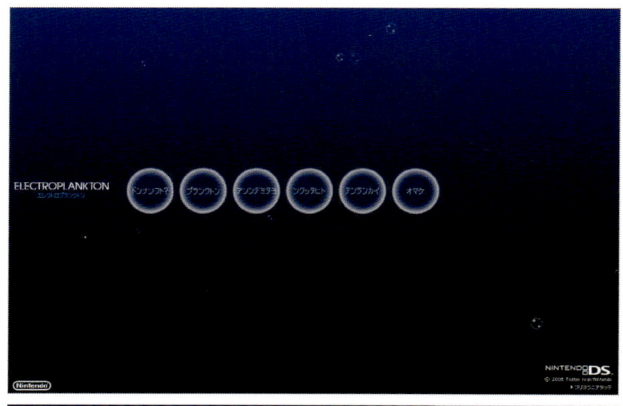

#071B60 c100/m100/y56/k10
#7284A4 c63/m46/y25/k0
#FFFFFF c0/m0/y0/k0

dk～dpトーンから純色のvトーンの青をベースにした配色です。微妙なグラデーションをつけることで、陰影がついて、3D的な立体感と奥行きが出てきます。ブルーベースのクールな印象が、機能的かつ先進的な印象を演出しています。
● エレクトロプランクトン
URL http://electroplankton.com/

#032D5A c100/m93/y52/k17
#43ACD3 c69/m19/y15/k0
#D5D051 c25/m15/y77/k0

青をベースにした配色です。車体のイエローベースの青によってエコロジー感（環境的印象）も演出されていますが、全体的にはクールな質感でハイテクな印象です。ハイテク感とエコロジー感をうまく両立させている例といえます。
● 日産 リーフ
URL http://ev.nissan.co.jp/LEAF/

ハイテク感を演出する配色④
中性色（緑）系をベースにした例

中性色系のなかでは、緑系よりも特に紫系のなかにブルーベースの色が多いのですが、緑系のなかにもブルーベースの色はあります。ハイテク感を演出する場合は、ブルーベース寄りの色を上手に見つけることが肝要です。

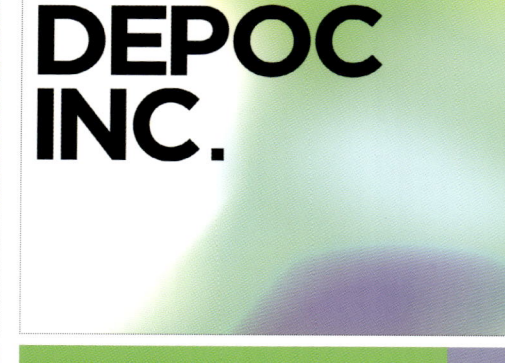

#5F878C c69/m41/y43/k0
#D1D9DC c22/m12/y12/k0
#A2BC3B c46/m16/y88/k0

くすんだ緑～青緑系をベースにした配色です。中性色の緑を、青みのブルーベース寄りに寄せると、寒色系の領域に入るため、クールで都会的な印象になります。おだやかなグラデーションの中に差し込むハイライトが先進的なイメージに寄せています。
● RM accountants & belastingconsulenten
URL http://www.rmaccountants.be/

#5FFD6F c54/m0/y73/k0
#9296C8 c50/m41/y6/k0
#000000 c93/m88/y89/k80

高明度・高彩度のbトーンの中性色（黄緑）系をベースにした配色です。高彩度を通り越して蛍光色的な発色がハイテク感がある印象です。類似色相で似たような印象のところを、無彩色の黒で引き締めて、全体をハイコントラスト的な印象にしているところもハイテクかつモダンな印象です。
● DEPOC INC.
URL http://creative.depoc.jp/

※ CMYK値は、RGB値をもとにした近似値（参考値）です。

ハイテク感を演出する配色⑤

中性色(紫)系をベースにした例

寒色系と同様に、紫系の中にもブルーベースの色が多いので、この色相はハイテク感(先進的な印象)の演出をしやすいといえます。蛍光色的な発光にするとなおさらです。

#7985DA
c61/m48/y0/k0

#203FB7
c92/m78/y0/k0

#2DF39E | c60/m0/y56/k0

#5F53C0
c75/m72/y0/k0

#EB67E7
c30/m64/y0/k0

#CEEBD6 | c24/m0/y22/k0

淡いpトーンの紫系をベースにした配色です。鮮やかな青紫系をあしらい、所々に蛍光色の青や緑を配置しています。ブルーベースの色を多用していることはもちろんですが、この発光感が先進的な印象を増強しています。
●株式会社エグゼクティブクリエイション
URL http://www.exe-creation.com/

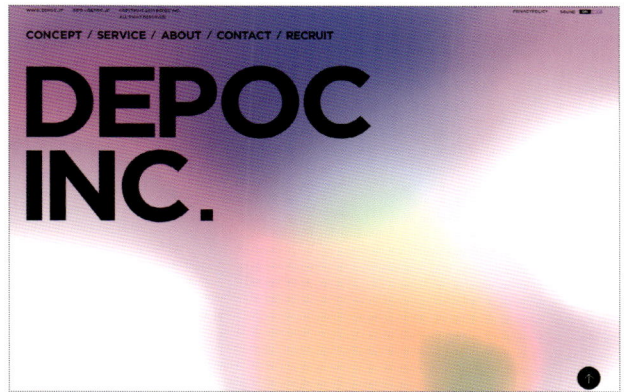

bトーンの中性色(紫)系をベースにした配色です。蛍光色的な発光がハイテク感がある印象です。類似色相で似たような印象のところを、無彩色の黒で引き締めて、全体をハイコントラスト的な印象にしているところもハイテク的な印象です。
● DEPOC INC.
URL http://creative.depoc.jp/

エコロジー感を演出する配色①

無彩色をベースにした例

基本的に、無彩色だけでエコロジー(環境的)な印象を演出するのは困難ですが、イエローベースの色(特に黄緑〜緑系の色)を組み合わせることによって、エコロジー感を演出することができます。

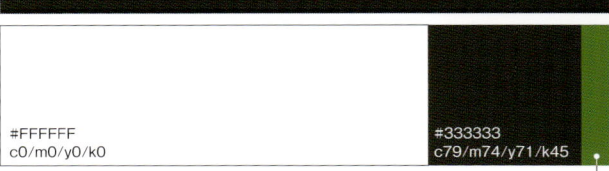

#FFFFFF
c0/m0/y0/k0

#333333
c79/m74/y71/k45

#468725 | c76/m36/y100/k1

#393939
c78/m72/y70/k40

#70BADF
c57/m15/y10/k0

#D0954F | c8/m24/y76/k0

無彩色のW(白)をベースにした配色です。アクセントカラーに緑系の色を使用しているため、エコロジー感を感じさせる配色になっています。全体的には緑系の彩度グラデーションでやさしい印象ですが、ベースカラーとアクセントカラーには彩度コントラストがあるため、モダンな印象もあります。
●株式会社シンキオン
URL http://www.sinkyone.com/

無彩色のdkGyをベースにした配色です。周りが無彩色であるため、自然界の色にスポットが当たっていることがわかります。自然界そのものの青い空が、無彩色の無機質な印象に自然界の息を吹き込みます。イエローベースの色を少し入れるとよりエコロジーな印象になります。
● THE NORTH FACE
URL http://www.goldwin.co.jp/

※ CMYK値は、RGB値をもとにした近似値(参考値)です。

エコロジー感を演出する配色②
暖色系をベースにした例

暖色系の中にはイエローベースの色の割合が多いため、ナチュラル（自然的）な印象を演出しやすい色相といえます。エコのイメージには欠かせない緑系を追加すると、よりエコのイメージに寄せることができます。

#F2EFE9	#FBC83E	#E2D3BF	#77AD64
c7/m7/y9/k0	c6/m27/y79/k0	c14/m18/y26/k0	c60/m18/y73/k0

#539B2F | c71/m24/y100/k0

#9EC7E3 | c43/m14/y8/k0

ltgトーンの黄をベースにした配色です。bトーンの黄を重ねて彩度コントラストをつけ、橙までの色相グラデーションでリズムをつけています。ナチュラルでカジュアルな印象ですが、緑系の色をアクセントカラーに用いることで、エコロジーな雰囲気を演出しています。
● コンフォートボックス
URL http://www.comfort-mou.com/

ltgトーンの橙をベースにした配色です。自然界そのものをイメージさせる緑や青を追加することで、明るく爽やかな印象を付加しています。この例のように、自然界にある色を取り入れると、暖色系でもエコロジー感を演出できます。
● FARM RIO
URL http://www.farmrio.com.br/

エコロジー感を演出する配色③
寒色系をベースにした例

寒色系の中にはイエローベースの色の割合が少ないため、エコロジー感（環境的な印象）を演出するのは困難ですが、イエローベースの寒色系の色を上手に組み合わせることで、エコロジー感を演出することができます。

#60C1E4	#38995A	#89B9F1	#769F29
c60/m9/y11/k0	c76/m24/y80/k0	c50/m21/y0/k0	c62/m26/y100/k0

#FCEE3A | c8/m5/y80/k0

#F7CE87 | c6/m25/y51/k0

ltトーンの青系をベースにした配色です。同系トーンの緑や黄を追加して、ドミナントトーン（トーンイントーン）にまとめています。すべてがイエローベースの色でまとまってもいるので、ナチュラルでエコに近いイメージになっています。
● ボルヴィック
URL http://www.volvic.co.jp/

ltトーンの青系をベースにした配色です。左の例のようにすべての色をイエローベースでまとめるのも綺麗ですが、このようにイエローベースとブルーベースを混在させると新鮮な印象になります（青がブルーベース、他はイエローベース）。
● 東京工科大学
URL http://www.teu.ac.jp/ap_page/2011minoru/

※ CMYK値は、RGB値をもとにした近似値（参考値）です。

エコロジー感を演出する配色④

中性色(緑)系をベースにした例

中性色系の色相をベースにしたもの、特に、緑系(黄緑～緑)は、エコロジー(環境的)な印象を演出するもっとも代表的な色相です。

#F0F0DF　c8/m5/y16/k0
#264C18　c84/m58/y100/k34
#A2772F | c45/m57/y94/k2

ligトーンの緑系をベースにした配色です。dkトーンの緑と、明度差をつけたトーンオントーン配色にし、その他茶系なども加えています。エコロジー(環境的)なイメージに加え、安定感や落ち着きも感じられます。
● ア ピース オブ ピース
URL http://apop.jp/

#011901　c90/m74/y97/k70
#B8E6E6　c33/m0/y14/k0
#B3D22B | c40/m5/y91/k0

dkトーンの緑系をベースにした配色です。空の青や木々の緑なども、エコのイメージに外せないグリーンを中心に、すべてイエローベースにまとまっているためエコロジーを感じさせる配色となっています。
● ダイキンエアコン 森林再生プロジェクト
URL http://www.daikinaircon.com/eco/

エコロジー感を演出する配色⑤

中性色(紫)系をベースにした例

紫系の色相をベースにしてエコな印象を演出するのは困難です。紫系を使用してエコロジー感を演出したい場合は、青紫や赤紫ではなく紫を中心にし、彩度を控えめにして、少量だけ用いることがポイントです。

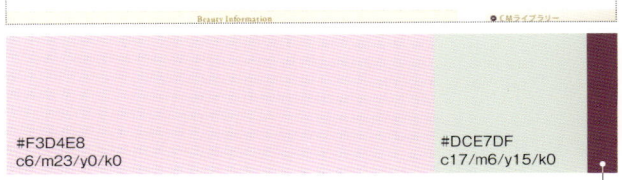

#F3D4E8　c6/m23/y0/k0
#DCE7DF　c17/m6/y15/k0
#863A65 | c58/m89/y45/k3

女性らしいpトーンの赤紫系をベースにした配色です。赤紫系でエコロジーのイメージを出すのは難しいのですが、エコのイメージに欠かせない緑を合わせることで、全体的に優しい印象にまとめることができます。
● メナード
URL http://www.menard.co.jp/

#D55F85　c21/m75/y29/k0
#AFB15C　c40/m26/y73/k0
#000000 | c93/m88/y89/k80

明るく鮮やかなbトーンの赤紫系をベースにした配色です。エコロジー感とは程遠い色相なのですが、より彩度を抑えて、さらにグリーン系の面積比を増やせば、よりエコロジーな印象に近づけることができます。
● Normann-Copenhagen
URL http://www.normann-copenhagen.com/

※ CMYK値は、RGB値をもとにした近似値(参考値)です。

ガーリー感（女子的）と、エレガント＆フェミニン感（女性的）

ここでは、ガーリー感を「女子的」、エレガント＆フェミニン感を「女性的」と捉えて、これらのイメージを配色でどのように演出するかについて見ていきます。

ガーリー感を演出する配色と、エレガント＆フェミニン感を演出する配色の基本

「ガーリー」、「エレガント」はともに女性的な意味を持っていますが、ガーリーのほうがヤングテイスト、エレガントのほうがアダルトテイストになります。

ガーリー（女子的）な印象を与える配色と、エレガント＆フェミニン（女性的）な印象を与える配色のもっとも大きな違いは彩度です。中～高彩度な色を選択するとガーリーの印象が強くなり、中～低彩度の色を選択するとエレガント＆フェミニンな印象が強くなります。

ガーリー感（女子的）

ガーリーな印象を演出する場合は、中～高明度で、中～高彩度の色を中心に選択します。代表的なトーンは【ltトーン】、【bトーン】、【vトーン】などです。明清色が中心なので、明るくてクリアなイメージになることもあります。

また、多色使いや、コントラストにメリハリをつけることで、ガーリー感を演出することもできます。

代表的な色相は、赤紫系や赤系、橙系です。また、高明度で中～低彩度の【pトーン】や【ltトーン】あたりでまとめると、プリティ＆キュートな印象になります。

エレガント＆フェミニン感（女性的）

エレガント＆フェミニンな印象を演出する場合は、中～高明度で、中～低彩度の色を中心に選択します。代表的なトーンは【sfトーン】、【pトーン】、【ltgトーン】などです。中間色（濁色）系が中心なので、シックで落ち着いたイメージになることもあります。

エレガント＆フェミニン感の演出時は、色数はあまり増やさないほうが良いですが、コントラストをあまりつけずに、グラデーション的に統一感を持たせてまとめれば、エレガント＆フェミニン感を演出できます。

代表的な色相は、赤紫系や赤系です。

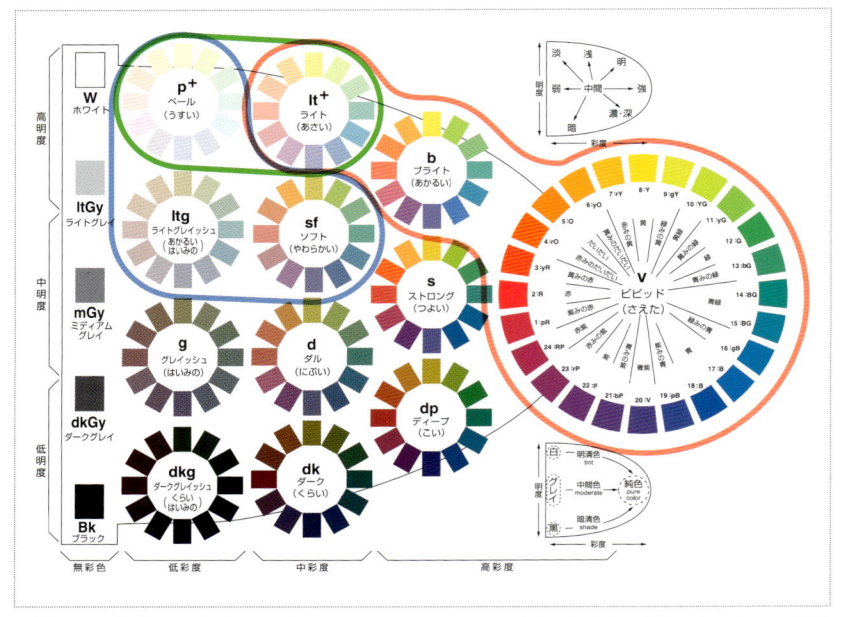

図1【ltトーン】、【bトーン】、【vトーン】といった、中～高明度で、中～高彩度の色を中心に選択すると、ガーリー感を演出でき（赤枠）、【sfトーン】、【pトーン】、【ltgトーン】といった、中～高明度で、中～低彩度の色を中心に選択すると、エレガント＆フェミニン感を演出できます（青枠）。また、【pトーン】を中心に【ltトーン】あたりでまとめるとプリティでキュートな（優しく可愛らしい）印象にもなります（緑枠）。

表1：ガーリー感やエレガント＆フェミニン感を演出する配色の基本

	ガーリー感（女子的）	エレガント＆フェミニン感（女性的）
トーン	lt、b、vといった、中～高明度、中～高彩度のトーンを選択する。pトーンを中心にltトーンでまとめるとプリティな印象にもなる	sf、p、ltgといった、中～高明度、中～低彩度のトーンを選択する
色相	赤紫系、赤系、橙系	紫系、赤紫系、赤系
配色	コントラスト配色などで動き（元気さ）や変化をつける。コントラストをつけないとプリティ＆キュートな印象になる	グラデーション配色などでおだやかさや統一感をつける

図2 ガーリー感（女子的）の配色例

v24	lt20+	lt2+
b4	lt10+	lt22+
lt16+	lt24+	b6
b2	lt14+	b24

図3 エレガント＆フェミニン感（女性的）の配色例

sf24	p20+	p2+
ltg4	p10+	p22+
p16+	p24+	ltg6
ltg2	p14+	ltg24

ガーリー感を演出する配色①
無彩色をベースにした例

無彩色だけでガーリー感を演出するのは困難ですが、lt、b、vといった、中〜高明度で、中〜高彩度のトーンと組み合わせることで演出することができます。黒をベースにするとよりコントラストがつくため、活発でダイナミックなガーリー感を演出できます。

#000000
c93/m88/y89/k80

#C3B5ED
c29/m31/y0/k0

#FC0D27 | c0/m96/y81/k0

#000000
c93/m88/y89/k80

#FC199B
c2/m90/y0/k0

#58CBFB | c59/m3/y2/k0

無彩色のBk（黒）をベースにした配色です。アソートカラーに配した紫は、赤と青の中間なので中性っぽさもあり、個性的な世界観を作っています。高彩度の赤紫や赤が女の子らしさを追加し、全体的にはガーリーな印象でまとまっています。
● ANNA SUI
URL http://www.annasui.com/en/

無彩色のBk（黒）をベースにした配色です。アソートカラーに赤紫を配したハイコントラスト配色で、元気でガーリーな印象になっています。また、このように蛍光色的な発色にすると、現代風のハイテクな印象にもなります。
● TOKYO GIRLS PARADE
URL http://www7.bascule.co.jp/tokyo_girls_parade/

ガーリー感を演出する配色②
暖色系をベースにした例

暖色系の色相をベースにしたものは、明るく、活発な少女らしいイメージになります。暖色系の中でも、橙や黄よりも赤系が、ガーリー感の出る代表的な色相といえます。

#F15D94
c6/m67/y16/k0

#FACAE0
c2/m30/y0/k0

#F7933D | c3/m54/y78/k0

#F8C6B5
c3/m31/y26/k0

#E7EEAA
c15/m3/y43/k0

#E61E31 | c11/m95/y80/k0

高彩度のb〜vトーンの暖色系をメインにした配色です。色相とトーンの両方が近い位置にまとめているのでフォカマイユ的印象です。トーンが持つ明るく元気なイメージと、色相が持つ女の子らしいイメージがそのまま前面に押し出されています。彩度が高いので、活発でガーリッシュな印象です。
● Coca-Cola + McDonald's
URL http://makingconnectionseveryday.com/

明清色調のp〜lt〜bトーンの橙系をベースとした配色です。トーンのイメージが持つ、淡く明るく優しい雰囲気が出ています。彩度とコントラストの両方が弱めなので、元気で活発なガーリッシュというよりは、プリティでキュートな印象にまとまっています。
● キユーピーベビーフード
URL http://www.kewpie.co.jp/babyfood/

※ CMYK値は、RGB値をもとにした近似値（参考値）です。

ガーリー感を演出する配色③

寒色系をベースにした例

寒色系の色相をベースにしたものは、ガーリー&キュート感のなかでも、爽やかでボーイッシュな印象が強くなります。

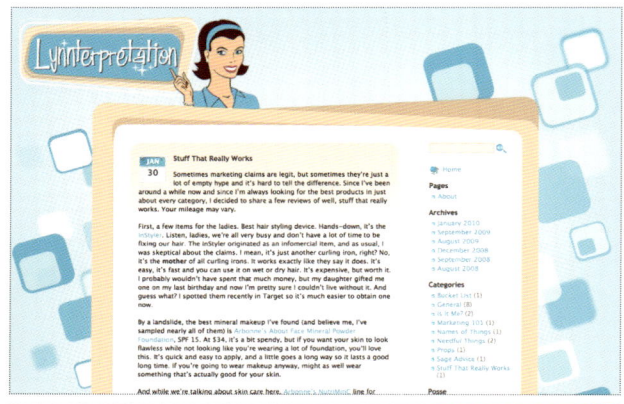

#81D1F2
c50/m4/y6/k0

#A3CE83
c44/m6/y59/k0

#C23690 | c31/m89/y9/k0

#D0EAF2
c23/m2/y6/k0

#FDDEB5
c2/m18/y32/k0

#4DC2DA | c64/m6/y18/k0

明るく爽やかなltトーンの青系がベースの配色です。青や緑系は、女の子らしい雰囲気を演出するのは難しいのですが、紫や赤紫系などを加えて明るい多色の動きのある配色にするとガーリーでキュートな雰囲気に寄せることができます。

● Pistache & Banana
URL http://www.pistachebanana.com.br/port/

pトーンの青系をベースにした配色です。青系だけでガーリーな印象を出すのは難しいのですが、高明度・低彩度の明るい色を使用するとプリティな印象を演出でき、高彩度の色を使用するとガーリッシュで元気な印象を演出できます。

● Lynnterpretation
URL http://www.lynnterpretation.com/

ガーリー感を演出する配色④

中性色（緑）系をベースにした例

中性色系のなかでも緑系は寒色系をベースにした場合と同様に、ボーイッシュなイメージが強くなります。ガーリー感を強調したい場合は、暖色系の色を上手に組み合わせることが必要です。

#DBE9B1
c20/m3/y39/k0

#D5EAF4
c20/m4/y4/k0

#F3AFBC | c5/m42/y15/k0

#9BCEC2
c45/m7/y29/k0

#F8A14C
c3/m48/y72/k0

#E6F491 | c17/m0/y53/k0

pトーンの緑～青系をベースにした配色です。同一トーンの赤や黄などを配して多色配色にしています。色数は多いですがドミナントトーン（トーンイントーン）でまとめているので統一感があります。トーンそのものが持つ、淡い優しい、プリティでキュートな印象にまとまっています。

● GOOD FIELD
URL http://egao-saku.com/

ltトーンの青緑をベースにした配色です。中性色の緑とはいえ、青みに寄っているので寒色系の領域に入り、クールな印象です。しかし、暖色系の高彩度寄りの橙を配することで元気さを追加し、爽やかで活発な印象のガーリッシュな雰囲気になっています。

● ZIUTO
URL http://www.ziuto.pl/

※ CMYK値は、RGB値をもとにした近似値(参考値)です。

ガーリー感を演出する配色⑤

中性色（紫）系をベースにした例

中性色系のなかでも紫系は、ガーリーなイメージを演出しやすくなります。なかでも赤紫系はガーリーのイメージの代表的な色相の1つです。

#EF1D8E　c7/m92/y4/k0
#FDB92C　c3/m36/y84/k0
#460228　c68/m100/y67/k51

#F29ACA　c7/m52/y0/k0
#EECCF7　c12/m26/y0/k0
#E7378B　c11/m88/y13/k0

生き生きしたvトーンの赤紫系をベースとした配色です。同一トーンの橙系を加え、無彩色の白と黒でメリハリをつけたハイコントラストで元気いっぱいのガーリーな印象です。橙を除けば、大人っぽく強い女性の印象にすることもできます。
● Trinity Web Tech Pvt. Ltd.
URL http://www.trinitywebtech.com/

b～ltトーンの赤紫系をベースとした配色です。同系トーン、同系色相（赤紫系）でまとまっており、カマイユ配色的です。トーンと色相の持つ、明るく元気な女の子らしいイメージを前面に押し出しています。
● PinkyGirls
URL http://www.pinkygirls.com/

エレガント＆フェミニン感を演出する配色①

無彩色をベースにした例

基本的に、無彩色だけでエレガント＆フェミニン感を演出するのは困難ですが、sfトーン、pトーン、ltgトーンといった、中～高明度・中～低彩度のトーンを上手に組み合わせると、エレガント＆フェミニンなイメージを演出することができます。

#FFFFFF　c0/m0/y0/k0
#FDA1C9　c0/m50/y0/k0
#BE76CD　c37/m61/y0/k0

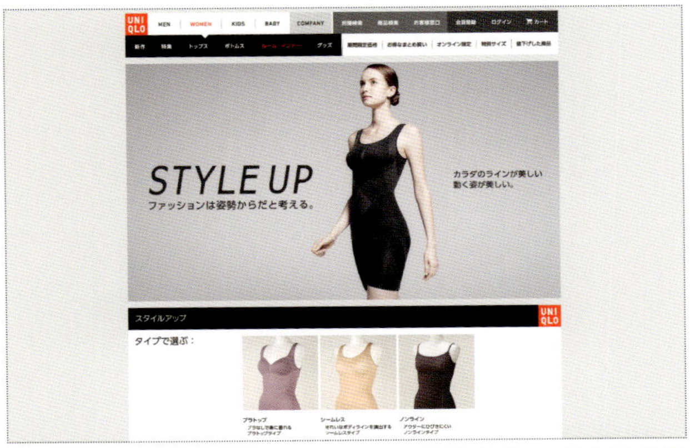

#CECDD2　c23/m18/y14/k0
#3A353B　c78/m76/y67/k40
#C49CAE　c28/m44/y20/k0

無彩色のW（白）をベースにした配色です。同じ無彩色でも、低明度より高明度の明るくやわらかさを感じさせる色のほうが女性らしさを表しやすくなります。また、赤に白を混ぜたピンクは女性の可愛いらしさの象徴色であり、加えて明るい紫系もエレガントな印象の象徴色です。
● DADA CuBiC
URL http://www.dadacubic.co.jp/

無彩色のltGyをベースにした配色です。無彩色をベースにする場合は、白や黒のコントラストを控えめにし、明るいグレイッシュなトーンでまとめることがエレガントさを演出するポイントです。また、黒以外の柔らかいsfトーンの商品展開も女性らしさを増強しています。
● ユニクロ
URL http://www.uniqlo.com/jp/

※ CMYK値は、RGB値をもとにした近似値（参考値）です。

エレガント＆フェミニン感を演出する配色②

暖色系をベースにした例

中間色（濁色系）の暖色系にすると、エレガント感のイメージが強くなります。暖色系のなかでも、特に赤系はエレガントのイメージの代表的な色相の1つです。

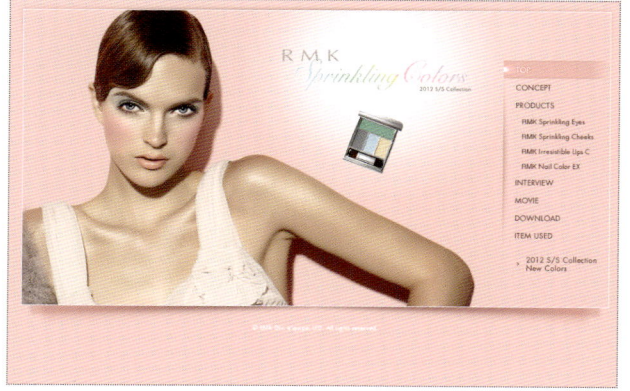

#F4CFD0 c5/m26/y13/k0
#F1E7DE c7/m11/y13/k0
#79B89E c57/m13/y45/k0

#F3CFC2 c6/m25/y21/k0
#CCCEC9 c24/m17/y20/k0
#FA9687 c1/m54/y40/k0

女性らしいpトーンの赤系をベースにした配色です。p～ltトーンの暖色系を中心に、全体をローコントラストのトーンイントーン（ドミナントトーン）でまとめているので女性らしくエレガントな雰囲気になっています。
● RMK
URL http://www.rmkrmk.com/

pトーンの橙系をベースとした配色です。p～ltgトーンの色を配し、全体をグレイッシュな雰囲気にまとめているので、左の例よりも穏やかで控えめな女性らしい印象です。全体をグレイッシュなトーンにすると、より大人の印象になります。
● 出張着付け『久松』
URL http://www.hisamatu.net/

エレガント＆フェミニン感を演出する配色③

寒色系をベースにした例

中～高明度・中～低彩度の寒色系の色相をベースにすると、エレガント＆フェミニン感のなかでも、クールで落ち着いたイメージになります。

#8ABED0 c50/m16/y18/k0
#EBFAFF c10/m0/y1/k0
#ED939E c8/m55/y25/k0

#AECCD0 c37/m13/y19/k0
#F4F4E9 c6/m4/y11/k0
#E5BCCB c12/m33/y11/k0

sf～pトーンの青系をベースにした配色です。青系だけでエレガントなイメージを演出するのは難しいのですが、sfトーンを上手に使用するとエレガントな印象になります。また、同系トーンの赤紫を組み合わせることでより女性らしい雰囲気に寄せることもできます。
● 東京スカイツリー
URL http://www.tokyo-skytree.jp/

ltgトーンの緑みの青系をベースにした配色です。クールな青を黄みに寄せて青緑系にした色は海外（欧米）ではよく見かけますが、国内ではあまり見かけないので新規性をアピールする際に使用できるかもしれません。トーンをltgトーンでまとめ、赤紫などを加えると、エレガントな雰囲気を演出できます。
● Boob Baby
URL http://www.boobbaby.co.uk/

※ CMYK値は、RGB値をもとにした近似値（参考値）です。

エレガント＆フェミニン感を演出する配色④

中性色（緑）系をベースにした例

中間色の中でも、緑系の色相をベースにすると、エレガント＆フェミニンさの中に、クールで落ち着いたイメージを付加することができます。

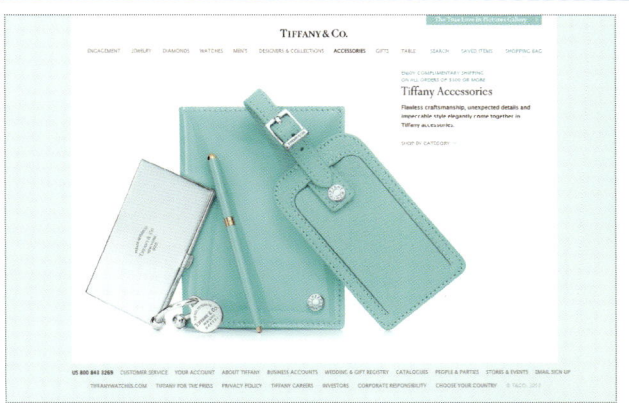

#DCF5F3　c17/m0/y8/k0
#88D9D3　c49/m0/y25/k0
#FAEEC6　c4/m8/y28/k0

#A8D4CF　c40/m6/y23/k0
#FAF8EA　c3/m3/y11/k0
#F7C3BC　c3/m32/y21/k0

青緑系をベースにした配色です。青だけの配色にすると男性らしくなってしまいますが、青みの緑で明るく低彩度なトーンにすると、エレガントなイメージになります。寒色系なのに冷たい印象になりすぎないのは、青系ならではといえます。

● Tiffany & Co.
URL http://www.tiffany.com/

明るく淡いpトーンの青緑系をベースにした配色です。緑系を青みに振った青緑は寒色系の領域ですが、黄やピンクと組み合わせているのでクールになりすぎません。青みに振ることで、エレガントでフェミニンな印象を出しやすくなります。

● Cake Sweet Cake
URL http://www.cakesweetcake.co.uk/

エレガント＆フェミニン感を演出する配色⑤

中性色（紫）系をベースにした例

中性色系の中では、緑系よりも紫系の中にエレガント＆フェミニン的な要素が強く含まれています。特に、赤紫系はエレガント＆フェミニンのイメージを持つ代表的な色相の1つです。

#FCDFF5　c3/m19/y0/k0
#D6477E　c20/m84/y27/k0
#000000　c93/m88/y89/k80

#CDB6C3　c24/m32/y15/k0
#4F453E　c71/m69/y71/k31
#74074E　c63/m100/y53/k15

爽やかなltトーンの赤紫系をベースとした配色です。やわらかなグレーや中明度・中彩度の多色も加わってフェミニンな印象ですが、高彩度のbトーンやvトーンの同一色相や無彩色の黒なども合わされているため、少し大人っぽく、艶っぽい印象にもなっています。

● VOTAN Tokyo
URL http://www.votantokyo.com/

落ち着いたltgトーンの赤紫系をベースにした配色です。類似のグレイッシュトーンでまとめて、控えめで落ちついた印象に仕上げています。しかし、アクセントカラーで効かせた高彩度の赤紫が大人っぽく、女性らしい艶のある印象も追加しています。

● creative touch
URL http://www.creativetouch.it/

※ CMYK値は、RGB値をもとにした近似値（参考値）です。

ボーイッシュ感（男子的）と、マスキュリン＆ダンディ感（男性的・紳士的）

ここでは、ボーイッシュ感を「男子的」、マスキュリン＆ダンディ感を「男性的・紳士的」と捉えて、これらのイメージを配色でどのように演出するかについて見ていきます。

ボーイッシュ感を演出する配色と、マスキュリン＆ダンディ感を演出する配色の基本

「ボーイッシュ」も「マスキュリン」も同じ男性を表しますが、ボーイッシュのほうがヤングテイスト、マスキュリンのほうがアダルトテイストになります。マスキュリン（男性的）と似たイメージワードである「ダンディ」（紳士的）は、マスキュリンよりもさらに成熟した大人のイメージです。

ボーイッシュ（男子的）な印象を与える配色と、マスキュリン＆ダンディ（男性的・紳士的）な印象を与える配色のもっとも大きな違いは明度の違いです。

ボーイッシュ感（男子的）

ボーイッシュな印象を演出する場合は、中～高明度で、中～高彩度の色を中心に選択します。代表的なトーンは【ltトーン】、【bトーン】、【vトーン】などです。明清色が中心なので、明るくて元気なイメージになります。多色使いや、コントラストなどによって動きや変化をつけることで、よりそのイメージに近づきます。代表的な色相は、青系や緑系です。

マスキュリン＆ダンディ感（男性的・紳士的）

マスキュリン＆ダンディな印象を演出する場合は、中～低明度で、高～低彩度の色を中心に選択します。代表的なトーンは、中間色（濁色）系では【dトーン】や【gトーン】、暗清色系では【dpトーン】や【dkトーン】、【dkgトーン】などです。中間色（濁色）系を選択するとシックで落ち着いた雰囲気になり、暗清色系を選択すると、強くて深みのあるイメージになります。

コントラストをつけると強さが出るためよりマスキュリンな印象に近づき、コントラストをあまりつけずにグラデーション的に統一感を持たせると、よりダンディなイメージに近づきます。

代表的な色相は、青系や緑系です。赤や橙に黒を混色した茶色も効果的です。

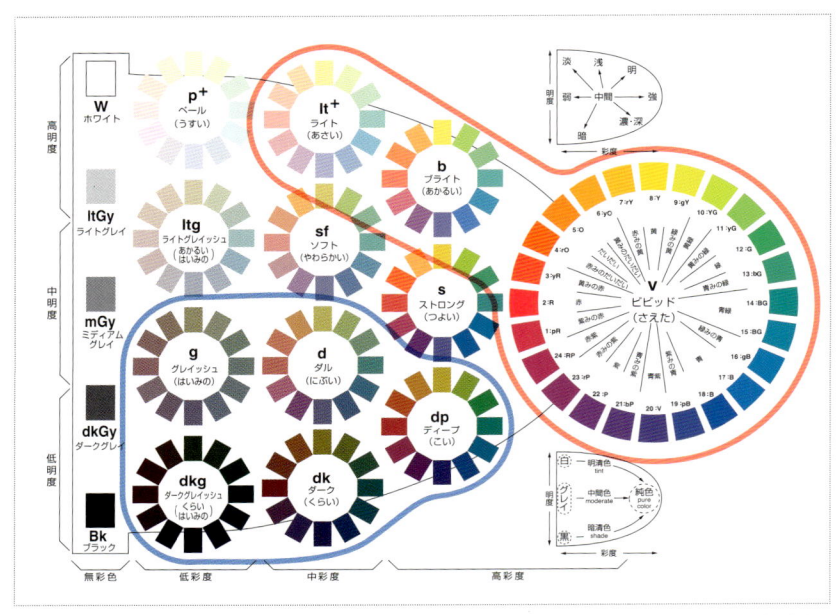

図1 【ltトーン】、【bトーン】、【vトーン】といった、中～高明度で、中～高彩度の色を選択するとボーイッシュ感を演出でき（赤枠）、【dトーン】や【gトーン】、【dpトーン】、【dkトーン】、【dkgトーン】といった、中～低明度で、高～低彩度の色を選択すると、マスキュリン＆ダンディ感を演出できます（青枠）。

表1：ボーイッシュ感やマスキュリン＆ダンディ感を演出する配色の基本

	ボーイッシュ感（男子的）	マスキュリン＆ダンディ感（男性的）
トーン	lt、b、v といった、中～高明度で、中～高彩度のトーンを選択する	d や g、dp、dk、dkg といった、中～低明度で、高～低彩度の色を選択する。明度をさらに低くすると、マスキュリンからダンディに
色相	青系や緑系	青系や緑系。暖色系に黒を混色した茶系も効果的
配色	多色使いや、コントラストなどで、変化や動きのある配色にする	色数をあまり増やさない。コントラストをつけるとよりマスキュリンに、つけないとよりダンディに

図2 ボーイッシュ感（男子的）の配色例

v6	W	v12
v18	ltGy	v2
Bk	v8	b18
v11	v20	lt16+

図3 マスキュリン＆ダンディ感（男性的）の配色例

dk6	Bk	dp12
dp18	mGy	dk2
Bk	dp8	dk18
dk12	g20	dp16

ボーイッシュ感とマスキュリン＆ダンディ感の配色は、色相はまったく同じです。トーンを変えるだけでこれほどまでにイメージを大きく変えることができます。

ボーイッシュ感を演出する配色①

無彩色（白）系をベースにした例

基本的に、無彩色だけでボーイッシュ感を演出するのは困難ですが、先述したボーイッシュ感の演出に適した代表的なトーンや色相を組み合わせることで、そのイメージに寄せることができます。なかでもW（白）は、ボーイッシュなイメージの演出に適した色です。

#FFFFFF
c0/m0/y0/k0

#010A40
c100/m100/y63/k39

#9CCCE6 | c43/m11/y8/k0

#D8D8D8
c18/m14/y13/k0

#EFDA30
c14/m14/y84/k0

#0C6093 | c90/m63/y28/k0

無彩色のW（白）をベースにした配色です。グレイッシュな商品の色を邪魔しないように、明度差のある青系のトーンオントーン配色を組み合わせてスッキリとしたイメージになっています。全体的にも寒色系でまとまった、少し大人の、クールで爽やかなボーイッシュなイメージです。

● Gap
URL http://gap.co.jp/product/kids

無彩色のltGyをベースにした配色です。高明度のシックな無彩色だけでボーイッシュなイメージを作るのは難しいのですが、赤黄青などのビビッドな純色を組み合わせて元気いっぱいのアクティブでボーイッシュな雰囲気を演出しています。それらは面積比を変えるだけで印象を大きく変えることが可能です。

● Normann-Copenhagen
【URL】http://www.normann-copenhagen.com/

ボーイッシュ感を演出する配色②

無彩色（黒）系をベースにした例

基本的に、無彩色だけでボーイッシュ感を演出するのは困難であり、特に、Bk（黒）や濃いグレーをベースにすると大人の雰囲気になります。ボーイッシュ感を演出する場合は、多色配色にしたり高明度・高彩度の色を上手に組み合わせることが必要です。

#3A3F45
c80/m72/y64/k32

#B4CD2F
c39/m9/y90/k0

#F0292F | c5/m93/y80/k0

#181715
c84/m80/y82/k68

#4597B9
c72/m31/y23/k0

#EA212D | c8/m95/y82/k0

無彩色のdkGyをベースにした配色です。メインカラーが暗めなので少し大人のボーイッシュなイメージです。低明度の無彩色は、低年齢の子供たちにはあまり向かない色ですが、高彩度の赤や橙、黄、緑、青などを使用することで、楽しい雰囲気になります。

● ConneCre
URL http://connecre.com/

無彩色のBk（黒）をベースにした配色です。男女を問わず低年齢の子供たちにはメインカラーとしてはあまり向かない色ですが、この色を使うことで高彩度の有彩色を引き立てることができます。この場合も高彩度の赤や青がポイントになってボーイッシュなイメージになっています。

● LEGO
URL http://www.lego.com/cars/ja-jp/default.aspx

※CMYK値は、RGB値をもとにした近似値（参考値）です。

ボーイッシュ感を演出する配色③

暖色系をベースにした例

暖色系の色相をベースにしたものは、やや女子的なイメージがありますが、橙～黄系の色を選択したり、青と組合せたりするとボーイッシュな印象に寄ります。

#E20C20　c13/m98/y93/k0
#2A85CA　c79/m42/y5/k0
#FDF035　c8/m4/y81/k0

#F5D136　c10/m21/y82/k0
#CE1E15　c24/m98/y100/k0
#0C59AC　c91/m67/y6/k0

最高彩度のvトーンの赤をベースにした配色です。同系トーンの黄や緑や青が加えられて全体的に活発でボーイッシュな雰囲気になっています。心理四原色(赤、黄、緑、青)は、子供向けのデザインには欠かせない色です。この色同士はどれを組み合わせても元気なイメージになります。
● タカラトミー
URL http://www.takaratomy.co.jp/

高明度・高彩度のlt～b～vトーンの黄系をベースにした配色です。心理四原色が使われてアクティブでボーイッシュなイメージですが、左例の配色と比べると、同じ基本色でも微妙に異なることがわかります。各色をわずかにどの色みに振る(寄せる)のかによって、他社と差別化を図ることができます。
● ダイヤブロック
URL http://www.diablock.co.jp/

ボーイッシュ感を演出する配色④

寒色系をベースにした例

寒色系の色相をベースにしたものは、よりボーイッシュなイメージが強くなります。寒色系のなかでも、緑みに寄せると少し個性的な印象にもなります。

#1E73B6　c83/m52/y11/k0
#AEEDFE　c35/m0/y6/k0
#60B35A　c65/m10/y80/k0

#69CADC　c58/m3/y18/k0
#A45DA2　c45/m73/y7/k0
#A2CF7F　c44/m5/y62/k0

高明度・高彩度のbトーンの青系をベースにした配色です。ボーイッシュなイメージには欠かせない黄緑や緑系を合わせて、全体的にも男の子らしい雰囲気になっています。赤が入っていない分、アクティブさは少し減りますが、クールでスッキリとしたボーイッシュのイメージです。
● 株式会社ステロタイプ
URL http://www.stereotype.co.jp/

bトーンの緑みの青系をベースにした配色です。青を黄みに寄せているので、爽やかながら温かみのある印象です。アソートカラーに中性色の紫系や黄緑系を合わせているので、少し斬新で新鮮なイメージです。青系をメインに利用して、明るくコントラストがついています。
● Creepy Cute
URL http://www.creepycute.com/

ボーイッシュ感を演出する配色⑤

中性色(緑)系をベースにした例

中性色系の色相をベースとしたもののなかでは、紫系よりも緑系のなかにボーイッシュ的な要素が含まれています。中性色の緑系は、寒色系の青系と並ぶ、ボーイッシュのイメージの代表的な色相です。

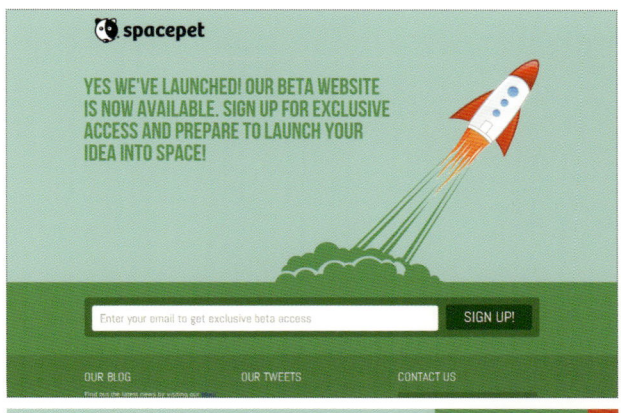

#A1D7CA
c42/m3/y27/k0

#3EA166
c74/m19/y74/k0

#DE3831 | c15/m90/y82/k0

#A6C752
c44/m10/y80/k0

#85D4E8
c50/m1/y13/k0

#147616 | c85/m43/y100/k6

ltトーンの青緑系をベースにした配色です。中性色の緑が青みに寄っており、寒色系の領域に入っているので、ベースはクールな印象ですが、緑系のトーンオントーン配色にしているのでカジュアルな印象もあります。緑の補色である赤のアクセントカラーが効いた、少し新鮮なボーイッシュのイメージです。
● Spacepet
URL http://www.spacepet.com/

高明度・高彩度のbトーンの黄緑がベースの配色です。同じ中性色系でも、紫系をベースにするとボーイッシュなイメージを作りにくいのですが、緑系をベースにするとボーイッシュなイメージを演出できます。特にこの例のように、高彩度の青系を足すと、ボーイッシュな印象が増します。
● つながる生きもの－知ろう、学ぼう、みんなの生物多様性
URL http://www.obayashi.co.jp/eco/biodiversity/

マスキュリン&ダンディ感を演出する配色①

無彩色をベースにした例

基本的に、無彩色だけでマスキュリン&ダンディ(男性的・紳士的)な印象を演出するのは困難ですが、先述したdp、d、dk、g、dkgといったトーンを組み合わせることでそのイメージに寄せることができます。

#030000
c92/m88/y88/k79

#65201F
c54/m93/y90/k40

#EFD083 | c11/m22/y54/k0

#3B3B3B
c78/m72/y69/k38

#C89A71
c27/m44/y57/k0

#E06F26 | c15/m68/y89/k0

無彩色のBk(黒)をベースにした配色です。この色はマスキュリン&ダンディイメージを作るのに欠かせない色といえます。赤～橙に黒を足したような低明度同士の暖色系が加わって、クラシカルでダンディなイメージになっています。
● Guinness
URL http://www.guinness.com/

dkGyをベースにした配色です。中～低明度の茶系がクラシカルダンディなイメージを増強しています。なお、アクセントカラーの橙の面積が大きくなると、コントラストがつくため、ダンディよりもマスキュリンのイメージが強くなります。
● ハーレーダビッドソンジャパン
URL http://www.harley-davidson.co.jp/

※ CMYK値は、RGB値をもとにした近似値(参考値)です。

マスキュリン＆ダンディ感を演出する配色②
暖色系をベースにした例

暖色系のなかでも暗清色系は男性的なイメージになります。また、暖色系に黒を混ぜたダークレッド系（ワインカラーなど）やダークブラウン系、グレイを混ぜたブラウン系などは、マスキュリン感やダンディ感の演出に適した色相といえます。

#B70710	#000000
c36/m100/y100/k2	c93/m88/y89/k80

#E89D3A | c12/m47/y81/k0

#7D050A	#191919
c50/m100/y100/k29	c85/m80/y79/k66

#C2C0BC | c28/m23/y24/k0

深く鮮やかなdpトーンの暖色系をベースにした配色です。ディープなトーンが男性らしい印象です。また、黒と黄との豪快なハイコントラストがドイツ国旗のようでマスキュリンらしい力強い印象になっています。
● Budweiser
URL http://www.budweiser.com/

深みのあるdpトーンの暖色系をベースにした配色です。明度差を最大限にとったW（白）とBk（黒）で引き締め、深みのある赤とのハイコントラスト感が男らしいマスキュリン感を増強しています。明快さとモダンさも併せ持つ配色です。
● Contrive Digital
URL http://www.contrivedigital.com/

マスキュリン＆ダンディ感を演出する配色③
寒色系をベースにした例

マスキュリン＆ダンディ感特有の、中～低明度で、高～低彩度の色相のなかでも、寒色系の色相は男性的な印象を持っています。暖色系よりもクールな印象になります。

#203F51	#816956
c91/m75/y58/k25	c57/m60/y67/k7

#0C5F45 | c89/m53/y83/k18

#132338	#759FB4
c95/m89/y62/k45	c59/m31/y25/k0

#FBD33D | c6/m21/y79/k0

低明度・中彩度のdトーンの青系を効かせた配色です。同系トーンの橙系や緑系、sfトーンの黄なども組み合わせた、多色配色になっています。うるさく感じないのは全体的に暗いトーンでドミナント（トーンイントーン）しているためです。濃く深い印象がダンディかつクラシックな印象を増強しています。
● kolor
URL http://kolor.jp/

dkトーンの青をベースにした配色です。同系の青から無彩色の黒までの濃く暗いグラデーションの中に、最高彩度のvトーンの赤や黄のアクセントカラーが効いています。赤、青、黄といった色群も、このように明度を低くし、ハイコントラストにすると、マスキュリンなイメージになります。
● EDIFICE Red Bull
URL http://www.edifice-watches.com/ja/

マスキュリン＆ダンディ感を演出する配色④
中性色（緑）系をベースにした例

マスキュリン＆ダンディ感特有の、中〜低明度で、高〜低彩度のなかでも、中性色系の緑系はマスキュリン＆ダンディのイメージを演出しやすい色相といえます。

#142C2F　c91/m75/y72/k51
#318133　c81/m39/y100/k2
#1794CD　c78/m32/y11/k0

#373A32　c77/m69/y77/k43
#C87D3D　c27/m60/y82/k0
#C7D73F　c32/m7/y83/k0

大人っぽいdkトーンの緑系をベースにした配色です。高明度・高彩度の多色のアクセントカラーを配して動きをつけています。このように、緑でも明度を低くして、アクセントカラーでコントラストをつけることによって、男性らしいマスキュリン感を演出することができます。
● Duplos by Ricardo Mestre
URL http://duplos.org/

低明度・低彩度のgトーンの緑系をベースにした配色です。一部にアクセントがありますが、基本的には、緑系の同系色相、同系トーンでまとまった、フォカマイユ的な配色です。左の例に比べて全体的に明度も彩度も低くなっているので、よりシックでダンディなイメージになっています。
● Green Circle Shopping Center
URL http://www.greencircleshoppingcenter.com/

マスキュリン＆ダンディ感を演出する配色⑤
中性色（紫）系をベースにした例

中性色の中でも紫系は、どちらかというとマスキュリン＆ダンディなイメージを演出しにくい色相といえますが、明度を低くしてコントラストをつけるとマスキュリンなイメージになります。

#352444　c85/m93/y56/k34
#782DCC　c73/m82/y0/k0
#A2C0DC　c42/m19/y9/k0

#813A7F　c62/m89/y25/k0
#221F1F　c82/m79/y77/k62
#F27F31　c5/m63/y82/k0

大人っぽいdkトーンの紫系をベースにした配色です。紫系だけでマスキュリン感を演出するのは難しいですが、寒色系の青を追加したり、明度差をとってコントラストをつけた感じがマスキュリンで男らしい印象になっています。
● GoneFreelancing.com
URL http://gonefreelancing.com/

vトーンの紫系をベースにした配色です。紫系だけでマスキュリン感を演出するのは難しいですが、無彩色の黒やグレーを追加したり、明度差や色相差をとってハイコントラストをつけた感じが、マスキュリンで男らしい印象になっています。
● GAUGED2
URL http://gauged2.com/

※ CMYK値は、RGB値をもとにした近似値（参考値）です。

スポーティ感(動的)と、シック感(静的)

ここでは、スポーティ感を「動的」、シック感を「静的」と捉えて、これらのイメージを配色でどのように演出するかについて見ていきます。

スポーティ感を演出する配色と、シック感を演出する配色の基本

スポーティ(動的)な印象を与える配色と、シック(静的)な印象を与える配色のもっとも大きな違いは、トーンです。明度差、彩度差が共にある清色中心のコントラスト配色を選択するとスポーティな印象が強くなり、明度差、彩度差が共にない中間色(濁色)中心のグラデーション配色を選択するとシック(静的)な印象が強くなります。

スポーティ感(動的)

スポーティな印象を演出する場合は、清色を中心に色を選択して、明度差・彩度差の両方を比較的強くつけ、コントラスト配色にします。代表的なトーンは【Bk】、【W】、【vトーン】、【bトーン】、【dpトーン】などです。明清色が中心になるので、明るくて元気なイメージになります。

多色使いや、コントラストなどによって動きや変化をつけることで、よりそのイメージに近づきます。

代表的な色相は、赤系や青系です。それらを組み合わせることも可能です。また、中性色系の場合は紫系ではなく、緑系が中心になります。

シック感(静的)

シックな印象を演出する場合は、明度差や彩度差のない中間色(濁色)を中心に選択します。代表的なトーンは、【sfトーン】や【dトーン】、【ltgトーン】や【gトーン】などです。色数は多少増やしてもかまいませんが、トーン差をつけないようにトーンをまとめる必要があります。また、シックをイメージさせる代表的な色相はありません。目的や用途、表現したいイメージに合わせて色相を選択してください。

図1 【Bk】、【W】、【vトーン】、【bトーン】、【dpトーン】といった、清色を中心に選択するとスポーティ感を演出でき(赤枠)、【sfトーン】や【dトーン】、【ltgトーン】や【gトーン】といった、中間色(濁色)を中心に選択すると、シック感を演出できます(青枠)。

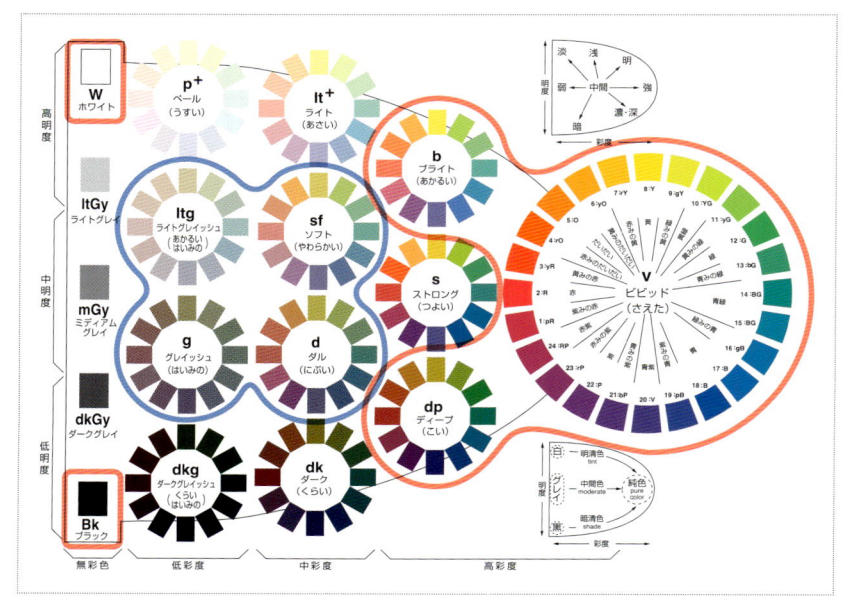

表1:スポーティ感やシック感を演出する配色の基本

	スポーティ感(動的)	シック感(静的)
トーン	Bk、W、v、b、dp といった、清色を中心に選択する	sf や d、ltg、g といった、中間色(濁色)を中心に選択する
色相	赤系や青系や緑系	目的や用途に合わせて、任意の色を選択する
配色	色数を少なめにし、トーンでコントラストなどの動きや変化をつける	グラデーション配色などでトーン差がつかないように注意する

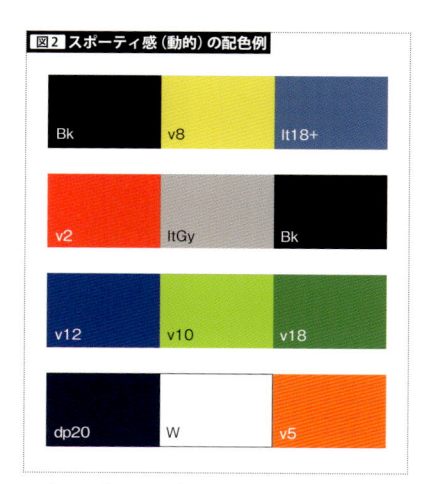

図2 スポーティ感(動的)の配色例

Bk	v8	lt18+
v2	ltGy	Bk
v12	v10	v18
dp20	W	v5

図3 シック感(静的)の配色例

mGy	ltg8	p18+
p2+	ltGy	mGy
ltg18	p10+	ltg12
p20+	ltGy	ltg4

スポーティ感とシック感の配色は、色相はまったく同じです。トーンを変えることでこれほどまでにイメージを大きく変えることができます。

スポーティ感を演出する配色①

無彩色(白)系をベースにした例

無彩色をベースにする場合は、高彩度のvトーンなどの純色を組み合わせます。すると、配色に彩度差がつき、スポーティなイメージを演出することができます。

#FFFFFF
c0/m0/y0/k0

#1A3560
c98/m89/y46/k13

#BC242D | c33/m98/y90/k1

#B2B2B2
c35/m28/y26/k0

#F31C21
c3/m95/y88/k0

#3165F4 | c82/m61/y0/k0

W(白)をベースにした配色です。とても軽快で爽やかな印象です。また、スポーティなイメージには欠かせない青や赤を加えてトリコロール配色にしています。この例のように有彩色の明度を低めにすると少し落ち着いた印象にもなります。
● SPRING COURT
URL http://springcourt.fen.co.jp/

無彩色のltGyをベースにした配色です。明るいグレーと、赤や青のような発色の良い高彩度の色と組み合わせると、シルバーのような先進的なイメージも醸し出してくれます。スポーティかつクールな印象です。
●日産：エクストレイル
URL http://www.nissan.co.jp/X-TRAIL/

スポーティ感を演出する配色②

無彩色(黒系)をベースにした例

同じ無彩色でも、Bk(黒)や濃いグレーをベースにすると、スポーティなイメージに力強さも加わるため、よりエネルギッシュで、ダイナミックな印象を演出できます。

#000000
c93/m88/y89/k80

#0C5492
c93/m71/y23/k0

#FC0D1B | c0/m96/y87/k0

#000000
c93/m88/y89/k80

#FEEF35
c7/m4/y81/k0

#DD0F23 | c16/m99/y92/k0

無彩色のBk(黒)をベースにした配色です。スポーティなイメージを作る際によく使用する赤と青との組み合わせであっても、この例のような配色にすると、ダイナミックな印象になります。各色の面積比を変えると、印象が大きく変わるのもこの配色の特徴です。
● Kappa
URL http://www.kappa.ne.jp/

無彩色のBk(黒)をベースにした配色です。高明度・高彩度の黄が組み合わさることで、とてもダイナミックでアピール感の強い配色になっています。アクセントカラーの赤を入れることで動きも追加されており、躍動感のあるスポーティなイメージになっています。
● Regain
URL http://www.daiichisankyo-hc.co.jp/site_regain/

Color Design Case Study & Practice

10

スポーティ感(動的)と、シック感(静的)

※ CMYK値は、RGB値をもとにした近似値(参考値)です。

スポーティ感を演出する配色③
暖色系をベースにした例

スポーティなイメージ特有の、純色や明清色系のトーンを選択したなかでも、高彩度の暖色系をベースにしたハイコントラストな配色は、スポーティななかに、ダイナミックな印象も付加します。

#C20B13 c31/m100/y100/k1	#91C5E4 c47/m13/y8/k0	#171716 c85/m81/y81/k68

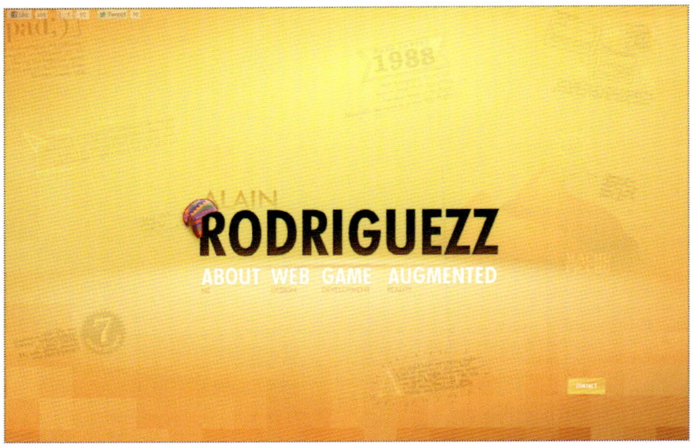

#F3BE49 c9/m31/y76/k0	#000000 c93/m88/y89/k80	#DD3895 c17/m87/y4/k0

派手なvトーンの赤をベースにした配色です。青空のようなltトーンの青を加えることでよりスポーティな印象になります。また黒で引き締めることでダイナミックな印象になり、スピード感も演出することができます。
● 名古屋グランパス公式サイト
URL http://nagoya-grampus.jp/

sトーンの黄系をベースにした配色です。Bk（黒）によって配色全体が引きしまっています。また黄と黒のダイナミックなコントラストもスポーティらしいです。対照色相の赤紫系のアクセントがさらに変化と動きを加えています。
● Alain Rodriguezz
URL http://alainrodriguezz.com/

スポーティ感を演出する配色④
寒色系・中性色系をベースにした例

高彩度の寒色系をベースにしたハイコントラストな配色にすると、スポーティななかにもクールでスッキリとした印象になります。また、高彩度の中性色系をベースにしたハイコントラストな配色にすると、スポーティななかでも、明るく自然な印象になります。

#192F63 c100/m94/y45/k10	#040000 c91/m88/y88/k79	#B4A33E c38/m35/y85/k0

#175119 c88/m56/y100/k30	#B9E5FC c32/m1/y2/k0	#DD422A c16/m87/y87/k0

vトーンの青がベースの配色です。白や黒との明度コントラストや彩度コントラストもついていてアクティブでスポーティな印象です。またゴールドのような色もダイナミックさを追加しています。
● FC 町田ゼルビア オフィシャルサイト
URL http://www.zelvia.co.jp/

深く濃いdpトーンの中性色（緑）系をベースにした配色です。ゴルフのグリーンそのものを強調しているかのような深いグリーンと、明るい青空が象徴的です。加えて、高彩度の赤のアクセントカラーが程よいコントラスト感を付け足し、爽やかな中にもダイナミックなスポーティ感を追加しています。
● グリーンゴルフ 21
URL http://www.green-golf21.com/

※ CMYK 値は、RGB 値をもとにした近似値（参考値）です。

シック感を演出する配色①

無彩色をベースにした例

色みをあまり感じさせないような低彩度の色を使用して、ローコントラストのグラデーション的にトーンをまとめると、シック感を演出できます。

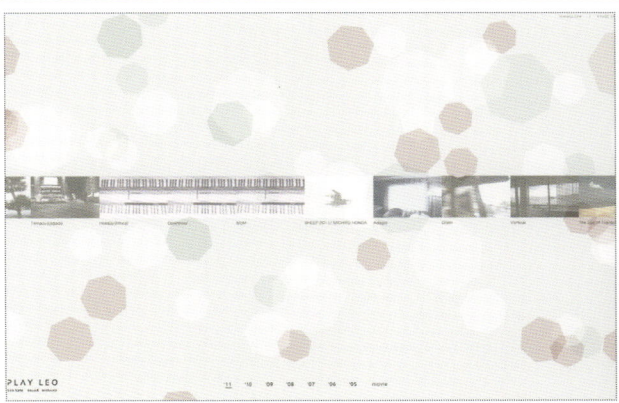

#E7E9EB
c11/m8/y7/k0

#D8CBCD
c18/m22/y16/k0

#D4DBDA | c20/m11/y14/k0

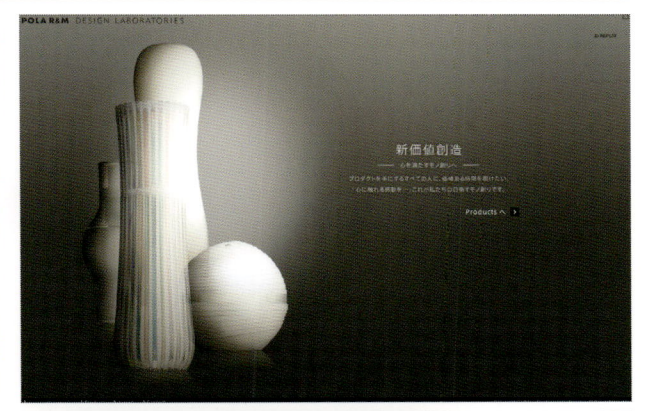

#444441
c75/m69/y69/k32

#E6E4DD
c12/m10/y13/k0

#000000 | c93/m88/y89/k80

無彩色のltGy（ライトグレイ）をベースにした配色です。類似トーンのpトーンの赤紫や青緑を合わせたドミナントトーン（トーンイントーン）配色です。よく見ると色相差がありますが、それをほとんど感じさせないほど低彩度なので、静的でシックな印象にまとまっています。
● CASHIKA
URL http://www.cashika.com/

無彩色のmGyをベースに、無彩色のみの明度グラデーションでまとめた配色です。色みの彩度感を限りなくゼロに抑えているのと、グラデーションにしているので、控えめで静的な印象です。さらに明度差を抑えると、シックからクラシックのイメージに移行していきます。
● POLA R&M DESIGN LABORATORIES
URL http://www.pola-rm.co.jp/rd/design/main.html

シック感を演出する配色②

暖色系をベースにした例

無彩色以外をベースにしてシックなイメージを演出するのは困難ですが、低彩度の色を上手に組み合わせれば演出することができます。

#EFE8D1
c9/m9/y21/k0

#848074
c56/m49/y53/k0

#F5DDA1 | c7/m16/y42/k0

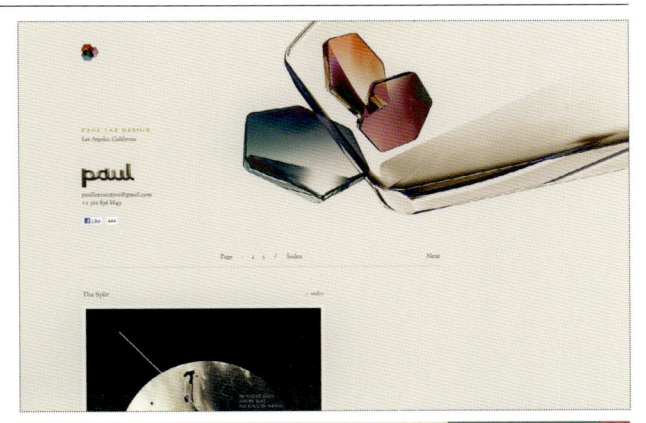

#E7E0D8
c12/m12/y15/k0

#527B7A
c74/m47/y52/k1

#AE5668 | c40/m77/y49/k0

高明度・低彩度のltgトーンの黄系をベースにした配色です。色相差を暖色系にまとめ、また全体をltg～gのグレイッシュなトーンでまとめているため、静的でシックな印象に仕上がっています。
● 京友禅の老舗 千總
URL http://www.chiso.co.jp/

大人しいltgトーンの暖色系をベースにした配色です。類似トーンのsf～dトーンの有彩色を配し、やさしいまとまりの中にも多少のインパクトを追加していますが、コントラストを抑えているので全体的に落ち着いたシックなイメージでまとまっています。
● Paul Lee Design
URL http://paulleedesign.com/

※ CMYK値は、RGB値をもとにした近似値（参考値）です。

シック感を演出する配色③
寒色系をベースにした例

中明度・中彩度の寒色系をベースにしたグラデーション配色は、シックななかでも、沈静的で落ち着いた印象になります。

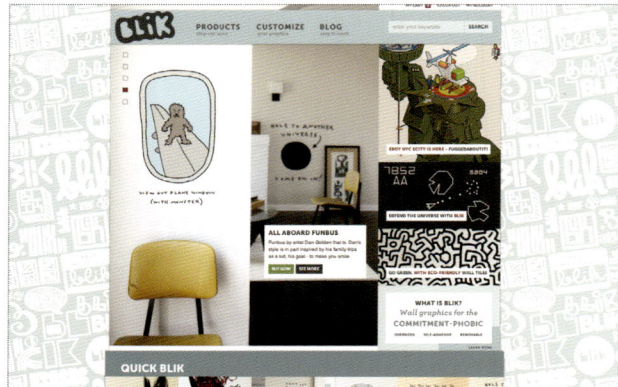

#8698A2 | c54/m36/y32/k0
#D1D4D3 | c21/m14/y16/k0
#F8C970 | c6/m27/y61/k0

#D3DFDF | c21/m9/y13/k0
#BAB4A7 | c32/m28/y33/k0
#DEC37A | c18/m25/y58/k0

pトーンの青系をベースにした配色です。ltg や sf トーンとのトーングラデーションになっていて全体的にはシックな印象です。色相差や彩度差の程よい橙系とのコントラストがシックな印象に花を添えています。
● haptic-data.com
URL http://engine.haptic-data.com/

控えめな ltg トーンの寒色系をベースにした配色です。一見多色配色のように見えますが、中間色調のトーンでまとめているのでうるさくならず、全体が穏やかでシックな印象にまとまっています。
● Blik Wall Decals Official Site
URL http://www.whatisblik.com/

シック感を演出する配色④
中性色系をベースにした例

中性色（緑）系をベースにしたグラデーション配色は、シックななかでも、自然な印象になります。

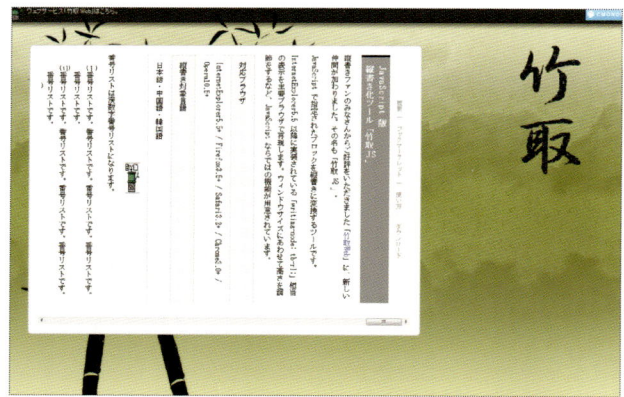

#DDDAA1 | c19/m12/y44/k0
#9B9F53 | c48/m33/y78/k0
#090A04 | c89/m84/y90/k76

#B3CA8F | c37/m12/y52/k0
#FFFFFF | c0/m0/y0/k0
#743A5B | c63/m87/y51/k10

高明度・低彩度の ltg トーンの黄緑系をベースにした配色です。同系色相でまとめ、同系明度の無彩色を含めた ltGy 〜 ltg 〜 sf トーンの彩度グラデーションになっています。Bk（黒）が配色全体を引き締めていますが、極少量なので、全体的には控えめでシックな印象になっています。
● 竹取 JS
URL http://taketori.org/js.html

W（白）がベースとなっていますが、黄緑を効果的にあしらっています。ポイントで使っている紫は黄緑の補色であるため、コントラストが高いですが、彩度を抑えることでシックな印象になっています。また文字の色に Gy（グレイ）を使っていることもシックな印象のポイントです。
● 信州善光寺仲見世通り
URL http://www.nakamise.org/

※ CMYK 値は、RGB 値をもとにした近似値（参考値）です。

Chapter 03

Advanced Learning
色のしくみと再現方法

ここでは、色の見え方に影響を及ぼすさまざまな要素や、私たちが色を感じるしくみなどについて解説します。本章の内容を理解すると、カラーデザインをより深く実践できるようになります。また、色を扱うことが、より楽しくなると思います。色のしくみを理解している人と、していない人では、成果物に決定的な差異が生じると思います。

さまざまな表色系と主な色名

世の中にはさまざまな表色系があります。ここでは、先述したPCCS表色系以外の、代表的な表色系を解説します。また、もう1つの色の表現方法である「色名」についても解説します。

マンセル表色系

PCCS表色系と同様に有名な表色系の1つに「マンセル表色系」があります。

マンセル表色系は、1905年にアメリカのアルバート・マンセルが色を系統的に整理するために考案したものが大元になり、その後アメリカ光学会（OSA）が補正して1943年に「修正マンセル表色系」として発表したものです。マンセル表色系は、世界中で広く使われている国際的な表色系です。日本工業規格（JIS）にも採用されています。

マンセル表色系の特徴

マンセル表色系の特徴は、色相、明度、彩度の色の三属性の見た目が均等になるように尺度化されている点です。色をより細かく、正確に表示できるため、幅広い分野で使われています。また、日本工業規格（JIS）の慣用色名の代表色はマンセル値によって定められています。

マンセル表色系では、色を「H V/C」で表現します（図1）。Hは色相（Hue）、Vは明度（Value）、Cは彩度（Chroma）です。例えば、純色の赤は、マンセル表色系による色の表示では「5R 4/14」と表記されます。また、中明度の無彩色は「N5.5」と表記されます（Neutralの略のNの後に明度を表記します）。

① R（赤）、Y（黄）、G（緑）、B（青）、P（紫）の5色を「基本色相」とする
② それぞれの中間色相である、YR（黄赤）、GY（黄緑）、BG（青緑）、PB（青紫）、RP（赤紫）を加えた10色を「主要色相」とする（図2）。
（中間色相の色記号は反時計回りになるので注意。例：YとGの間はGY、PとRの間はRPなど）
③ 主要色相を見た目に等間隔になるように10分割して頭に1〜10の数字をふる（図3）。（何分割にするかで最終的な色数が決まる）

なお、頭につける数字は小数点にすることも可能なので、いくらでも細かく表記することができます。

マンセルの彩度は色相によって最高彩度段階が異なるため、マンセルの色立体は、凸凹とした非対称で複雑な形をしています（図4）。また、今後の色材技術の発達により、最高彩度段階は上がる可能性を秘めています。そのため、成長する自然界の樹になぞらえて、別名、「カラーツリー」（色の樹）などという呼び方もあります。

表1：マンセル表色系の色の三属性

属性	説明
H（Hue：色相）	10〜20〜40〜100色相以上
V（Value：明度）	1.0〜9.5
C（Chroma：彩度）	色相によって最高彩度段階が異なる

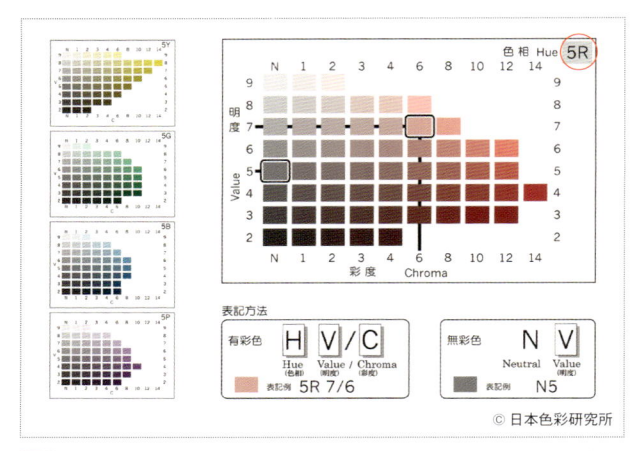

図1 マンセル表色系の等色相面と色の表示。マンセル表色系による色の表示では、純色の赤は「5R 4/14」と表記されます。

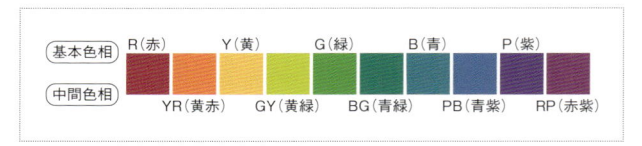

図2 マンセル表色系の主要色相（基本5色相＋中間5色相）。この10パターンの記号のいずれかで表記します。

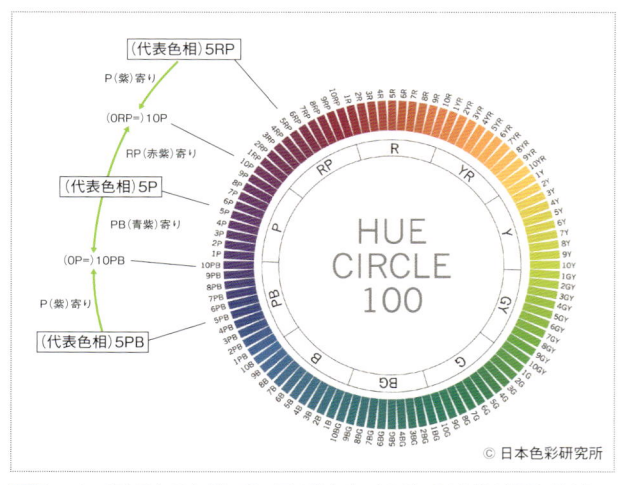

図3 マンセル表色系（100色相）。頭に「5」の数字がつくのが、その色相の代表色相です。

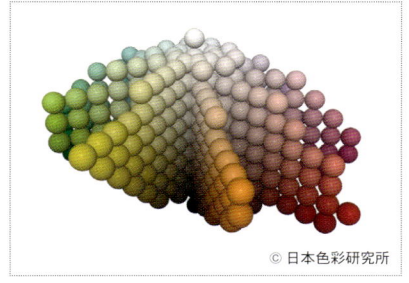

図4 マンセル表色系の色立体概図。マンセルの彩度は色相によって最高彩度段階が異なるため、マンセルの色立体は、凸凹とした非対称で複雑な形をしています。

XYZ(Yxy)表色系

XYZ表色系(CIE1931 表色系)は、1931年に国際照明委員会(CIE)が推奨した表色系の1つです。学術的にも産業的にも世界中で広く使われている混色系の表色系で、日本工業規格(JIS)にも採用されています。

XYZ表色系の成り立ち

XYZ表色系は、光の特性と眼の特性を一定の条件下で定めたうえで試料の分光反射率を決め、それと同じ色となる原色の混色量で色を表すシステムです(P.138)。

XYZ表色系では、色は、光の三原色である「R：700nm」、「G：546.1nm」、「B：435.8nm」をもとに変換された架空の原色(虚色)である【X】、【Y】、【Z】の混色量(三刺激値XYZ)で表されます。Xは「赤みの分量」、Yは「緑みの分量」、Zは「青みの分量」です。また、Yは同時に明るさも表します。

混色比(xyz)の求め方

XYZ三原色の「混色量」の場合は、三刺激値XYZで表しますが、三原色の「混色比」の場合は、x(赤みの比率)とy(緑みの比率)の2つだけで表すことができます(図5)。

xy色度図(CIE1931 色度図)

色度図は、3つの要素からなる色空間から色相と彩度の2つの要素を取り出して2次元で表したものです。

このようにxとyの二次元で色を表したものを「xy色度図」といいます。また、xとyの交わる点を「色度座標」といいます。また、このとき「Y」(大文字で斜体)は緑みの量だけでなく、反射率も表します。x＝0.33、y＝0.33、z＝0.33のところが白色点で無彩色となります。そこから周辺に近づくほど彩度が高くなり、外側にある馬蹄形(馬のひづめの形)の部分が最高彩度となります。波長の目盛が記載されているので、色相を読み取ることができます。

一方、xy色度図上では明度を読み取ることはできません。例えば、右図の黄色を測色した時の結果が、x＝0.45、y＝0.50の場合、xy色度図上の、この交点★がこの黄色の色度となります。赤みが45%、緑みが50%ということがわかります。zの青みは「1－0.45－0.50＝0.05」から5%であることがわかります。反射率はY＝41.98になっていますが、これは明るさに相当します。

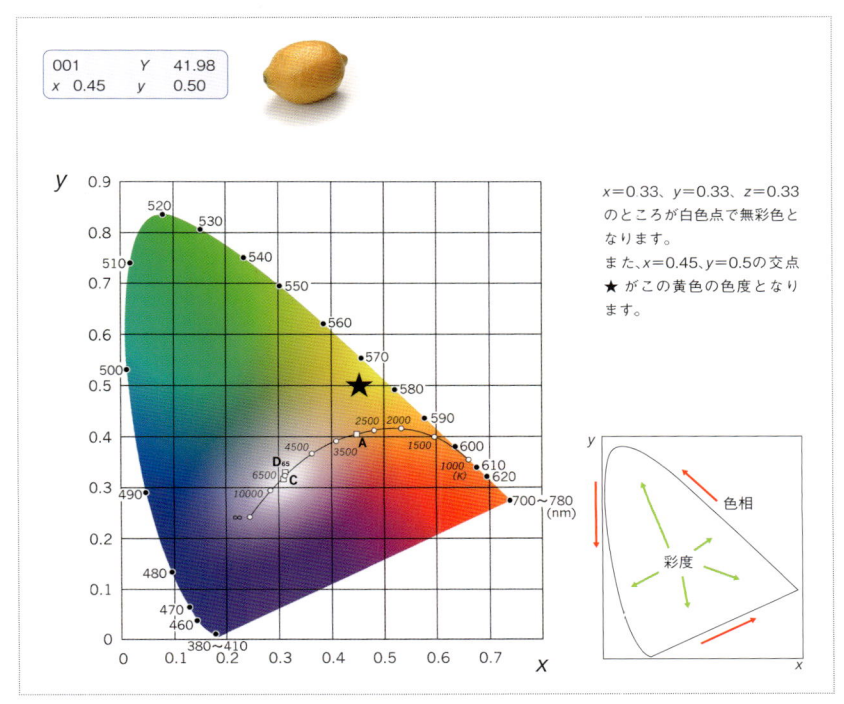

図5 xy色度図(CIE1931 色度図)の例　　© 日本色彩研究所

x＝0.33、y＝0.33、z＝0.33のところが白色点で無彩色となります。
また、x＝0.45、y＝0.5の交点★がこの黄色の色度となります。

(赤みの比率)　$x = X / X+Y+Z$
(緑みの比率)　$y = Y / X+Y+Z$
(青みの比率)　$z = Z / X+Y+Z$
　　　　　　(あるいは、$z = 1 - x - y$)

図6 混色比(xyz)の求め方。三原色の混色比を用いると、xとyの2つだけで色を表すことができるというメリットがあります。

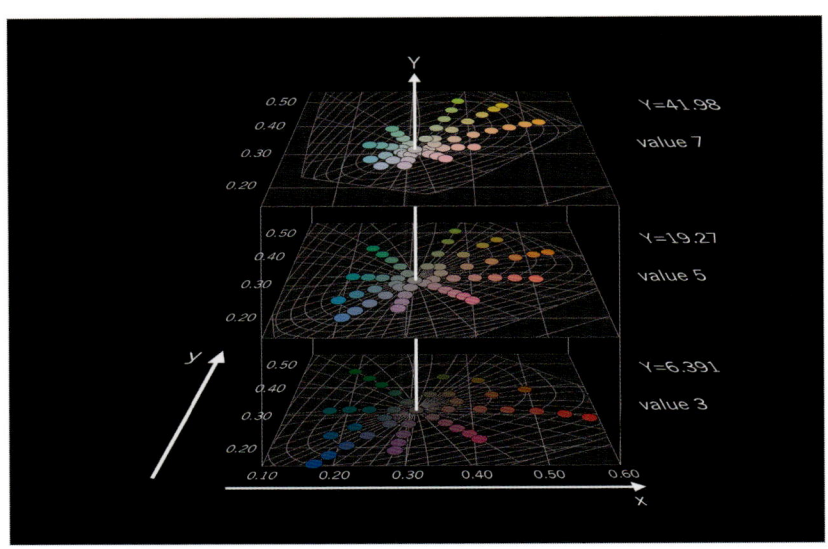

図7 xy色度図の明度・概念図　　© 日本色彩研究所

表2：XYZ表色系の成り立ち

表記	詳細	説明
【X】、【Y】、【Z】	大文字の正体(括弧つき)	[R][G][B]を表す架空の原色
X、Y、Z	大文字斜体	[R][G][B]の混色量
x、y、z	小文字斜体	[R][G][B]の混色比

L*a*b* 表色系

L*a*b*表色系は、物体の色を表す際に、現在あらゆる分野でもっとも一般的に使用されている表色系です。色はCIE L*a*b*色空間で表されます（図8）。XYZ表色系が知覚的に均等な色空間でないことを受けて、均等的な色空間になるように新しい変数であるL*a*b*に変換することが考案され、1976年に国際照明委員会（CIE）から勧告されました。

L*a*b*表色系では、すべての色を明度指数「L*」、色度「a*」、「b*」で表すことができます。色差（色同士の差）を測定するのに適した表色系です（図9）。

なお、L*a*b*表色系は、標準光源（標準イルミナント）のもとで明順応した状態（背景色が白または灰色で、同じ大きさ・同じ形）の物体色の差を比較する場合を前提としています。

L*a*b*表色系の成り立ち

L*は「メトリック明度」とも呼ばれ、マンセル明度（V）を10倍した値に似ています。L*の数値が高くなるほど明るく、低くなるほど暗くなります。

a*、b*の交点は色度座標で、色相と彩度を表しています。＋a*は赤み、－a*は緑み、＋b*は黄み、－b*は青みを表しています。

例えば、黄のレモンを測色した結果が次の場合、「＋a＝10.0」、「＋b＝50.0」の交点がこの黄の色度となります。また、反射率は「L＝80.0」になっていますが、これは明るさに相当します。

色差（L*a*b*表色系の場合）
L* = 80.0　a* = 10.0　b* = 50.0

色を使う現場でよく問題になるのは、微妙な色の違い（色差）です。測色する色彩計があれば、色と色との微妙な違いも数値で表すことができます。例えば、次の2つの色（イ）、（ロ）のうち、（イ）の色を基準にして、（ロ）との色差を測定した結果、CIE L*a*b*色度図で見てみるとその違いがわかります（図10）。

（イ）　L*=80.0　a*=10.0　b*=50.0

（ロ）　L*=60.0　a*=30.0　b*=30.0

Eが色差を表しており、CIE L*a*b*色空間では二点間の距離を表します。また、表示するときには「ΔE」（デルタ・イー）で表します。この場合、（イ）のほうが（ロ）よりも明るく、鮮やかで、青みよりであることがわかります。

L*a*b*表色系では、以下の計算式で色差を求めることができます。

色差（ΔE）＝色相差＋明度差＋彩度差
$$\Delta E^*ab = \{(\Delta L^*)^2 + (\Delta a^*)^2 + (\Delta b^*)^2\}^{1/2}$$

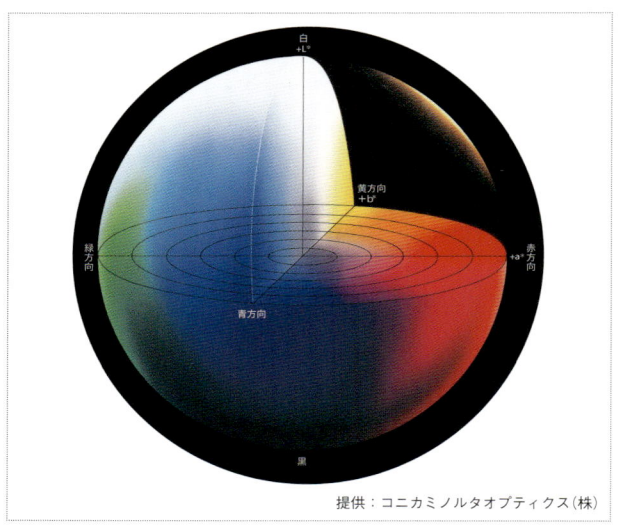

図8 CIE L*a*b* 色空間　提供：コニカミノルタオプティクス（株）

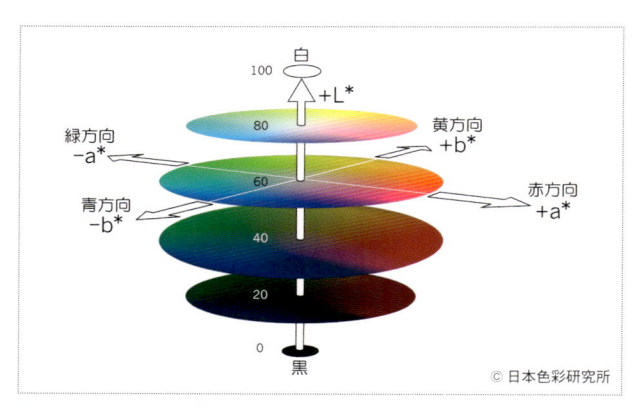

図9 CIE L*a*b* 色空間の色差図。　© 日本色彩研究所

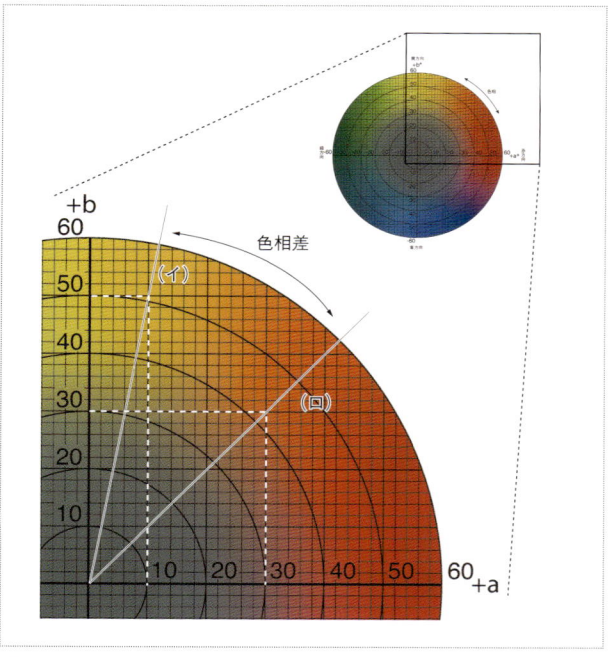

図10 色度図（色相と彩度）。　提供：コニカミノルタオプティクス（株）

JIS 物体色の色名（系統色名＋慣用色名）

JIS物体色の色名には「系統色名」と「慣用色名（JIS Z 8102:2001）」が定義されています。

系統色名

系統色名とは、「基本色名」に修飾語をつけて表す色名です。あらゆる色名を系統的かつシステマチックに表わすことができます。

基本色名とは、基本的な色相の違いを表す色名です。JISでは、有彩色（10色）と無彩色（3色）の合計13色が定義されています。また、修飾語も有彩色と無彩色でそれぞれ定義されています（図11）。

注意しなければならないのは、有彩色と無彩色では、修飾語の種類とつけ方の順番が異なる点です。また、わずかに色みを帯びた無彩色のことを、準無彩色やオフニュートラルと呼び、完全な無彩色と区別している点にも注意が必要です。

JIS系統色名を使うことで、あらゆる色をある一定のものさしのように標準化した言葉で表すことが可能になります。また、想像できないような色でも、ある程度想像できるようになるなど、色の絞り込みが可能になります。

慣用色名

慣用色名（JIS Z 8102:2001）とは、植物や動物、鉱物といった、身の回りにある物の名前からつけられた固有色名の中で、日常的・慣用的に使われるようになった色名のことです。中には伝統色名や流行色名なども含まれます。

JISでは、「固有色名の中でも専門分野や産業分野において比較的よく知られ、実用的な価値があるとみなされている色名」を慣用色名とし、和色名が147色、外来色名が122色、合計269色を選定しています。

各色名には、マンセル値が制定され、JIS系統色名とも対応がとられています。JIS慣用色名の中には、聞きなれない色名も入っていたり、また、JIS慣用色名だけでは色を正確に表示できないですが、一方で、色名の背景や歴史や由来がわかるため、色の奥行きや情緒的な世界観を表現するのに向いているといえます。

慣用色名については、次ページ以降を参照してください。

● JIS系統色名の成り立ち

① 有彩色の場合

明度および彩度に関する修飾語（13種） ＋ **色相に関する修飾語（5種）** ＋ **基本色名（10種）**

明度および彩度に関する修飾語（13種）：
- ①（ごく）あざやかな（vivid/vv）
- ②明るい（light/lt）
- ③つよい（strong/st）
- ④こい（deep/dp）
- ⑤うすい（pale/pl）
- ⑥やわらかい（soft/sf）
- ⑦くすんだ（dull/dl）
- ⑧暗い（dark/dk）
- ⑨ごくうすい（very pale/vp）
- ⑩明るい灰みの（light grayish/lg）
- ⑪灰みの（grayish/mg）
- ⑫暗い灰みの（dark grayish/dg）
- ⑬ごく暗い（very dark/dg）

※「ごくあざやかな」の「ごく」は省略できます。
※「ごくうすい」と「ごく暗い」の「ごく」は省略できません。
※vではなく「vv」など、英語の略記号は2文字です。
※「灰みの」のmgのmはmediumの頭文字です。

色相に関する修飾語（5種）：
- ①赤みの（reddish/r）
- ②黄みの（yellow/y）
- ③緑みの（greenish/g）
- ④青みの（bluish/b）
- ⑤紫みの（purplish/p）

※「黄みの」は、yellowishではなく「yellow」です。
※色相に関する修飾語はつかない場合もあります。つく場合は、隣にある1文字の基本色名だけにつけられ、2文字の基本色名にはつけられません。
　例）×赤みの黄赤
　　　○赤みの黄
　　　○赤みの紫
※明度及び彩度に関する修飾語で「～みの」がつく場合、色相に関する修飾語は「～みを帯びた」に変化します。
　例）赤みの灰みを帯びた

基本色名（10種）：
- ①赤（red/R）
- ②黄赤（yellow red/YR または Orange/O）
- ③黄（yellow/Y）
- ④黄緑（yellow green/YG）
- ⑤緑（green/G）
- ⑥青緑（blue green/BG）
- ⑦青（blue/B）
- ⑧青紫（purpleblue/PB または violet/V）
- ⑨紫（purple/P）
- ⑩赤紫（red purple/RP）

※オレンジや橙（だいだい）ではなく「黄赤」です。
※黄色ではなく、「黄」です。
※基本はマンセルの10色相を採用していますが、マンセル記号のGYではなく、「YG」となることに注意です。

▼有彩色の例
- セピア……ごく暗い＋赤みの＋黄
- モーブ……つよい＋青みの＋紫
- ベージュ……明るい灰みの＋赤みを帯びた＋黄（※1）
- 朽葉色……灰みの＋赤みを帯びた＋黄（※2）
- ライラック……やわらかい＋（なし）＋紫（※3）

（※1）最初に「～みの」がくる場合は、色相に関する修飾語は「～みを帯びた」に変わります。
（※2）最初に「～みの」がくる場合は、色相に関する修飾語は「～みを帯びた」に変わります。
（※3）色相に関する修飾語はつかない場合もあります。

---

② 色みを帯びた無彩色（準無彩色、オフニュートラル）の場合

色相に関する修飾語（14種） ＋ **明度に関する修飾語（4種）** ＋ **基本色名（3種）**

③ 無彩色の場合

明度に関する修飾語（4種） ＋ **基本色名（3種）**

色相に関する修飾語（14種）：
- ①赤みの（reddish/r）
- ②黄を帯びた赤みの（y・r）
- ③黄赤みの（yr）
- ④赤みを帯びた黄みの（r・y）
- ⑤黄みの（yellow/y）
- ⑥緑みを帯びた黄みの（g・y）
- ⑦黄緑みの（yg）
- ⑧緑みの（greenish/g）
- ⑨青緑みの（bg）
- ⑩青みの（bluish/b）
- ⑪青紫みの（pb）
- ⑫紫みの（purplish/p）
- ⑬赤紫みの（rp）
- ⑭紫みを帯びた赤みの（p・r）

明度に関する修飾語（4種）：
- ①うすい（pale/pl）
- ②明るい（light/lt）
- ③（中位の）（medium/md）
- ④暗い（dark/dk）

基本色名（3種）：
- ①白（white/Wt）
- ②灰色（gray/Gy）
- ③黒（black/Bk）

※明度に関する修飾語の英語の略記号は、必ず2文字です。
※明度に関する修飾語は基本色名の「灰色」のみにつけられます。
　例）○うすい灰色
　　　○明るい灰色
　　　○（中位の）灰色
　　　○暗い灰色
※日本語の「中位の」は省略することができ、その場合はただの灰色になります。英語のmediumやmdは省略できません。

※グレイではなく、「灰色」です。
※Wではなく「Wt」など、基本色名の英語の略記号は2文字です。

▼色みを帯びた無彩色の例
- アイボリー…………黄みの＋薄い＋灰色
- チャコールグレイ……紫みの＋暗い＋灰色
- 煤竹色………………赤みを帯びた黄みの＋暗い＋灰色
- 生成り色……………赤みを帯びた黄みの＋（なし）＋白（※4）
- 利休鼠………………緑みの＋（なし）＋灰色（※5）
- 茶鼠…………………黄赤みの＋（なし）＋灰色（※6）

▼無彩色の例
- シルバーグレイ、銀鼠……明るい＋灰色
- スレートグレイ………暗い＋灰色
- ランプブラック………黒（※7）

（※4）明度に関する修飾語は「灰色」のみにつけられます。
（※5）「中位の」という修飾語は省略できます。
（※6）「中位の」という修飾語は省略できます。
（※7）明度に関する修飾語は「灰色」のみにつけられます。

図11 JIS系統色名の成り立ち

JIS 慣用色名 ［JIS Z 8102（2001）物体色の色名］対応（269色）

和色名（147色）

慣用色名 マンセル値 CMYK値（%表記） RGB値（16進数表記）	鴇色（ときいろ） 7RP 7.5/8 C:0／M:40／Y:10／K:0 #F4B3C2	躑躅色（つつじいろ） 7RP 5/13 C:0／M:80／Y:3／K:0 #E95295	桜色（さくらいろ） 10RP 9/2.5 C:0／M:7／Y:3／K:0 #FEF4F4
薔薇色（ばらいろ） 1R 5/13 C:0／M:82／Y:42／K:0 #E94E66	韓紅（からくれない） 1.5R 5.5/13 C:0／M:80／Y:45／K:0 #E95464	珊瑚色（さんごいろ） 2.5R 7/11 C:0／M:42／Y:28／K:0 #F4ADA3	紅梅色（こうばいいろ） 2.5R 6.5/7.5 C:0／M:48／Y:25／K:0 #F2A0A1
桃色（ももいろ） 2.5R 6.5/8 C:0／M:55／Y:25／K:0 #F09199	紅色（べにいろ） 3R 4/14 C:0／M:100／Y:65／K:10 #D7003A	紅赤（べにあか） 3.5R 4/13 C:0／M:90／Y:65／K:10 #D9333F	臙脂（えんじ） 4R 4/11 C:0／M:80／Y:52／K:30 #B94047
蘇芳（すおう） 4R 4/7 C:0／M:75／Y:50／K:45 #9E3D3E	茜色（あかねいろ） 4R 3.5/11 C:0／M:90／Y:70／K:30 #B7282D	赤（あか） 5R 4/14 C:0／M:100／Y:78／K:0 #E6002F	朱色（しゅいろ） 6R 5.5/14 C:0／M:85／Y:100／K:0 #E94709
紅樺色（べにかばいろ） 6R 4/8.5 C:0／M:70／Y:56／K:30 #BB5548	紅緋（べにひ） 6.8R 5.5/14 C:0／M:90／Y:85／K:0 #E83828	鉛丹色（えんたんいろ） 7.5R 5/12 C:0／M:70／Y:63／K:5 #E66A4F	紅海老茶（べにえびちゃ） 7.5R 3/5 C:0／M:80／Y:65／K:45 #9D342B
鳶色（とびいろ） 7.5R 3.5/5 C:0／M:65／Y:50／K:55 #8B4239	小豆色（あずきいろ） 8R 4.5/4.5 C:0／M:60／Y:45／K:45 #A0564D	弁柄色（べんがらいろ） 8R 3.5/7 C:0／M:80／Y:80／K:52 #8F2D12	海老茶（えびちゃ） 8R 3/4.5 C:0／M:60／Y:50／K:60 #814336
金赤（きんあか） 9R 5.5/14 C:0／M:90／Y:100／K:0 #E8380D	赤茶（あかちゃ） 9R 4.5/9 C:0／M:70／Y:70／K:30 #BB5535	赤錆色（あかさびいろ） 9R 3.5/8.5 C:0／M:75／Y:75／K:55 #8A3318	黄丹（おうに） 10R 6/12 C:0／M:65／Y:70／K:0 #EE7948
赤橙（あかだいだい） 10R 5.5/14 C:0／M:80／Y:100／K:0 #EA5504	柿色（かきいろ） 10R 5.5/12 C:0／M:70／Y:75／K:0 #ED6D3D	肉桂色（にっけいいろ） 10R 5.5/6 C:0／M:60／Y:60／K:12 #DD7A55	樺色（かばいろ） 10R 4.5/11 C:0／M:60／Y:70／K:20 #CD5E3B
煉瓦色（れんがいろ） 10R 4/7 C:0／M:70／Y:70／K:33 #B55233	錆色（さびいろ） 10R 3/3.5 C:0／M:60／Y:55／K:70 #6C3424	桧皮色（ひわだいろ） 1YR 4.3/4 C:0／M:60／Y:60／K:50 #965036	栗色（くりいろ） 2YR 3.5/4 C:0／M:70／Y:80／K:65 #762E05
黄赤（きあか） 2.5YR 5.5/13 C:0／M:72／Y:100／K:0 #EC6800	代赭（たいしゃ） 2.5YR 5/8.5 C:0／M:70／Y:84／K:30 #BB541F	駱駝色（らくだいろ） 4YR 5.5/6 C:0／M:50／Y:60／K:30 #BF794E	黄茶（きちゃ） 4YR 5/9 C:0／M:60／Y:80／K:10 #E17B33
肌色（はだいろ） 5YR 8/5 C:0／M:15／Y:25／K:0 #FCE2C4	橙色（だいだいいろ） 5YR 6.5/13 C:0／M:60／Y:100／K:0 #F08300	灰茶（はいちゃ） 5YR 4.5/3 C:0／M:45／Y:57／K:50 #996541	茶色（ちゃいろ） 5YR 3.5/4 C:0／M:55／Y:70／K:55 #8D5025
焦茶（こげちゃ） 5YR 3/2 C:0／M:38／Y:38／K:70 #6F4D3E	柑子色（こうじいろ） 5.5YR 7.5/9 C:0／M:40／Y:75／K:0 #F6AD48	杏色（あんずいろ） 6YR 7/6 C:0／M:35／Y:55／K:0 #F7B977	蜜柑色（みかんいろ） 6YR 6.5/13 C:0／M:55／Y:100／K:0 #F18D00
褐色（かっしょく） 6YR 3/7 C:0／M:70／Y:100／K:55 #8A3A00	土色（つちいろ） 7.5YR 5/7 C:0／M:47／Y:70／K:32 #BC7B3D	小麦色（こむぎいろ） 8YR 7/6 C:0／M:42／Y:63／K:10 #E59F5C	琥珀色（こはくいろ） 8YR 5.5/6.5 C:0／M:50／Y:75／K:30 #BF7834
金茶（きんちゃ） 9YR 5.5/10 C:0／M:50／Y:100／K:10 #E48E00	卵色（たまごいろ） 10YR 8/7.5 C:0／M:20／Y:60／K:0 #FCD475	山吹色（やまぶきいろ） 10YR 7.5/13 C:0／M:35／Y:100／K:0 #F8B500	黄土色（おうどいろ） 10YR 6/7.5 C:0／M:35／Y:70／K:30 #C39043
朽葉色（くちばいろ） 10YR 5/2 C:0／M:27／Y:54／K:55 #917347	向日葵色（ひまわりいろ） 2Y 8/14 C:0／M:25／Y:100／K:0 #FCC800	鬱金色（うこんいろ） 2Y 7.5/12 C:0／M:30／Y:90／K:0 #FABF13	砂色（すないろ） 2.5Y 7.5/2 C:0／M:5／Y:25／K:20 #DCD3B2
芥子色（からしいろ） 3Y 7/6 C:0／M:14／Y:70／K:25 #D2B74E	黄色（きいろ） 5Y 8/14 C:0／M:15／Y:100／K:0 #FFD900	蒲公英色（たんぽぽいろ） 5Y 8/14 C:0／M:15／Y:100／K:0 #FFD900	鶯茶（うぐいすちゃ） 5Y 4/3.5 C:0／M:20／Y:70／K:70 #715C1E
中黄（ちゅうき） 7Y 8.5/11 C:0／M:5／Y:100／K:0 #FFEA00	刈安色（かりやすいろ） 7Y 8.5/7 C:0／M:3／Y:65／K:8 #F5E56B	黄檗色（きはだいろ） 9Y 9/7 C:3／M:40／Y:70／K:0 #FEF263	海松色（みるいろ） 9.5Y 4.5/2.5 C:0／M:7／Y:50／K:70 #726D3F

Color Design Advanced Learning

02 JIS慣用色名

色名	マンセル	CMYK	HEX
鶸色（ひわいろ）	1GY 7.5/8	C:5／M:0／Y:80／K:20	#D7CF3A
鶯色（うぐいすいろ）	1GY 4.5/3.5	C:3／M:0／Y:70／K:50	#9D973B
抹茶色（まっちゃいろ）	2GY 7.5/4	C:10／M:0／Y:60／K:25	#C4C46A
黄緑（きみどり）	2.5GY 7.5/11	C:35／M:0／Y:100／K:0	#B8D200
苔色（こけいろ）	2.5GY 5/5	C:40／M:0／Y:90／K:45	#708B1E
若草色（わかくさいろ）	3GY 7/10	C:28／M:0／Y:92／K:0	#C8D921
萌黄（もえぎ）	4GY 6.5/9	C:38／M:0／Y:84／K:0	#AFD147
草色（くさいろ）	5GY 5/5	C:30／M:0／Y:70／K:48	#7B8D41
若葉色（わかばいろ）	7GY 7.5/4.5	C:28／M:0／Y:52／K:10	#B9D08B
松葉色（まつばいろ）	7.5GY 5/4	C:33／M:0／Y:60／K:40	#839A5C
白緑（びゃくろく）	2.5G 8.5/2.5	C:20／M:0／Y:27／K:0	#D6E9CA
緑（みどり）	2.5G 6.5/10	C:70／M:0／Y:70／K:0	#3EB370
常盤色（ときわいろ）	3G 4.5/7	C:82／M:0／Y:80／K:38	#007C45
緑青色（ろくしょういろ）	4G 5/4	C:57／M:0／Y:60／K:40	#4F8A5D
千歳緑（ちとせみどり）	4G 4/3.5	C:60／M:0／Y:65／K:60	#31673F
深緑（ふかみどり）	5G 3/7	C:95／M:0／Y:65／K:60	#005842
萌葱色（もえぎいろ）	5.5G 3/5	C:80／M:0／Y:65／K:50	#006D4D
若竹色（わかたけいろ）	6G 6/7.5	C:60／M:0／Y:55／K:0	#67BE8D
青磁色（せいじいろ）	7.5G 6.5/4	C:57／M:0／Y:40／K:10	#68B7A1
青竹色（あおたけいろ）	2.5BG 6.5/4	C:50／M:0／Y:35／K:10	#7EBEAB
鉄色（てついろ）	2.5BG 2.5/2.5	C:70／M:0／Y:50／K:70	#005243
青緑（あおみどり）	7.5BG 5/12	C:90／M:0／Y:55／K:0	#00A48D
錆浅葱（さびあさぎ）	10BG 5.5/3	C:50／M:0／Y:25／K:40	#5C9291
水浅葱（みずあさぎ）	1.5B 6/3	C:40／M:0／Y:20／K:30	#7FABA9
新橋色（しんばしいろ）	2.5B 6.5/5.5	C:57／M:0／Y:20／K:8	#64BCC7
浅葱色（あさぎいろ）	2.5B 5/8	C:82／M:0／Y:30／K:11	#00A2AF
白群（びゃくぐん）	3B 7/4.5	C:50／M:0／Y:20／K:0	#83CCD2
納戸色（なんどいろ）	4B 4/6	C:82／M:0／Y:25／K:40	#007D8E
甕覗き（かめのぞき）	4.5B 7/4	C:40／M:0／Y:15／K:0	#A2D7DD
水色（みずいろ）	6B 8/4	C:30／M:0／Y:10／K:0	#BCE2E8
藍鼠（あいねず）	7.5B 4.5/2.5	C:30／M:0／Y:5／K:55	#6B848D
空色（そらいろ）	9B 7.5/5.5	C:40／M:0／Y:5／K:0	#A0D8EF
青（あお）	10B 4/14	C:100／M:3／Y:0／K:10	#0095D9
藍色（あいいろ）	2PB 3/5	C:70／M:20／Y:0／K:60	#0F5779
濃藍（こいあい）	2PB 2/3.5	C:80／M:55／Y:0／K:70	#082752
勿忘草色（わすれなぐさいろ）	3PB 7/6	C:48／M:10／Y:0／K:0	#89C3EB
露草色（つゆくさいろ）	3PB 5/11	C:73／M:21／Y:0／K:0	#239DDA
縹色（はなだいろ）	3PB 4/7.5	C:70／M:20／Y:0／K:30	#2980AF
紺青（こんじょう）	5PB 3/4	C:80／M:55／Y:0／K:60	#133463
瑠璃色（るりいろ）	6PB 3.5/11	C:90／M:70／Y:0／K:0	#1D50A2
瑠璃紺（るりこん）	6PB 3/8	C:90／M:70／Y:0／K:20	#18448E
紺色（こんいろ）	6PB 2.5/4	C:80／M:60／Y:0／K:50	#213A70
杜若色（かきつばたいろ）	7PB 4/10	C:80／M:70／Y:0／K:0	#4653A2
勝色（かちいろ）	7PB 2.5/3	C:35／M:27／Y:0／K:65	#55576C
群青色（ぐんじょういろ）	7.5PB 3.5/11	C:75／M:58／Y:0／K:0	#4E67B0
鉄紺（てつこん）	7.5PB 1.5/2	C:80／M:65／Y:0／K:75	#0B1644
藤納戸（ふじなんど）	9PB 4.5/7.5	C:60／M:55／Y:0／K:10	#706CAA
桔梗色（ききょういろ）	9PB 3.5/13	C:75／M:60／Y:0／K:0	#5654A2
紺藍（こんあい）	9PB 2.5/9.5	C:75／M:70／Y:0／K:25	#474488
藤色（ふじいろ）	10PB 6.5/6.5	C:30／M:25／Y:0／K:0	#BBBCDE
藤紫（ふじむらさき）	0.5P 6/9	C:40／M:40／Y:0／K:0	#A59ACA
青紫（あおむらさき）	2.5P 4/14	C:67／M:80／Y:0／K:0	#6E4598
菫色（すみれいろ）	2.5P 4/11	C:65／M:72／Y:0／K:0	#7054A0
鳩羽色（はとばいろ）	2.5P 4/3.5	C:20／M:30／Y:0／K:30	#A593AD
菖蒲色（しょうぶいろ）	3P 4/11	C:70／M:82／Y:0／K:0	#674196
江戸紫（えどむらさき）	3P 3.5/7	C:60／M:72／Y:0／K:12	#734E95
紫（むらさき）	7.5P 5/12	C:52／M:80／Y:0／K:0	#8E4898
古代紫（こだいむらさき）	7.5P 4/6	C:35／M:63／Y:0／K:32	#895687
茄子紺（なすこん）	7.5P 2.5/2.5	C:40／M:73／Y:0／K:70	#4B1A47
紫紺（しこん）	8P 2/4	C:45／M:80／Y:0／K:70	#460D43
菖蒲色（あやめいろ）	10P 6/10	C:20／M:60／Y:0／K:0	#CC7DB1
牡丹色（ぼたんいろ）	3RP 5/14	C:3／M:77／Y:0／K:0	#E55A9B
赤紫（あかむらさき）	5RP 5.5/13	C:0／M:75／Y:0／K:0	#EA609E
白（しろ）	N9.5	C:0／M:0／Y:1／K:0	#FFFFFE
胡粉色（ごふんいろ）	2.5Y 9.2/0.5	C:0／M:0／Y:2／K:0	#FFFFFC
生成り色（きなりいろ）	10YR 9/1	C:0／M:0／Y:5／K:3	#FBFAF3
象牙色（ぞうげいろ）	2.5Y 8.5/1.5	C:0／M:1／Y:12／K:5	#F8F5E3
銀鼠（ぎんねず）	N6.5	C:0／M:0／Y:0／K:43	#AFAFB0
茶鼠（ちゃねずみ）	5YR 6/1	C:0／M:10／Y:15／K:45	#A99E93
鼠色（ねずみいろ）	N5.5	C:0／M:0／Y:0／K:55	#949495
利休鼠（りきゅうねずみ）	2.5G 5/1	C:12／M:0／Y:20／K:60	#7B8174
鉛色（なまりいろ）	2.5PB 5/1	C:3／M:0／Y:0／K:65	#7A7C7D

灰色（はいいろ）	煤竹色（すすたけいろ）	黒茶（くろちゃ）	墨（すみ）
N5	9.5YR 3.5/1.5	2.5YR 2/1.5	N2
C：0／M：0／Y：0／K：68	C：0／M：30／Y：30／K：72	C：0／M：40／Y：50／K：85	C：0／M：0／Y：0／K：95
#767676	#6B5146	#4B2D16	#2F2725

黒（くろ）	鉄黒（てつぐろ）	金色（きんいろ）	銀色（ぎんいろ）
N1.5	N1.5	—	—
C：30／M：30／Y：0／K：100	C：0／M：20／Y：20／K：98		
#130012	#27120A		

外来色名（122色）

ローズピンク	コチニールレッド	ルビーレッド	ワインレッド
10RP 7/8	10RP 4/12	10RP 4/14	10RP 3/9
C：0／M：50／Y：25／K：0	C：0／M：90／Y：40／K：20	C：0／M：90／Y：40／K：15	C：0／M：80／Y：36／K：50
#F29C9F	#C82B55	#D12E59	#932E44

バーガンディー	オールドローズ	ローズ	ストロベリー
10RP 2/2.5	1R 6/6.5	1R 5/14	1R 4/14
C：0／M：70／Y：35／K：80	C：0／M：50／Y：23／K：15	C：0／M：87／Y：45／K：0	C：0／M：90／Y：40／K：10
#561620	#DA8D93	#E83F5F	#D9305C

コーラルレッド	ピンク	ボルドー	ベビーピンク
2.5R 7/11	2.5R 7/7	2.5R 2.5/3	4R 8.5/4
C：0／M：42／Y：28／K：0	C：0／M：40／Y：25／K：0	C：0／M：70／Y：50／K：75	C：0／M：12／Y：12／K：0
#F4ADA3	#F5B1AA	#611F1C	#FDEADF

ポピーレッド	シグナルレッド	カーマイン	レッド
4R 5/14	4R 4.5/14	4R 4/14	5R 5/14
C：0／M：85／Y：60／K：0	C：0／M：90／Y：65／K：0	C：0／M：100／Y：65／K：10	C：0／M：80／Y：60／K：0
#E9474D	#E83743	#D7003A	#EA5550

トマトレッド	マルーン	バーミリオン	スカーレット
5R 5/14	5R 2.5/6	6R 5.5/14	7R 5/14
C：0／M：80／Y：65／K：0	C：0／M：80／Y：60／K：70	C：0／M：75／Y：75／K：0	C：0／M：80／Y：75／K：0
#EA5548	#6A1816	#EB613B	#EA5539

テラコッタ	サーモンピンク	シェルピンク	ネールピンク
7.5R 4.5/8	8R 7.5/7.5	10R 8.5/3.5	10R 8/4
C：0／M：57／Y：52／K：30	C：0／M：40／Y：40／K：0	C：0／M：15／Y：16／K：0	C：0／M：16／Y：20／K：0
#BE6D55	#F5B090	#FCE3D4	#FCE1CC

チャイニーズレッド	キャロットオレンジ	バーントシェンナ	チョコレート
10R 6/15	10R 5/11	10R 4.5/7.5	10R 2.5/2.5
C：0／M：65／Y：75／K：0	C：0／M：67／Y：80／K：10	C：0／M：67／Y：70／K：35	C：0／M：60／Y：60／K：75
#EE793F	#DF6C31	#B25532	#612C16

ココアブラウン	ピーチ	ローシェンナ	オレンジ
2YR 3.5/4	3YR 8/3.5	4YR 5/9	5YR 6.5/13
C：0／M：45／Y：45／K：55	C：0／M：20／Y：30／K：0	C：0／M：55／Y：80／K：15	C：0／M：60／Y：100／K：0
#8E5E4A	#FBD8B5	#D98032	#F08300

ブラウン	アプリコット	タン	マンダリンオレンジ
5YR 3.5/4	6YR 7/6	6YR 5/6	7YR 7/11.5
C：0／M：40／Y：50／K：55	C：0／M：35／Y：52／K：0	C：0／M：45／Y：70／K：30	C：0／M：40／Y：90／K：5
#8F6446	#F7B97D	#C1813F	#EFA718

コルク	エクルベイジュ	ゴールデンイエロー	マリーゴールド
7YR 5.5/4	7.5YR 8.5/4	7.5YR 7/10	8YR 7.5/13
C：0／M：30／Y：50／K：30	C：0／M：8／Y：20／K：4	C：0／M：35／Y：70／K：0	C：0／M：50／Y：95／K：0
#C49A69	#F8EACF	#F8B856	#F39800

バフ	アンバー	ブロンズ	ベージュ
8YR 6.5/5	8YR 5.5/6.5	8.5YR 4/5	10YR 7/2.5
C：0／M：24／Y：50／K：25	C：0／M：40／Y：60／K：30	C：0／M：45／Y：80／K：45	C：0／M：10／Y：30／K：10
#CFAB72	#C28953	#A36B21	#EEDCB3

イエローオーカー	バーントアンバー	セピア	カーキー
10YR 6/7.5	10YR 3/3	10YR 2.5/2	1Y 5/5.5
C：0／M：30／Y：80／K：30	C：0／M：30／Y：50／K：65	C：0／M：36／Y：60／K：70	C：0／M：25／Y：60／K：35
#C4972F	#7A5E3D	#6F4E27	#BB9855

ブロンド	ネープルスイエロー	レグホーン	ローアンバー
2Y 7.5/7	2.5Y 8/7.5	2.5Y 8/4	2.5Y 4/6
C：0／M：13／Y：50／K：5	C：0／M：18／Y：70／K：0	C：0／M：8／Y：36／K：0	C：0／M：30／Y：75／K：55
#F7DC8D	#FDD75D	#FFEDB4	#916F24

クロムイエロー	イエロー	クリームイエロー	ジョンブリアン
3Y 8/12	5Y 8.5/14	5Y 8.5/3.5	5Y 8.5/14
C：0／M：20／Y：100／K：0	C：0／M：13／Y：100／K：0	C：0／M：5／Y：35／K：0	C：0／M：13／Y：100／K：0
#FDD000	#FFDC00	#FFF2B8	#FFDC00

カナリヤ	オリーブドラブ	オリーブ	レモンイエロー
7Y 8.5/10	7.5Y 4/2	7.5Y 3.5/4	8Y 8/12
C：0／M：2／Y：70／K：0	C：0／M：7／Y：55／K：70	C：0／M：10／Y：80／K：70	C：0／M：0／Y：80／K：0
#FFF262	#726837	#72640A	#FFF33F

JIS慣用色名

色名	マンセル値	CMYK	HEX
オリーブグリーン	2.5GY 3.5/3	C:20/M:0/Y:75/K:70	#5F651E
シャトルーズグリーン	4GY 8/10	C:20/M:0/Y:70/K:0	#D9E367
リーフグリーン	5GY 6/7	C:40/M:0/Y:80/K:12	#9DC04C
グラスグリーン	5GY 5/5	C:30/M:0/Y:70/K:48	#7B8D41
アイビーグリーン	7.5GY 4/5	C:55/M:0/Y:85/K:45	#518230
アップルグリーン	10GY 8/5	C:45/M:0/Y:55/K:0	#A7D28D
ミントグリーン	2.5G 7.5/8	C:45/M:0/Y:50/K:0	#98CE97
グリーン	2.5G 5.5/10	C:82/M:0/Y:80/K:0	#00A760
コバルトグリーン	4G 7/9	C:70/M:0/Y:60/K:0	#3AB483
エメラルドグリーン	4G 6/8	C:80/M:0/Y:72/K:0	#00AA6E
マラカイトグリーン	4G 4.5/9	C:90/M:0/Y:85/K:10	#009854
ボトルグリーン	5G 2.5/3	C:80/M:0/Y:70/K:65	#005635
フォレストグリーン	7.5G 4.5/5	C:70/M:0/Y:55/K:33	#258C6D
ビリジアン	8G 4/6	C:80/M:0/Y:60/K:30	#008969
ビリヤードグリーン	10G 2.5/5	C:85/M:0/Y:55/K:60	#005C4C
シーグリーン	6GY 7/8	C:50/M:0/Y:85/K:0	#8EC54A
ピーコックグリーン	7.5BG 4.5/9	C:90/M:0/Y:50/K:0	#00A496
ナイルブルー	10BG 5.5/5	C:70/M:0/Y:40/K:20	#259F94
ピーコックブルー	10BG 4/8.5	C:100/M:0/Y:40/K:0	#009AA3
ターコイズブルー	5B 6/8	C:80/M:0/Y:20/K:0	#00AFCC
マリンブルー	5B 3/7	C:100/M:0/Y:15/K:50	#006788
ホリゾンブルー	7.5B 7/4	C:40/M:0/Y:8/K:0	#A0D8EA
シアン	7.5B 6/10	C:100/M:0/Y:0/K:0	#00A0E9
スカイブルー	9B 7.5/5.5	C:40/M:0/Y:5/K:0	#A0D8EF
セルリアンブルー	9B 4.5/9	C:80/M:0/Y:5/K:30	#008DB7
ベビーブルー	10B 7.5/3	C:30/M:0/Y:5/K:0	#BBE2F1
サックスブルー	1PB 5/4.5	C:60/M:0/Y:3/K:40	#3A8DAA
ブルー	2.5PB 4.5/10	C:100/M:40/Y:0/K:0	#0075C2
コバルトブルー	3PB 4/10	C:100/M:50/Y:0/K:0	#0068B7
アイアンブルー	5PB 3/4	C:80/M:50/Y:0/K:50	#154577
プルシャンブルー	5PB 3/4	C:80/M:50/Y:0/K:50	#154577
ミッドナイトブルー	5PB 1.5/2	C:80/M:50/Y:0/K:80	#001D42
ヒヤシンス	5.5PB 5.5/6	C:60/M:30/Y:0/K:0	#6C9BD2
ネービーブルー	6PB 2.5/4	C:70/M:50/Y:0/K:70	#1F2E55
ウルトラマリンブルー	7.5PB 3.5/11	C:82/M:70/Y:0/K:0	#4052A2
オリエンタルブルー	7.5PB 3/10	C:90/M:75/Y:0/K:0	#26499D
ウイスタリア	10PB 5/12	C:50/M:45/Y:0/K:0	#8E8BC2
パンジー	1P 2.5/10	C:80/M:90/Y:0/K:0	#51318F
ヘリオトロープ	2P 5/10.5	C:50/M:57/Y:0/K:0	#9075B3
バイオレット	2.5P 4/11	C:65/M:75/Y:0/K:0	#714F9D
ラベンダー	5P 6/3	C:23/M:30/Y:0/K:5	#C5B3D3
モーブ	5P 4.5/9	C:50/M:70/Y:0/K:0	#915DA3
ライラック	6P 7/6	C:20/M:30/Y:0/K:0	#D1BADA
オーキッド	7.5P 7/6	C:15/M:40/Y:0/K:0	#D9AACD
パープル	7.5P 5/12	C:45/M:65/Y:0/K:0	#9B68A9
マゼンタ	5RP 5/14	C:0/M:100/Y:0/K:0	#E4007F
チェリーピンク	6RP 5.5/11.5	C:0/M:70/Y:6/K:0	#EB6E9F
ローズレッド	7.5RP 5/12	C:0/M:78/Y:18/K:0	#E95887
ホワイト	N9.5	C:0/M:0/Y:1/K:0	#FFFFFE
スノーホワイト	N9.5	C:3/M:0/Y:0/K:0	#FAFDFF
アイボリー	2.5Y 8.5/1.5	C:0/M:4/Y:12/K:5	#F8F5E3
スカイグレイ	7.5B 7.5/0.5	C:3/M:0/Y:0/K:25	#CED1D3
パールグレイ	N7	C:0/M:0/Y:5/K:30	#C9C9C4
シルバーグレイ	N6.5	C:0/M:0/Y:0/K:43	#AFAFB0
アッシュグレイ	N6	C:0/M:0/Y:3/K:50	#9F9F9D
ローズグレイ	2.5R 5.5/1	C:0/M:10/Y:20/K:50	#9E9384
グレイ	N5	C:0/M:0/Y:0/K:65	#7D7D7D
スチールグレイ	5P 4.5/1	C:3/M:3/Y:0/K:68	#74746D
スレートグレイ	2.5PB 3.5/0.5	C:5/M:5/Y:0/K:75	#615F62
チャコールグレイ	5P 3/1	C:5/M:15/Y:0/K:83	#4E4449
ランプブラック	N1	C:0/M:10/Y:10/K:100	#24130D
ブラック	N1	C:30/M:30/Y:0/K:100	#130012

注意！ ここで紹介しているJIS慣用色名、および、それぞれの色名に対応するマンセルの三属性値（HV/C）は、日本工業規格（略称JIS）に「JIS Z 8102（2001）物体色の色名」として制定されている名称および値です。一方で、CMYKやRGBなどの掛け合わせの数値は日本工業規格には制定されていません。ここで紹介しているCMYK値は、各慣用色名のHV/Cの近似値（参考値）として、『日本の269色』（永田泰弘 監修　小学館文庫）に掲載されている値を紹介しています。また、RGB値は、各CMYK値をもとにしてAdobe Illustratorで変換される値を掲載しています。

Color Design Advanced Learning

02 JIS慣用色名

色が見えるしくみと色の正体

そもそも色は、どのようにして見えて、何でできているのでしょうか。ここでは、色が見えるしくみや色の正体について探ります。

色が見えるしくみ

朝、眼が覚めた瞬間から私たちの眼の前には色の世界が広がります。私たちは眼をはじめ、耳や鼻や皮膚や舌など、複数の器官を通してさまざまな情報を得ていますが、「私たちが五感を経て得る情報の80%以上は視覚から」といわれています。また第一印象においては、その視覚情報のうちの8割を色が占めるともいわれています。

確かに私たちは、普段から何気なく微妙な顔色で健康状態を判断したり、食品の色で鮮度を見分けたり、移り変わる空の色で天候を判断したりしています。このことから、人の判断に影響を与えるのにどれだけ見た目が大切か、また、見た目の中でもどれだけ色が重要か、ということがわかると思います。

色を見るために必要な三要素

色を見るためには、まず「眼」を開けていることが大前提ですが、眼を開けていたとしても、真っ暗闇の中では色を感じ取ることができません。そのため「光」があることも大前提となります。

加えて、明るい状態で眼を開けていたとしても、そこに何かしらの物体がないと色を見ることはできません。そのため、最終的には「物」も必要になります。

これら「光」、「物」、「眼」の3つを合わせて「視覚現象の三要素」といい、この3つが揃うことで、はじめて色を見ることができます。

色を見るしくみ

私たちは色を、どのようにして感じ取っているのでしょうか。

まず「光」のほとんどは一度「物」に当たります（直接眼に入る場合もあります）。すると、物によって光が取捨選択され、光の一部は物の中へ入り、残りの光は跳ね返されます。その跳ね返された光（反射光）が私たちの眼の中に入り、ここで感覚が生じます（図1）。続いて、この感覚（信号）が脳へと送られる中で知覚が生じ、最終的には人の心理（感情）をも左右します。

色は、その元となる情報がこの経路を通過するのがとても早いため、形や素材を認識する以上に、素早くかつダイレクトに感情に訴えかけます。視覚現象の三要素に脳（と心）を加えた図1が、色を感じ取るしくみの全体像といえます。

色の2つの世界

色の世界は大きく、①光と②物を合わせた「物理的な世界」と、③眼と④脳（と心）を合わせた「心理的な世界」の2つで成り立っています。現実的に、①光や②物はその条件を同じにすることが可能ですが、③眼と④脳（と心）の条件を常に完璧に同じにするということは不可能です。

そのため、①や②の条件を同じにしても、その見え方や感じ方（③〜⑤）は人それぞれ、ということが起きて当然なのです。しかし、この物理的な世界と心理的な世界、客観的な世界と主観的な世界の、相容れない2つの世界の現実を理解することで、はじめて色を理解することができるといえます。なぜなら、物理的には同じ色のはずなのに見る人によっては心理的に違う色に感じたり、物理的には違う色のはずなのに人間の心理や生理的には同じ色に感じる、ということが起きて当たり前なのが色の世界だからです（P.143）。

このように、色の世界は、理論と感性の両輪で成り立つので、色を専門に扱うカラーコーディネーターやデザイナーには、理論と感性、左脳と右脳のバランスをとることが求められているといえます。

色をきちんととらえるために

光と物と眼（と脳と心）。これらのうち、どれか1つの条件がズレただけでも、別の色に見えてしまいます。

まず、同じ物でも太陽の自然光の下で見るのと、室内の人工光（蛍光灯や白熱灯など）の下で見るのでは、違った色に見えますし、蛍光灯と白熱灯でも異なります。蛍光灯の種類によっても異なります。

次に、同じ光の下で同じ色の色料だとしても、ツヤのある光沢紙に印刷したものと、ツヤのない上質紙に印刷したものでは、やはり色の見え方が異なります。つまり、物（物体）によっても色は違って見えるのです。

最後に、光と物の条件が同じでも、見る人の眼が違えば異なった色に見えることがあります。また、同じ人でも体調や年齢、心理状態に応じて見え方が変わってきます。

色を正確に見定めたい場合は、できるだけ、光と物と眼（と脳と心）、これらの条件を完璧に近い状態に整えることがとても大切です。色はまさに一期一会。とてもデリケートな存在なのです。

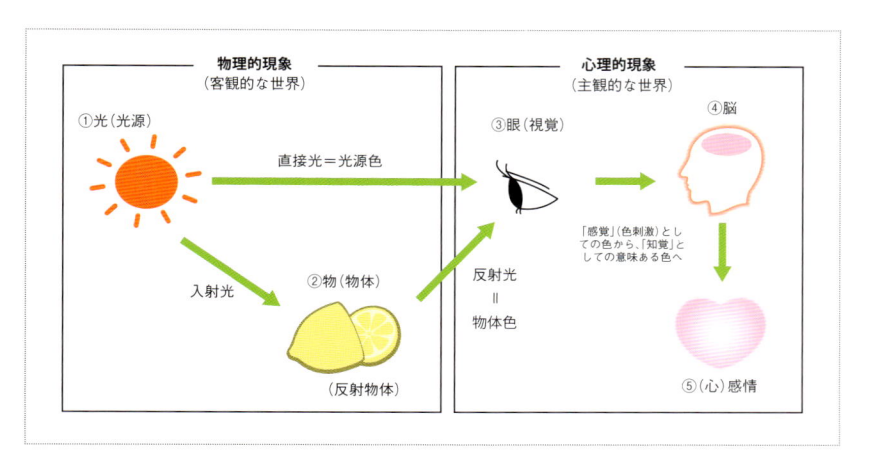

図1 物理的（客観的）な世界（左）と、心理的（主観的）な世界（右）。必ず1＋1＝2となる物理的な世界と、1＋1≠2となる心理的な世界は、必ずしもイコールになるとは限りません。色彩学では、この異なる2つの世界の差異や同化にまつわる研究が日夜行われているのです。

色の正体

ここまでの解説ですでに気づいた人もいると思いますが、色の正体を辿ると、最終的には「光」に行きつくことがわかります。そうです、色の正体は光です。顔料や染料などの「物」ではありません。

確かに、物に色がついているかのように見えることも事実ですが、「色」という感覚や知覚を引き起こす大元は光です。そのため「色を見る」ということは「光を見ている」ということになります。

色の正体である光は、電気と磁気のエネルギーが波となって空中を伝わる電磁波の一種です。テレビ波やラジオ波、携帯電話や電子レンジの電磁波など、電磁波のほとんどは私たちの眼には見えませんが、実は電磁波の中の380ナノメートル（nm）から780ナノメートル（nm）というごく一部分の範囲だけ見ることができます。実はそこが、私たちが普段「色」として感じている世界なのです。

電磁波は、私たちの眼に見えない波動を発しながら、映像や音を伝えたり、物を温めたりするなど、その波動（波長）の違いごとにさまざまな働きをしてくれていますが、そう考えると、電磁波の一部である色も視覚として認識される一方で、空中を波のようにして伝わる眼に見えない波動を発しているということがわかります。ですから、多かれ少なかれ、視覚で認識しないうちに皮膚から感じ取っている波動としての色刺激もあり、色はその他の電磁波と同じように、各色特有の役割をそれぞれに果たしてくれている、といってもなんら不思議ではないのです。

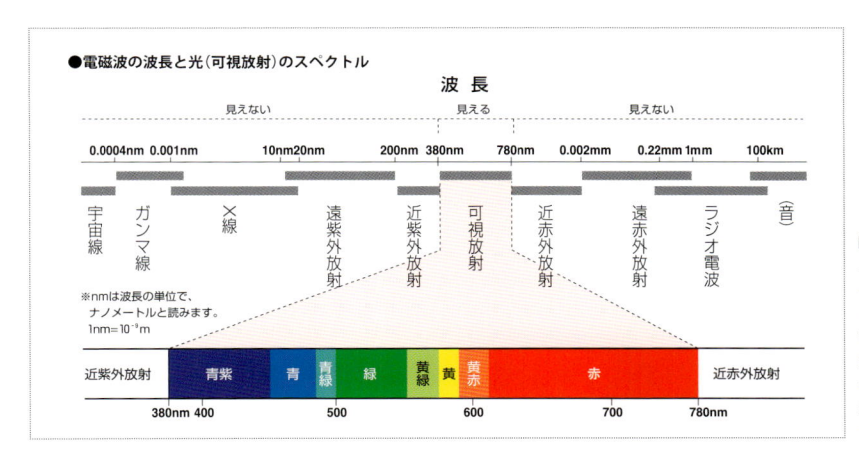

●電磁波の波長と光（可視放射）のスペクトル

図2 電磁波の模式図。380ナノメートルから780ナノメートルの、人間が眼にすることができる範囲を「可視範囲」といい、その部分の光を「可視光」といいます。そこがまさに私たちが色として光を感じている世界です。
電磁波はそれぞれ固有の波動を発していますが、この波動の性質の違いが色の違いになります。波動の山と山（あるいは谷と谷）の距離（長さ）のことを「波長」といいますが、青紫のほうは波長が短く（短波長）、赤のほうは波長が長く（長波長）なっています。中央付近の緑は波長が中位の中波長です。

色の見え方に影響を及ぼす要因

色の見え方に影響を及ぼす要因には、さまざまなものがありますが、大きく分けると「物理的現象」と「心理的現象」の2種類に分類できます。また、心理的側面には「身体的条件」と「精神的な条件」の2種類があります。

これらのことから、一口に「色」といっても、その見え方は、さまざまであることがわかります。物理的には同じものであっても、見え方は千差万別ともいえます。

配色やカラーデザインを考えるうえでは、上記のことを把握したうえで、より適切な環境・状態を整えることが大切になります。次ページでは、光が物体にあってから、私たち人間が「色」を感知し、認識するまでの全体像と、それぞれの主要要素について解説します。

表1：色の見え方に影響を及ぼす要因

要因		説明
物理的現象 （観察条件および作業条件）		光源の種類。色の見え方は光源の種類によって変わる。 ⇒光源の分光分布（P.134）
		温度や湿度。色の見え方は温度や湿度によって変わる。
		光源や眼の方向および検査姿勢。色の見え方は光を当てる方向や光を見る方向によって変わる。 ⇒照明と受光の幾何条件（P.133）
		物体の種類。色の見え方は物体の種類（やその加工法）によって変わる。 ⇒物体の分光反射率（P.138）
		物体の大きさ。色の見え方は物体の大きさによって変わる。 ⇒色の面積効果（P.52）
		物体の背景。色の見え方は背景色や検査場レイアウトなどによって変わる。 ⇒色の対比効果（P.50）
心理的現象 （観察者の条件）	身体的条件	観察者の眼。色の見え方は観察者の眼の状態（色覚タイプ、健康状態、疲労度、年齢、勤務条件など）によって変わる。 眼の分光感度（P.140）
	精神条件	観察者の記憶。色の見え方は観察者の経験や記憶の状態（熟練度、意欲、慣れ、心労など）によって変わる。 ⇒記憶色と色記憶（下部TIPS）

TIPS

記憶色とは、肌色や青空の色など、実物を見なくても記憶の中で思い浮かべられる色のことです。実は、実際の色よりも色相が変化し、明度や彩度が高くなるといわれています。一方、色記憶とは、目の前にある色を意識的に記憶しようとすることです。この場合は記憶色と違って、色相はあまり変化はしませんが、彩度はやはり高く記憶されるといわれています。これだけ、人間の記憶はあいまいで、あてにならないともいえます。

視覚現象の三要素

色を正確に見たり測ったりする際は、次の3つの要素を考慮し、各条件を可能な限り厳密に整えることが大切です。

①どんな光をあてるのか（光源の分光分布）
②どんな素材の物体なのか（物体の分光反射率または分光透過率）
③どんな眼の感度なのか（眼の分光感度）

上記の①分光分布と②分光反射率（または分光透過率）、③分光感度の3つのグラフを掛け合わせたものが、ほぼ最終的な色の見え方になります（図1）。いいかえると、視覚現象の三要素によって色の見え方が決まるともいえます。つまり、三要素のすべてがまったく同じ場合しか、同じ色にはなりません。三要素のどれか1つでも異なると、厳密な意味では、別の色に見えます。

表2：視覚現象の三要素の基準

三要素	説　明
①基準の光	主な基準の光には「標準の光A」、「標準の光D65」、「測色用補助標準イルミナントC」の3種類がある（図3参照）。
②基準の物体	基準の物体となるのは、反射物体の場合は完全拡散反射面で、入射光を100%反射する理想的な白色物体。透過物体の場合は入射光を100%透過する空気が基準になる
③基準の眼	基準の眼となるのは等色関数（人間の眼に対応する分光感度）。人間の視感度を調べてその平均をとった値で、測色標準観測者としての役割を果たす。人間の眼の感度は、大きいものを見るときと、小さいものを見るときで多少異なるため、基準の等色関数には「2°視野等色関数」と「10°視野等色関数」の2種類がある（図3参照）

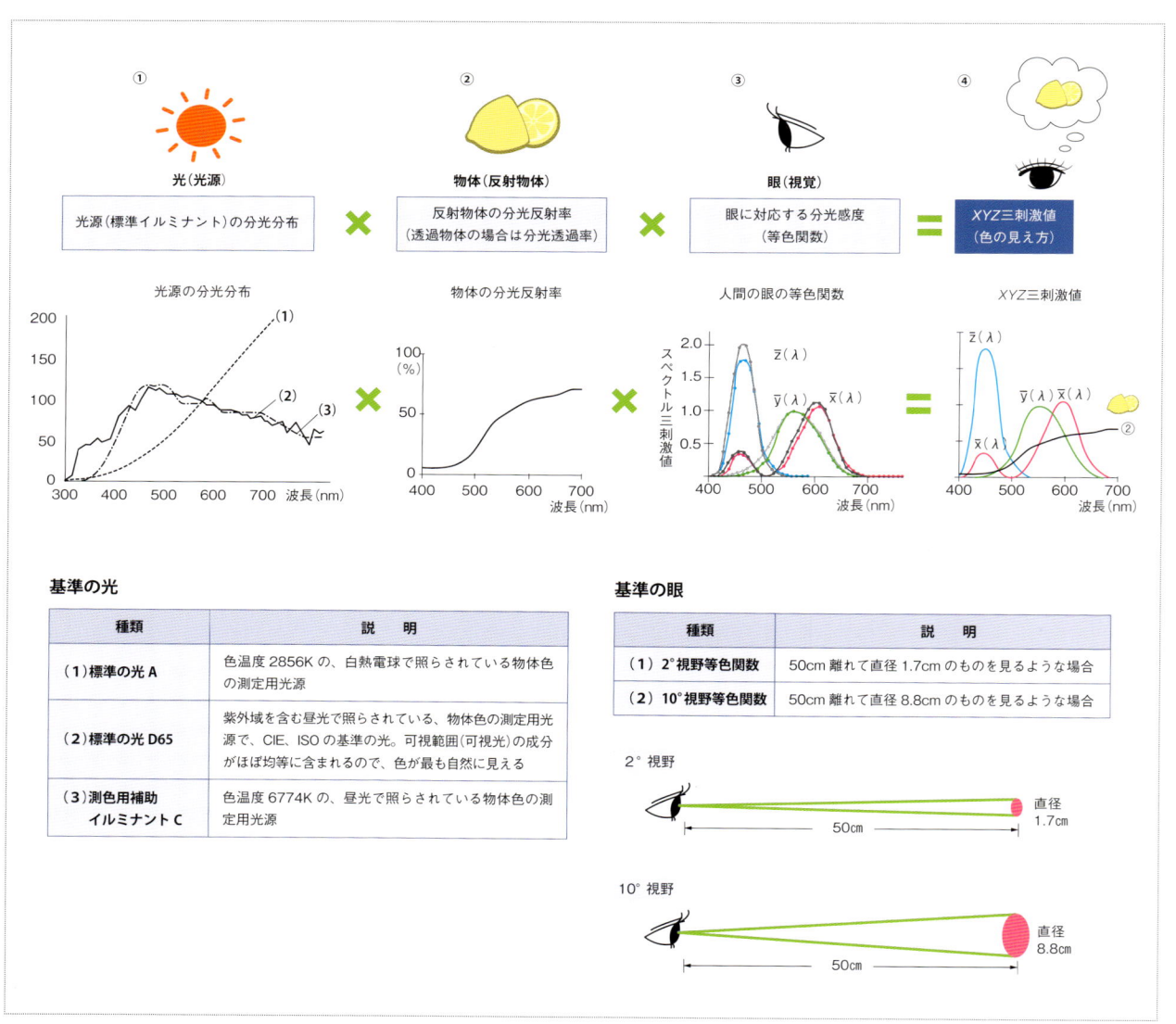

基準の光

種類	説　明
（1）標準の光A	色温度2856Kの、白熱電球で照らされている物体色の測定用光源
（2）標準の光D65	紫外域を含む昼光で照らされている、物体色の測定用光源で、CIE、ISOの基準の光。可視範囲（可視光）の成分がほぼ均等に含まれるので、色が最も自然に見える
（3）測色用補助イルミナントC	色温度6774Kの、昼光で照らされている物体色の測定用光源

基準の眼

種類	説　明
（1）2°視野等色関数	50cm離れて直径1.7cmのものを見るような場合
（2）10°視野等色関数	50cm離れて直径8.8cmのものを見るような場合

図3 視覚現象の三要素。私たちが認識している「色」は、3つのグラフを掛け合わせた結果によって決まります。

色を測る方法

色を測る方法には、「眼で測る方法」と「機器で測る方法」の2種類があります。

眼で測る方法

眼で色を測ることを「視感測色（視感比色）」といいます。視感測色を行う手順は図4の通りです。なお、視感測色を行う際は次の点に注意する必要があります。

1つめは「作業環境」です。通常は、市販されている色比較用ブースなどを使用します。作業面の広さ300mm×400mm以上が望ましく、作業面の色は、中位の明るさの灰色（マンセル明度N4～5）を基本とします。

2つめは「作業環境の照明光と照度」です。照明光は、自然昼光や人工昼光が基本です。太陽からの直接光や、樹木や建築物の壁などからの反射光が入らないように避けます。また、日の出3時間後から、日没3時間前までに行うのが基本となります。

3つめは「対象物（試料）と色見本の並べ方」です。対象物と色見本の間は、段差をつけたり隙間をあけたりせずに、同一平面上に（縦ではなく横に）きちんと並列させます。

4つめは「対象物（試料）と色見本の大きさ」です。どちらもなるべく大きめがよく、塗装見本の場合、基本は150mm×100mmとされています。また、対象物と色見本の大きさを揃えるということも非常に大切です。

5つめは「照明と受光の幾何条件」です。色の見え方は、色を見る角度によっても変わります。照明を当てる角度や試料を見る角度などを整えましょう（図5）。

機器で測る方法

機器を使用して色を測ることを「物理測色」といいます。また、物理測色には大きく分けて、色彩計を使う「刺激値直読方法」（図6）と、分光測色計を使う「分光測色方法」（図7）の2種類があります。

刺激値直読方法とは、眼の3錐体（L錐体、M錐体、S錐体）の代わりになるRGB（赤緑青）の3つのセンサで直接、光（色）を読み取る方法です。手軽で簡便、小型で低価格という特徴があります。

一方、分光測色方法とは、光（色）を多くのセンサで色を読み取る方法です。分光反射率も出すことができ、光（色）の詳細を知ることができるので、条件等色（P.143）を評価する際にも利用できます。

図4 視感測色方法の仕組みと手順

照明光源 → 試料 → 目（網膜にある3つの感覚組織）→ 赤(X)・緑(Y)・青(Z) → 脳 → 赤いと知覚

《視感測色の手順》
①測色を行う作業環境に眼を慣らしてから（順応させてから）作業を開始する
②測色作業は、休憩を数分間隔で入れながら行う（眼を休めるため）
③左右に並列している対象物（試料）と色見本の位置を時々入れ替えて観察する
④鮮やかな色を測色する際は、素早く行う（鮮やかな色を長時間見続けると、その色が残像として眼に残ってしまう場合があるため）。または、無彩色(灰色)を見て眼を休めてから作業を再開する
⑤鮮やかな色を見た後に、薄い色やその補色に近い色の測色作業は避ける（④の残像の理由から）

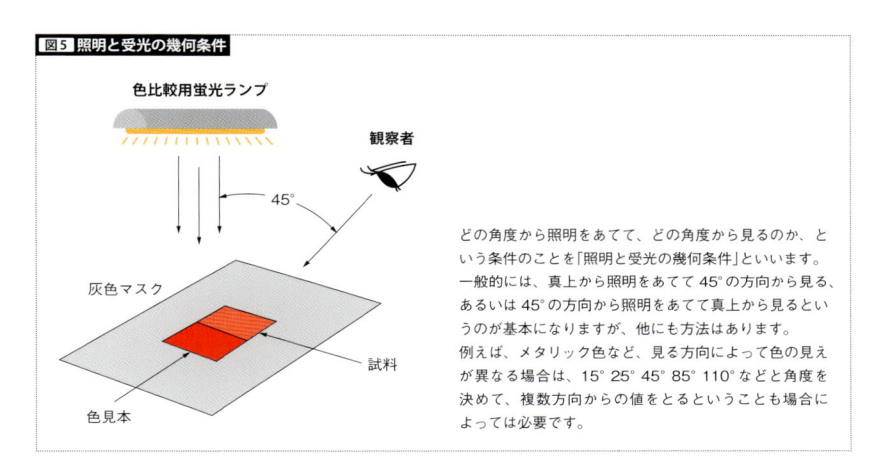

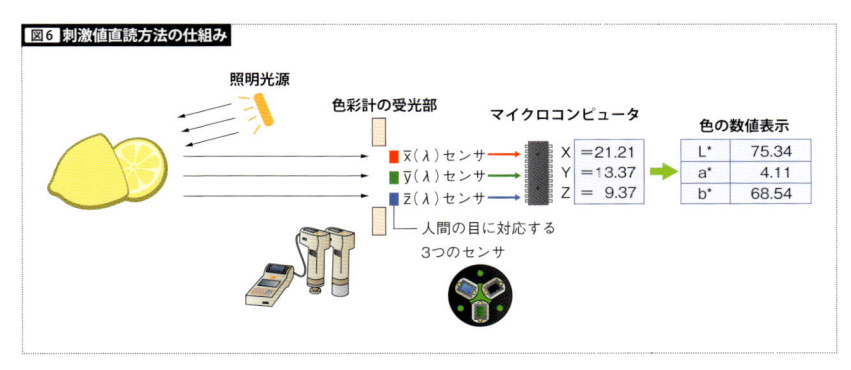

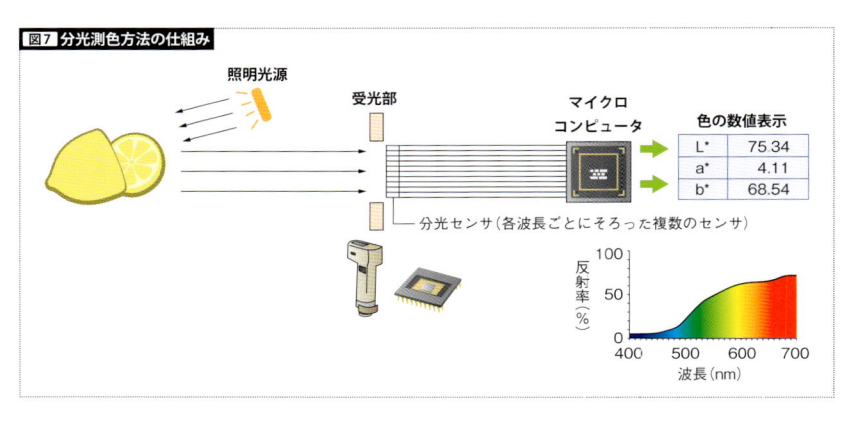

図5 照明と受光の幾何条件

色比較用蛍光ランプ／観察者／45°／灰色マスク／試料／色見本

どの角度から照明をあてて、どの角度から見るのか、という条件のことを「照明と受光の幾何条件」といいます。一般的には、真上から照明をあてて45°の方向から見る、あるいは45°の方向から照明をあてて真上から見るというのが基本になりますが、他にも方法はあります。例えば、メタリック色など、見る方向によって色の見えが異なる場合は、15°25°45°85°110°などと角度を決めて、複数方向からの値をとるということも場合によっては必要です。

図6 刺激値直読方法の仕組み

照明光源／色彩計の受光部／$\bar{x}(\lambda)$センサ／$\bar{y}(\lambda)$センサ／$\bar{z}(\lambda)$センサ／人間の目に対応する3つのセンサ／マイクロコンピュータ

	色の数値表示
X =21.21	L* 75.34
Y =13.37	a* 4.11
Z = 9.37	b* 68.54

図7 分光測色方法の仕組み

照明光源／受光部／分光センサ（各波長ごとにそろった複数のセンサ）／マイクロコンピュータ

色の数値表示	
L*	75.34
a*	4.11
b*	68.54

反射率(%) 0～100／波長(nm) 400～700

光の性質によって変わる色の見え

色の正体である光にはどのような種類があり、それぞれにどのような性質があるのでしょうか。ここでは、色の見え方に大きく影響を与える光について探ります。

本項の画像・図版提供：パナソニック株式会社

光の性質の表示方法① 分光分布

光の性質を表す方法は色々ありますが、主なものに「分光分布」、「演色性と演色」、「(相関)色温度(K)」の3つの方法があります。

分光分布とは、分光した光の成分をグラフ上に分布で表したものです。横軸は「可視範囲の波長」(380ナノメートルから780ナノメートル)、縦軸は「光の強さ」(エネルギー量)です(図1)。各波長の光の成分(各波長のエネルギー量)の詳細を表した「光のプロフィール」のようなものです。グラフの曲線状態を見ると、光源の光色(光の色)を知ることができます。

表1：光の性質を表す方法

方法	説明
分光分布	分光した光の成分をグラフ上に分布で表したもの。横軸は「可視範囲の波長」(380ナノメートルから780ナノメートル)、縦軸は「光の強さ」(エネルギー量)
演色性と演色	演色性とは物の色の見え方に影響を与える光源の性質のことで、演色とは光源による物体の色の見え方。光源の演色性を数値で表したものを「演色評価数」といい、単位はRa(アールエー)(最大値は100)
(相関)色温度(K)	物体を熱した際に物体が発する色み(光色)と、そのときの温度の関係を表したもの。単位は絶対温度(K：ケルビン)

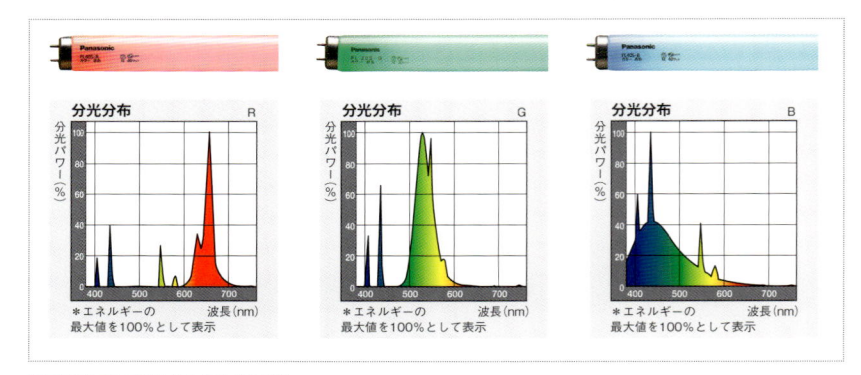

図1 蛍光ランプにおける分光分布の例。

光の性質の表示方法② 演色性と演色

物の色の見え方に影響を与える光源の性質のことを「演色性」といい、光源による物体の色の見え方のことを「演色」といいます。

光源の演色性が変われば、当然、物の見え方である演色も変わります。

また、光源の演色性を数値で表したものを「演色評価数」といいます。最大演色評価数は「100」です。

色を見たり、測ったりする際の基準の光とされているのは、①6504Kの太陽光(昼光)と、②2854Kの白熱電球ですが、この2つの光源で物を見たときのそれぞれの演色は、演色評価数で表すといずれも100になります。

また、1つの光源で複数の色をあてたときのそれぞれの演色評価数の平均値を「平均演色評価数」といい、Ra(アールエー)という単位で表します。

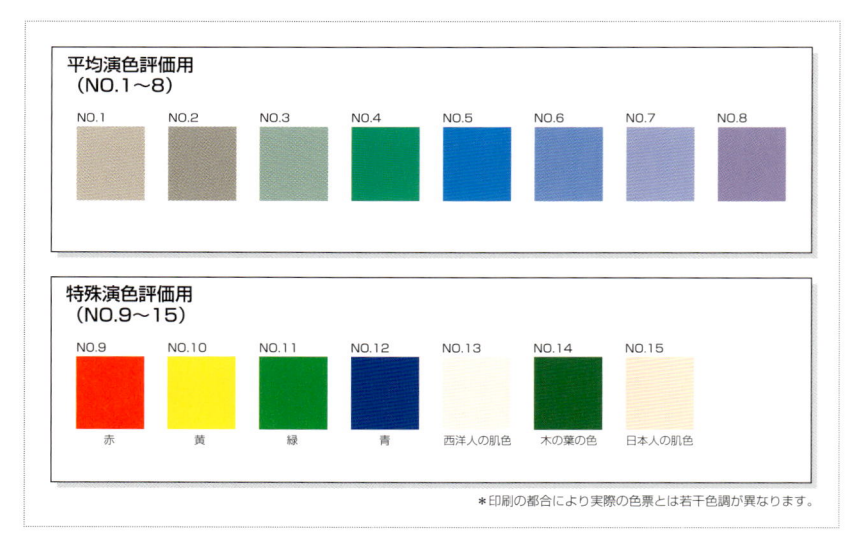

図2 演色評価色票。このような色票を用いて色を評価することで、さまざまな光源における物体の色の見え方を確認します。一般的には、演色性が低い光よりも、演色性が高い光で照明したほうが明るく鮮やかに感じられます。なお、この演色性の違いによる明るさの感じを「明るさ感」といいます。

光の性質の表示方法③ （相関）色温度（K）

物体を熱した際に物体が発する色み（光色）と、そのときの温度の関係を表したものを「色温度（相関色温度）」といいます。単位は絶対温度（K：ケルビン）です。色温度を見ることでも、ある程度、光源の光色を知ることができます。

なお、各色温度における光色は先述の「xy色度図」で確認することができます（P.123）。xy色度図と併せて確認することで、これらの関係性を体系的に理解できます。

- 色温度 6000 K
  すがすがしく爽快な雰囲気を演出するクールな光。

- 色温度 4300 K
  柔らかくおだやかな雰囲気を演出するニュートラルな光。

- 色温度 3500 K
  落ち着いた明るい雰囲気を演出するニュートラルな光。

- 色温度 3000 K
  電球に似た温かみのある雰囲気を演出するウォームな光。

- 色温度 2900 K
  電球に似た温かみのある雰囲気を演出するウォームな光。

- 色温度 2600 K
  かがり火のイメージで赤を鮮やかに演出するウォームな光。

図3 物体からの反射光は、物体を照射する光源の色温度によって異なります。そのため、同じ物体であっても、光源によって人間が感じる色はさまざまに変わります。
※写真はイメージを強調するための写真です。

●色温度の概数とその光色（代表例）

色温度	自然光	光の色	人工光源 LED電球	電球その他	蛍光灯ハロゲン電球	高輝度放電灯
12000K	●快晴の北空	青味がかった光色			●クリアスカイ(12000K)	
10000K						
9000K						
8000K						
7000K	●曇天				●クール色(3波形昼光タイプ)	
6000K	●晴天昼光 ●平均正午の太陽光		●昼光色相当(6700K)		●クール色(3波長形昼光色) ●昼光色	●スカイビーム(6000K) ●透明水銀灯(5800K)
5000K	●午前9時 ●午後3時 ●日の出2時間後 ●日没2時間前	5300K	●昼白色相当(5000K)		●ナチュラル色(3波長形昼白タイプ) ●ナチュラル色(3波長形昼白色) ●フルホワイト(昼白色)	●マルチハロゲン灯 透明形(4700K) ●マルチハロゲン灯 蛍光形(4300K) ●セラメタ(4300K) ●セラメタ調光用(4300K) ●セラメタプレミアS(4200K) ●蛍光水銀灯(4200K)
4000K	●満月	白っぽい光色	●白色相当(4000K)		●白色(3波長形白色) ●白色 ●温白色(3波長形温白色) ●温白色	●セラメタR, セラメタT(4200K) ●セラメタH(4100K) ●蛍光水銀灯(3900K) ●マルチハロゲン灯 透明形(4000K) ●セラメタプレミアSPD(3800K) ●マルチハロゲン灯 蛍光形(3800K) ●バラストレス水銀灯(3700K) ●セラメタプレミアS(3500K) ●セラメタ(3500K)
	●日の出1時間後 ●日没1時間前	3300K				
3000K	●日の出40分後 ●日没40分前		●電球色相当(2800K)	●200形電球 ●電球色(3波長形電球色) ●100形電球 ●60形電球 ●40形電球	●スタジオ用ハロゲン ●一般照明用ハロゲン ●演色AAA電球色	●セラメタプレミアS(3000K) ●セラメタ(3000K) ●セラメタプレミアS(2900K) ●セラメタプレミアSPD(2800K) ●ハイカライト(演色本位形高圧ナトリウム灯)高輝度形(2800K)
	●日の出30分後 ●日没30分前			●アセチレン炎		●ハイカライト(演色本位形高圧ナトリウム灯)高輝度形(2500K)
	●日の出20分後 ●日没20分前			●石油灯		●ハイゴールド(演色改善形)(2150K) ●ハイゴールド(効率本位形)(2050K/2100K)
2000K		赤味がかった光色				
	●日の出 ●日没			●ろうそくの炎		

温涼感の目安

- 色温度:7200Kのイメージ — 5300K以上 涼（クール）
- 色温度:5000Kのイメージ — 5300K～3300K 中間（ニュートラル）
- 色温度:2100Kのイメージ — 3300K以下 温（ウォーム）

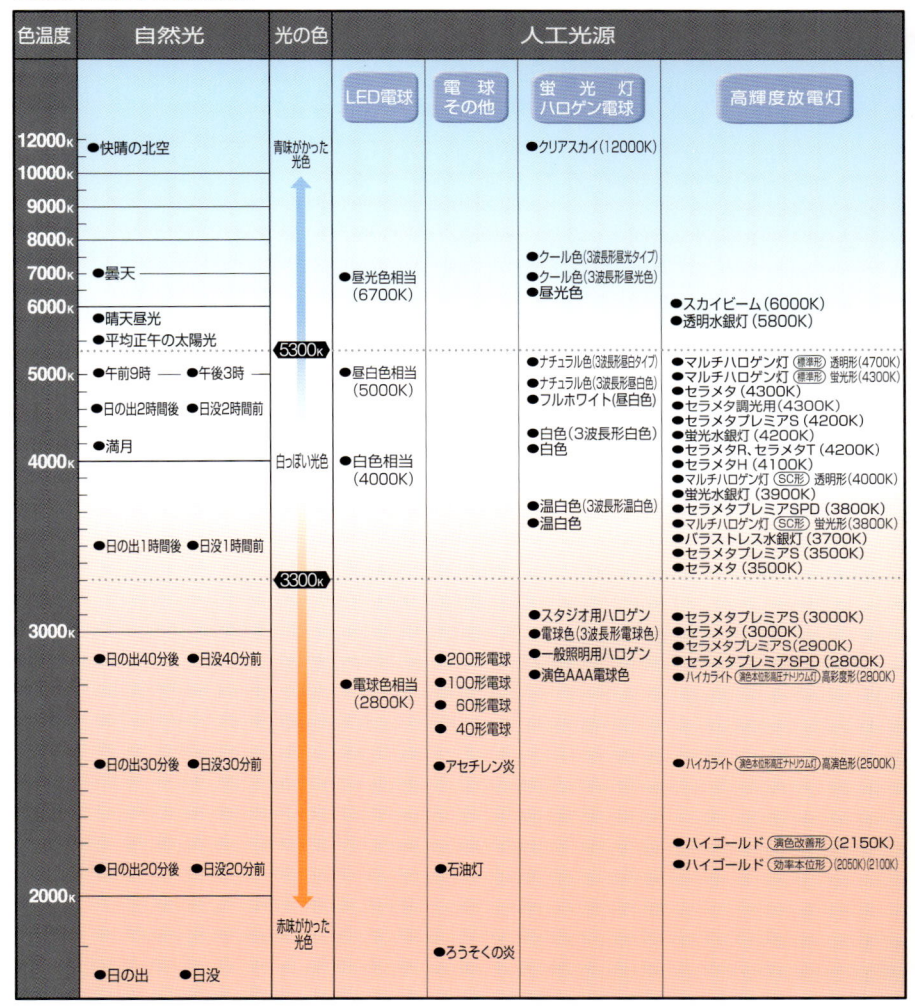

図4 （相関）色温度の概数とその光色（代表例）。

主な照明光の種類

光が発せられる源のことを「光源」といい、光源からの光を「照明光」といいます。

照明光は、太陽光のような「自然光」と室内照明のような「人工光」の2種類に大きく分類できます。さらに、人工光の中には、白熱ランプや蛍光ランプ、HIDランプ、LEDランプなどさまざまな種類があります。

光源の種類が変わると、色の見え方も変わるので、まずはどのような種類の光があるかを知ったうえで、どのような性質の光で色を見るのか、ということを考慮しなければなりません。

表2：主な照明光の種類

種類		説明
自然光	太陽光	人間が古来より慣れ親しんでいる光。現在でも昼光（日中昼間の太陽光）が、色を見る際の基準の光とされている
人工光	白熱ランプ	人工照明を代表する1つ。太陽光と同じく、色を見る際の基準の光とされている。白熱ランプには、光の量を自由に調節（調光）できる「白熱電球」と、白熱電球を改良した「ハロゲンランプ」の2種類がある
	蛍光ランプ	白熱電球と比べて、高効率で長寿命、少消費電力で、経済性に優れている。光の色の種類も豊富で、その色みごとに、昼光色、昼白色、白色、温白色、電球色の5つに分類される
	HIDランプ	HIDランプ（High Intensity Discharge：高輝度放電灯）は、大光量で高輝度、長寿命で効率の良いランプ。デパートや体育館など、広い空間の照明によく使われている
	LEDランプ	LEDランプ（Light Emitting Diode：発光ダイオード）は、発熱が少なく、寿命が数万時間ととても長いのが特徴で、温暖化や省エネ対策の観点から見ても、次世代の照明として期待されている

光の種類別：色の見え方

光の種類別に、それぞれの製品サンプルと、分光分布、色の見え方を紹介します。

白熱ランプ

温かな印象が魅力的な白熱ランプは、人工照明を代表する1つです（図5）。高級感や落ち着いた雰囲気を出したい店舗や住居のインテリア照明によく使われています。白熱ランプには、光の量を自由に調節（調光）できる「白熱電球」と、白熱電球を改良した「ハロゲンランプ」の2種類があります。

図5 白熱電球（左）とハロゲンランプ（右）の分光分布と色温度。白熱電球には、内側が白く塗られたソフトな光のホワイトランプや、ガラス球が透明でキラキラとした光のクリアランプなどがあります。基準の光とされている白熱電球の色温度は約2856Kです。

HIDランプ

HIDランプ（High Intensity Discharge：高輝度放電灯）には、メタルハライドランプや水銀ランプ（図6）、高圧ナトリウムランプ、低圧ナトリウムランプ（図7）などの種類がありますが、いずれも大光量で高輝度（明るくまぶしい）、さらに長寿命で効率がいいので、デパートやスーパー、体育館やスタジアム、道路や公園など、大きく広い空間の照明によく使われています。

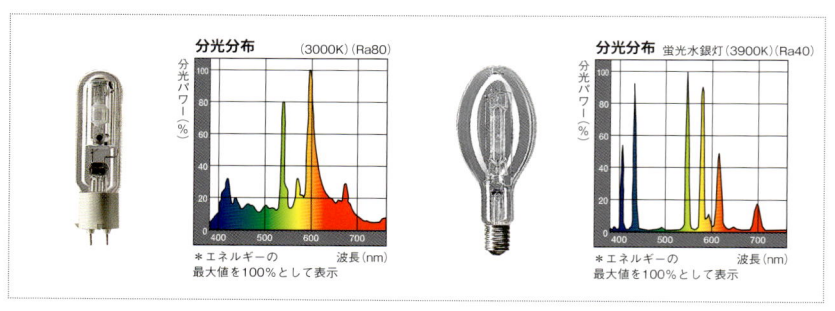

図6 メタルハライドランプ（左）と、水銀ランプ（右）の分光分布と色温度。

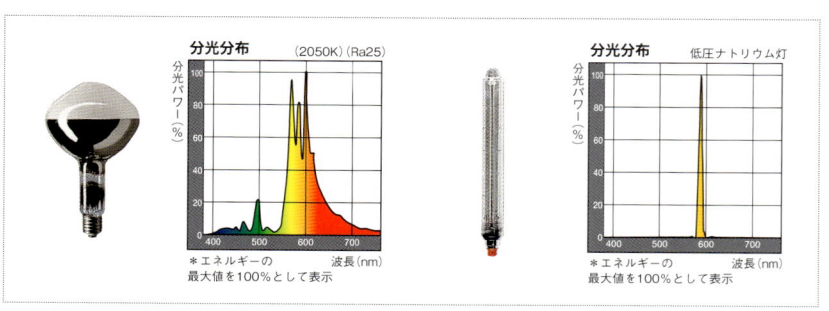

図7 高圧ナトリウムランプ（左）と、低圧ナトリウムランプ（右）の分光分布と色温度

蛍光ランプ

人工照明でおなじみの蛍光ランプは、白熱電球に比べて高効率で長寿命、消費電力も少なく経済性に優れているランプです。

光の色の種類も豊富で、その色みごとに次の5種類に分類されています（図8）。

- **昼光色（D：Daylight）**
  - 5700-7100K。通常は6500K
  - 晴天の正午の日光の色
- **昼白色（N：Natural）**
  - 4600-5400K。通常は5000K
  - 晴天の正午をはさんだ時間帯の日光の色
- **白色（W：White）**
  - 3900-4500K。通常は4200K
  - 日の出2時間後の日光の色
- **温白色（WW：Warm White）**
  - 3200-3700K。通常は3500K
  - 夕方の日光の色
- **電球色（L：Light）**
  - 2600-3150K。通常は2800K・3000K
  - 白熱電球の色

光の種類別に、それぞれの製品サンプルと、分光分布、色の見え方を紹介します。

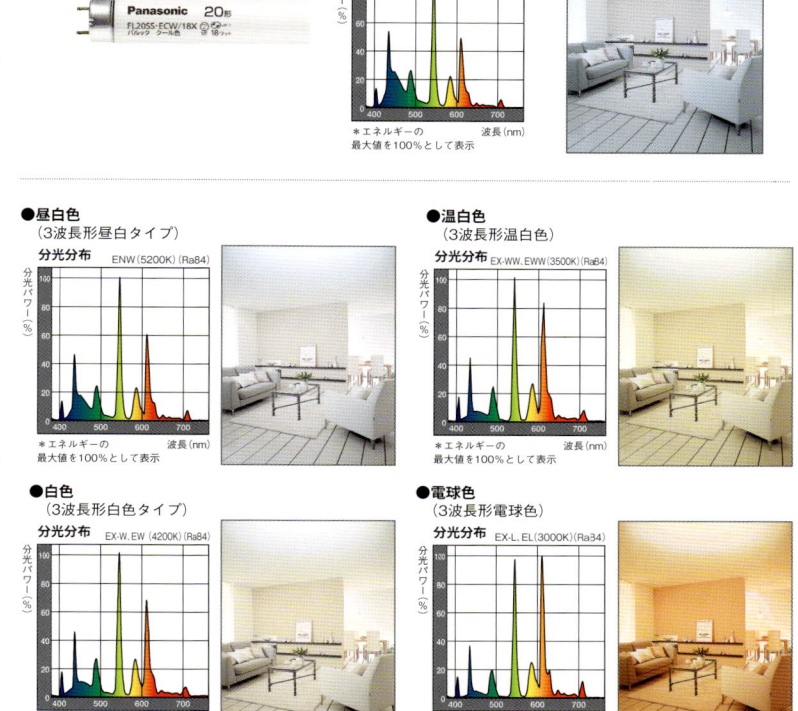

LEDランプ

LEDランプ（Light Emitting Diode：発光ダイオード）は、発熱が少なく、寿命が数万時間ととても長いのが特徴で、温暖化や省エネ対策の観点から見ても、次世代の照明として期待されています（図9）。

また、不要な赤外線や紫外線をほとんど放出しないため、温度管理が必要な商品や貴重な美術品など、デリケートなものを照明するのにも向いています。

他にも、道路の信号機や案内表示、家電製品なども順次LEDランプに切り替えられるなど、すでにさまざまな用途に幅広く使われています。

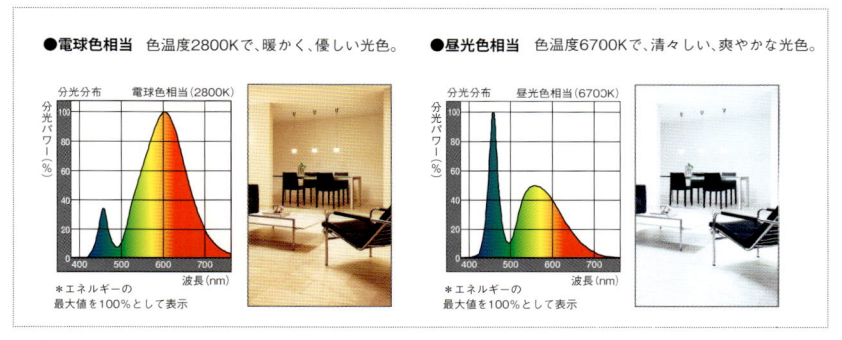

図8 さまざまな蛍光ランプの分光分布と色温度。
※写真はイメージを強調するための写真です。

図9 LED電球における分光分布と色温度。
※写真はイメージを強調するための写真です。

TIPS

蛍光ランプは「物の本来の色みをどれだけ再現してくれるか」という演色性の基準が高いものから、「高演色形」、「3波長域発光形」、「普通形」というように分類されている場合もあります。

物の性質によって変わる色の見え

物には私たちの眼に到達させる光の成分やその方向を変える性質があります。ここでは、そんな物の性質について探ります。

物の性質の表示方法

物体に当たった光を、物体がどれだけ反射するか（あるいは透過するか）を表した数値を「分光反射率（分光透過率）」といいます。

物体は、光を通さない「反射物体」と、光を通す「透過物体」の2種類に大きく分類できますが、分光反射率曲線（または分光透過率曲線）を見れば、反射物体の反射率や透過物体の透過率をより詳細に把握することができます。

分光反射率（透過率）曲線を表すグラフの横軸は「可視範囲の波長」（380ナノメートルから780ナノメートル。分光分布と同じ）で、縦軸は「物体から跳ね返される光の反射率」（または「物体をすり抜ける光の透過率」）です。

光源からの光（分光分布）と、物体から反射（透過）される光（分光反射率or分光透過率）を掛け合わせた光の分光分布が、最終的に私たちの眼に届く光の成分を表すものとなります。

分光分布や分光反射率（分光透過率）といった分光グラフは、いずれも心理的かつ主観的な観点を抜きにして、色の正体である光の成分の違いを、物理的かつ客観的に把握することができるものです。

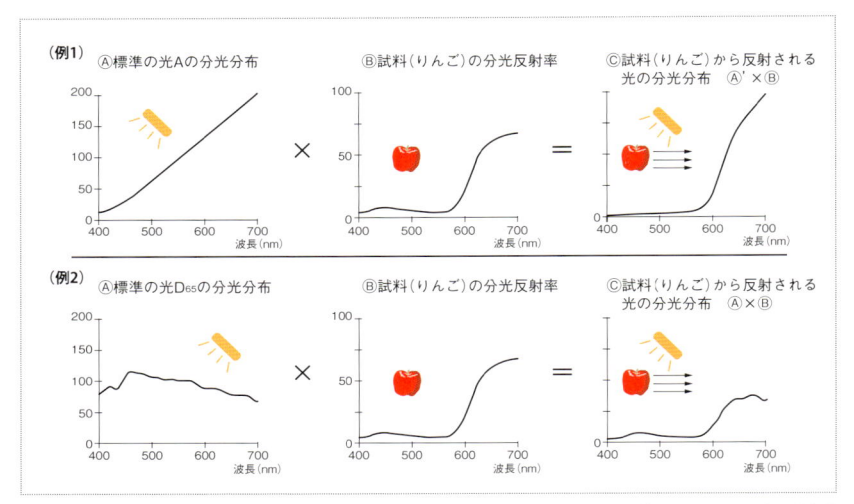

図1 光源からの光（分光分布）と、物体から反射（透過）される光（分光反射率または分光透過率）を掛け合わせた光の分光分布が、最終的に私たちの眼に届く光の成分を表すものとなります。

分光グラフの読み方

光のプロフィールである「分光分布」も、物体のプロフィールである「分光反射率（分光透過率）」も、分光グラフの見方は同じです。

グラフの山の高い所を見ると「色み（色相）」、グラフ全体の高さを見ると「明るさ（明度）」、グラフの高いところと低いところの高低差を見ると「鮮やかさ（彩度）」を知ることができます（図2）。

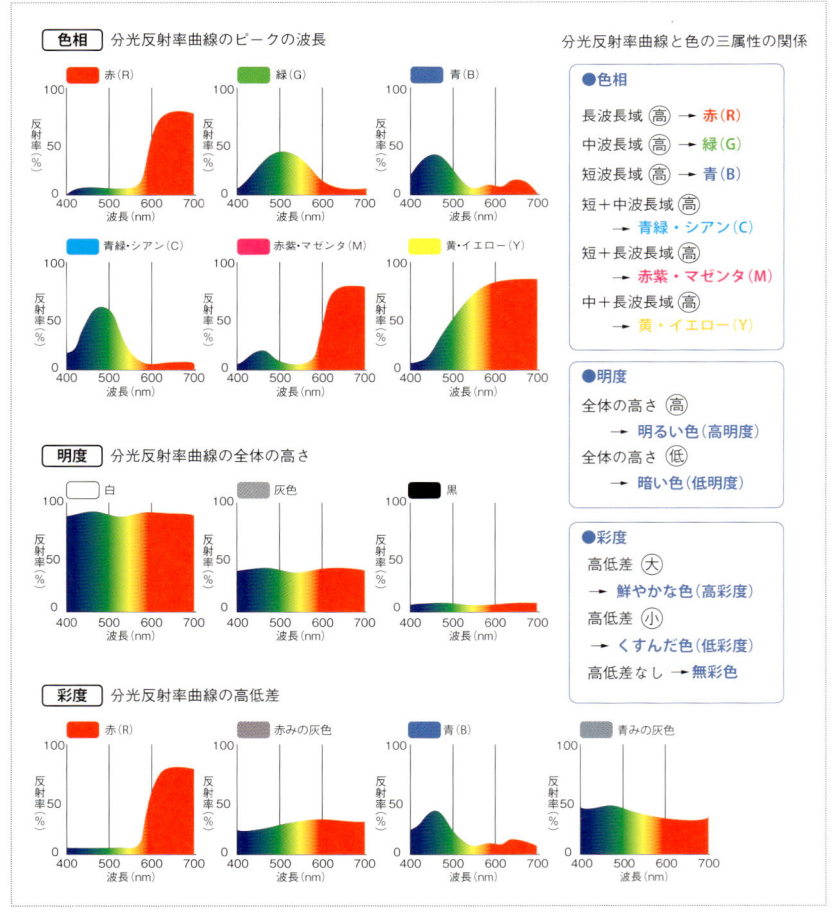

図2 分光反射率（透過率）曲線を表すグラフ。横軸は「可視範囲の波長」（380ナノメートルから780ナノメートル）、縦軸は「物体から跳ね返される光の反射率」（または「物体をすり抜ける光の透過率」）です。

分光反射率曲線と色の三属性の関係

●色相
- 長波長域（高）→ 赤（R）
- 中波長域（高）→ 緑（G）
- 短波長域（高）→ 青（B）
- 短＋中長域（高）→ 青緑・シアン（C）
- 短＋長波長域（高）→ 赤紫・マゼンタ（M）
- 中＋長波長域（高）→ 黄・イエロー（Y）

●明度
- 全体の高さ（高）→ 明るい色（高明度）
- 全体の高さ（低）→ 暗い色（低明度）

●彩度
- 高低差（大）→ 鮮やかな色（高彩度）
- 高低差（小）→ くすんだ色（低彩度）
- 高低差なし → 無彩色

物体の種類と、それによる色の見え方

光が直接眼に届いた際に感じる色を「光源色」（光⇒眼）、一度物に当たってから私たちの眼に届く色を「物体色」といいます。また、物体色は、その対象がどのような種類の物体であるかによって、さらに「表面色」（光⇒反射物体⇒眼：反射光）と、「透過色」（光⇒透過物体⇒眼：透過光）の2種類に分類されます（図3）。

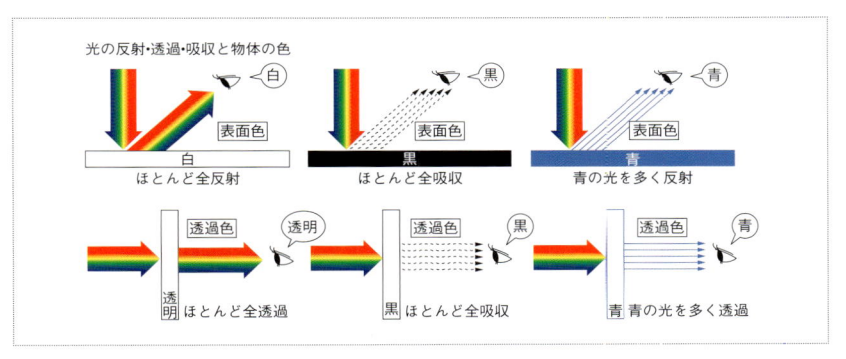

さまざまな物体

反射物体や透過物体は、その表面状態によってさらに細かく分類することができます。表面状態の違いが反射や透過の違いとなり、光沢感や透明感といった色や素材感の見た目の印象の違いへとつながります。

均一な表面の反射物体（鏡など）の場合は「正反射」となるため光沢感を感じますが、不均一な表面（タオルなど）の場合は「拡散反射」となるため光沢感は感じられません（図4）。なお、正反射が起きたところは、光沢感やまぶしい印象となるため、正しい色を見ることができないので注意が必要です。

均一な表面の透過物体（クリアガラスなど）の場合は「正透過」となるため透明感を感じますが、不均一な表面（曇りガラスなど）の場合は「拡散透過」となるため一部不透明な感じになります。

図3 表面色と透過色。

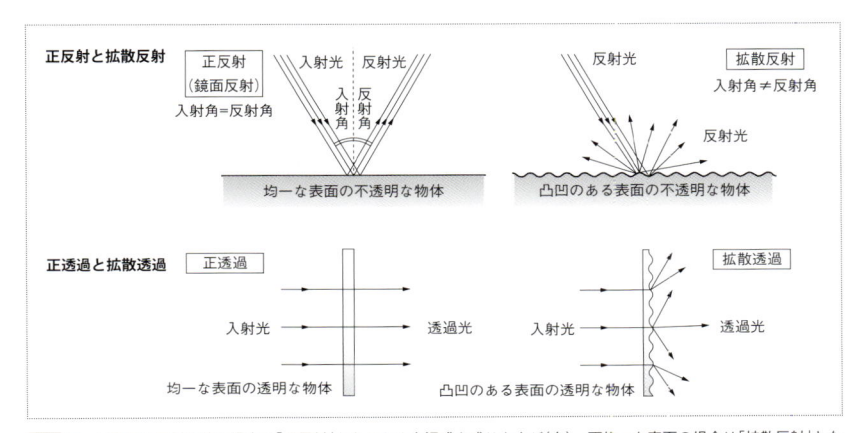

図4 均一な表面の反射物体の場合は「正反射」となるため光沢感を感じますが（左）、不均一な表面の場合は「拡散反射」となるため光沢感は感じられません（右）。一方、均一な表面の透過物体の場合は「正透過」となるため透明感を感じますが（左）、不均一な表面の場合は「拡散透過」となるため一部不透明な感じになります（右）。同じ色でも、均一な表面の光沢のある色と、不均一な表面の無光沢の色では、印象が大きく異なるのはこのためです。

COLUMN　色の外観表情

先述したとおり、分光分布や分光反射（透過）率などの分光グラフを見れば、基本的にどんな色かわかりますが、ドイツの心理学者であるカッツ（David Katz：1884～1953）は、現象学的観察によって、分光グラフが同じでも色の現れ方が異なれば同じ色とは感じられないとして、はじめて色の持つ「外観表情」を右の9つに分類しました。

①面色（Film Color）
青空のような感じの色の見え方で、物体のような立体感や距離感がなく、視線が広がり、軟らかく澄んで、明るいように見える色

②表面色（Surface Color）
物体などの表面の色のことで、物体に当たった光のすべてが透過することなく、一部は物体内部で吸収され、残りが反射することによって見える色

③空間色（Volume Color）
無色透明なグラスに入った、色のついたリキュールなど、立体空間の中のすべてを満たしているかのように見える色

④透明面色（Transparent Film Color）
透明な色ガラスを通して向こう側を見たときに、ガラスの存在感が薄れるような面色の色

⑤透明表面色（Transparent Surface Color）
両眼である色を見ながら、一方の眼の前に透明または不透明な色を示す場合に、その色を通してある表面色を見ているような色

⑥鏡映色（Mirrored Color）
鏡のガラスの色を通した色など、鏡に映った状態の色

⑦光沢（Luster）
物体から反射してくる正反射光により、光ったりツヤとして見える色

⑧光輝（Luminosity）
炎や電球や雷など、発光しているように見える色

⑨灼熱（Glow）
鉄を熱した時など、面色に近く、内部までその色を感じるように見える色

眼の性質によって変わる色の見え

物理的な光が同じでも、その光を受け取る眼が異なると、感じ方も変わります。ここでは、主観的な色の見え方の差に関わる眼のしくみとその性質について探ります。

眼のしくみ

実際にグラフィックデザインやカラーデザインを行う際に、眼のしくみを考慮することはあまりありませんが、すべての色が眼を介して伝達されることを考えれば、眼のしくみや性質の基礎を理解しておくことは大切です。そこで、ここでは眼のしくみと性質を簡単に解説します。

眼の構造と感じる色み

人間の眼は、カメラの構造によく似ています。カメラのレンズにあたり、光を屈折させるのが「角膜」や「水晶体」、カメラの絞りにあたり、眼に取り入れる光の量を調節するのが「虹彩」、光を取り入れる孔(あな)が「瞳孔」です(図1)。

また、カメラのフィルムにあたるのが眼の三層構造の最も内側にあたる「網膜」です。網膜の中でも中心窩周辺の「黄斑」という部分が、もっとも解像度が高く、色や形がよく見える部分です。網膜には、円錐状の「錐体(Cone)」と棒状の「杆体(Rod)」という2つの視細胞が存在しています。色みを感知するカラーフィルムにあたるのが錐体、明暗といった明るさを感知する白黒フィルムにあたるのが杆体です。

錐体はさらに、主に赤を代表とする長波長成分を感じ取る「L錐体(L=Long)」、主に緑を代表とする中波長成分を感じ取る「M錐体(M=Middle)」、主に青を代表とする短波長成分を感じ取る「S錐体(S=Short)」、の3種類があります。

人間は、このたった3種のカラーセンサーと1種の明暗センサーであらゆる色を感じ取っており、人による色の見えの差にもっとも深く関わるのが、この錐体や杆体といった視細胞です(図2)。また、3種のカラーセンサーであるL錐体、M錐体、S錐体が、可視範囲の波長の刺激を受けたときに感じる度合いを「分光感度」といい、その波長ごとの明るさ感覚を物理量として表したものを「分光感度曲線」といいます。

さまざまな色覚タイプ

持って生まれた色覚は人によってさまざまですが、主に右表の5つのタイプに分けることができます。自分が見ている色が他人にもまったく同じように見えているとは限らないので、ユニバーサルデザイン(P.7)の観点から見ても、このことを頭に入れておくことが大切です(図3)。

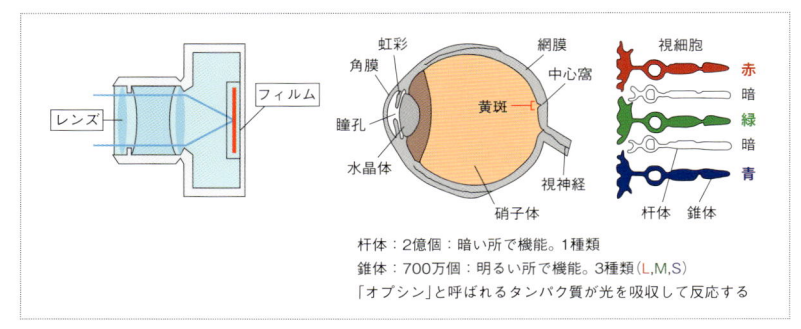

杆体:2億個。暗い所で機能。1種類
錐体:700万個。明るい所で機能。3種類(L,M,S)
「オプシン」と呼ばれるタンパク質が光を吸収して反応する

図1 錐体には、長波長成分(赤)を感じ取るL錐体、中波長成分(緑)を感じ取るM錐体、短波長成分(青)を感じ取るS錐体、の3種類があります。

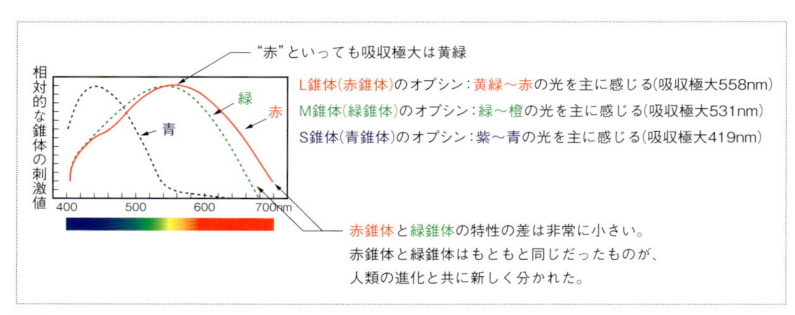

L錐体(赤錐体)のオプシン:黄緑〜赤の光を主に感じる(吸収極大558nm)
M錐体(緑錐体)のオプシン:緑〜橙の光を主に感じる(吸収極大531nm)
S錐体(青錐体)のオプシン:紫〜青の光を主に感じる(吸収極大419nm)

赤錐体と緑錐体の特性の差は非常に小さい。
赤錐体と緑錐体はもともと同じだったものが、人類の進化と共に新しく分かれた。

図2 人間の3つの錐体の分光特性。L錐体とM錐体の感度は似ているため、色覚が弱い人にとっては特に、赤と緑は混同されやすいといわれています。

表1:色覚タイプ

タイプ	説 明
① C型色覚	3種類の錐体がすべて揃っているいわゆる正常タイプの人で、日本人男性の約95%、女性の約99%以上を占める
② P型色覚	3種の錐体のうちL錐体がない人(P型強度:第一色盲)と、L錐体の分光感度がずれてM錐体と似ている人(P型弱度:第一色弱)がいる。P型強度の人はC型との見え方の差が大きく、P型弱度の人はC型との中間になる
③ D型色覚	3種の錐体のうちM錐体がない人(D型強度:第二色盲)と、M錐体の分光感度がずれてL錐体と似ている人(D型弱度:第二色弱)がいる。色弱者のほとんどはこの②と③のタイプで、合計で男性のほぼ5%を占める
④ T型色覚	3種の錐体のうちS錐体がない人(第三色盲)
⑤ A型色覚	3種の錐体のうち1種類しか持たない人や、錐体がまったくなく、杆体しか持たない人で、色を明暗でしか感じることができない人

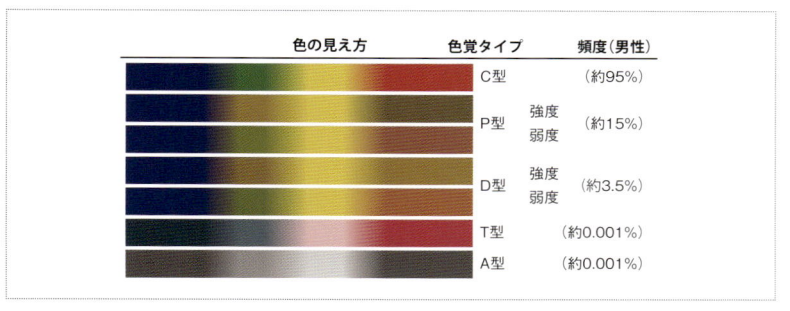

色の見え方 / 色覚タイプ / 頻度(男性)
C型 (約95%)
P型 強度/弱度 (約15%)
D型 強度/弱度 (約3.5%)
T型 (約0.001%)
A型 (約0.001%)

図3 各色覚タイプにおける色の見え方の違い

加齢によって変わる色の見え方

色の見え方は、眼の疾患によっても変化します。また、同じ人でも、年を重ねるにつれて色の見え方が変化する場合があります。

眼のレンズの水晶体が白く濁る「白内障」は、激しくなると短波長側の青〜緑の光を通さなくなり、また光が散乱するので、像がぼやけて見えます（図4）。

その他、網膜の視細胞が少なくなる「緑内障」などは、視力が低下するとともに、3種の錐体のうちS錐体がもっとも影響を受けるため、T型色覚に近い見え方になります。一般的には、加齢に伴いすべての波長域での光の透過率が低下し、特に500nm以下の感度の低下が著しくなります（図6）。これによって周囲が暗く、黄色が白っぽく感じられて、青と黒の区別がつきにくくなるのが特徴です。

これらの疾患は人によってその程度や状況に差があるため、見え方の個人差にも大きくつながりますが、一般的には、（色相や彩度差よりも）明度差を大きくとる配色を心がけることが大切です。

図4 白内障の見え方のシミュレーション。白内障が激しくなると、像がぼやけて見えます。

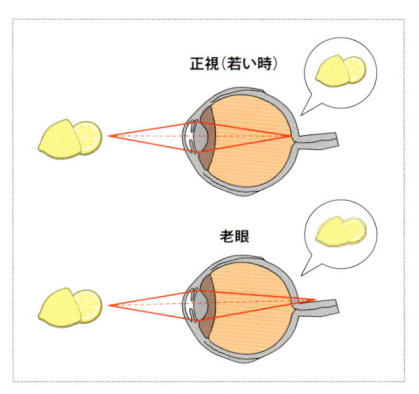

図5 正視時と老眼時の違い。老眼は、年齢とともに水晶体が硬くなったり、それを支える毛様体の働きが低下したりして、近くにピントを合わせることができなくなるのが特徴です。

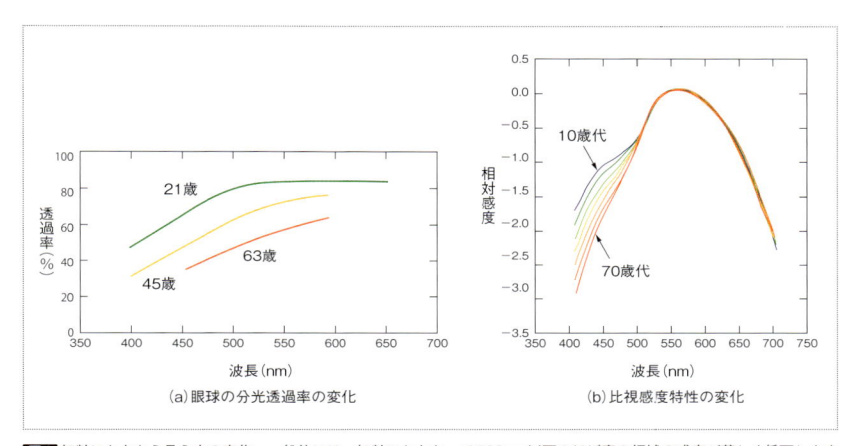

図6 加齢にともなう見え方の変化。一般的には、加齢にともなって500nm以下のほぼ青の領域の感度が著しく低下します。

(a) 眼球の分光透過率の変化
(b) 比視感度特性の変化

周囲の明るさや色みによって変わる色の見え方

人は、明るい所と暗い所で眼の感度が異なるため、色の見え方が変わります。また、周囲の環境の明るさに眼が順応する前と順応した後でも色の見え方が変わります。明るい所で錐体を働かせて物を見ている状態を「明所視」、暗い所で杆体を働かせて物を見ている状態を「暗所視」といいます。また、明所視から暗所視へと移行し、周囲の暗さに眼が慣れることを「暗順応」、暗所視から明所視へと移行し、周囲の明るさに眼が慣れることを「明順応」といいます。

このような、明所視と暗所視では眼の感度に違いがある現象を、発見者の名前をとって「プルキンエ現象」といい、感度が移行することを「プルキンエシフト」といいます。明順応するのには数分程度とそれほど時間はかかりませんが、暗順応するには10〜15分、完全には30分程度かかるので注意してください（図7）。

また、寒色系の蛍光灯の部屋から暖色系の白熱電球の部屋に行くと、はじめは色みの違いを大きく感じますが、次第に眼が慣れてくるなど、眼が自動的に感度調整しながら周囲の環境の色みの違いに慣れていくことを「色順応」といいます。これは、カメラのオートホワイトバランス機能に似ています。それと似た現象で、周囲の色みが変わっても、ある程度脳の記憶や推測から、いつもと変わらないように色を感じ取る機能のことを「色彩恒常」（色の恒常性）といいます。

いずれにしても、照明光が変わると色の見え方が変わる、という現実が存在する一方で、ある程度の環境の違いなら、その違いをカバーして、いつもと変わらないように見えてくれる、という人間が本来持って生まれた特性を知っておくことが必要です。

図7 プルキンエ現象の実際。明るい所では長波長側の感度が高いため、赤が明るく綺麗に見えていたのが、暗い所では短波長側の感度が高くなるため（プルキンエシフト）、青が明るく綺麗に見えています。

三属性間や光の入射角度によって変わる色の見え

色の見え方は、三属性間の影響や、照明光や光線の入射角度の影響によっても変化します。ここでは、色の見え方に影響を及ぼす、代表的な効果や現象をいくつか紹介します。

三属性間の影響によって変わる色の見え

色は、物理的には同じでも、三属性間の相互の影響によって見え方が変わってしまうほどデリケートな存在です。特に彩度は、見え方の性質が不安定であるため、色相や明度によって見え方がよく変わります。そのため色を見るときには以下の点を考慮することが重要になります。

- 物の彩度や光の純度
- 照明光の明るさ
- 照明光の純度

ヘルムホルツーコールラウシュ効果（明度と彩度の関係）

人間は、明度が等しい色でも彩度が高いものほど明るく感じるなど、鮮やかで目立つものを「明るい」と捉える傾向がありますが、これを「ヘルムホルツーコールラウシュ効果」といいます。ヘルムホルツーコールラウシュ効果は、特に青、紫、赤紫の場合に強く現れ、逆に黄色ではあまり現れません（黄色はもともとすでに明るいため）。この効果は物体色・光源色の両方に当てはまります（図1）。

ベゾルトーブリュッケ現象（明度と色相の関係）

同じ色相の色でも、明るい光のときと暗い光のときで色相が違って見えますが、これを「ベゾルトーブリュッケ現象」といいます。光を明るくすると長波長の光は黄みに寄ったように知覚され、短波長の光は青みに寄ったように知覚されます。中には、明るさが変化しても色みが変化しない波長もあります。474nmの青と、506nmの緑、571nmの黄です。これらを「不変点」や「不変波長」といいます（図2）。

アブニーシフト（彩度と色相の関係）

ある色光に白色光を加えて光の純度を変えると色相が違って見えますが、これを「アブニーシフト」といいます。光が白っぽく、純度（彩度）が低くなると色相は長波長側にシフトし（例：475nmの青に白を加える→鮮やかな青→薄紫→ピンクに移行して見える）、光の純度が高くなると色相は短波超側にシフトして見えます。ただし、577nmの黄の場合は鮮やかさが変化するだけで色みは変化しません。そのため、これを「不変点」といいます。

図3は、色度図上に同じ色相に見えるマンセル明度5の色の軌跡を表したものです。色度図中央の無彩色から放射状に伸びる線は、等色相に感じられる色を示しています。例えば5Rの色相の放射線を見ると、色度図上の外側に行くにつれて右下に曲がっていることがわかります。このことから、赤を鮮やかにした場合、同じ赤の色相に見せるためには、やや紫方向へシフトさせなければならないことがわかります。つまり同じ色相の主波長のまま5Rの彩度をあげていくと、黄色方向にずれて見えるようになります。

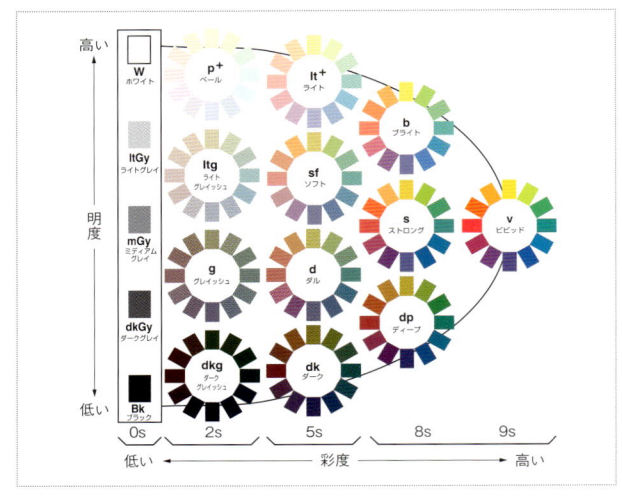

図1 ヘルムホルツーコールラウシュ効果の例。鮮やかな色を「明るい」といってみたり、明るい色を「鮮やか」といってみたりと、彩度が高い（鮮やか）色と、明度が高い（明るい）色を混同している人がいます。明度と彩度は、きちんと分けて考える必要がありますが、この傾向は「ヘルムホルツーコールラウシュ効果」によるものとも考えられます。

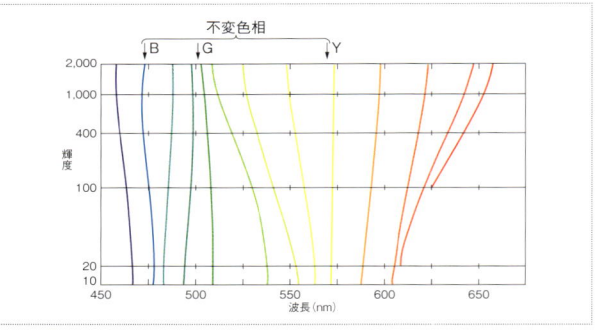

図2 ベゾルトーブリュッケ現象。低輝度では、黄緑や青緑は緑みを増し、青紫や黄赤は赤みを増す結果、赤と緑の範囲が広がります。高輝度では、黄赤や青緑は黄みを増し、青紫や青緑は青みを増す結果、黄と青の範囲が広がります。

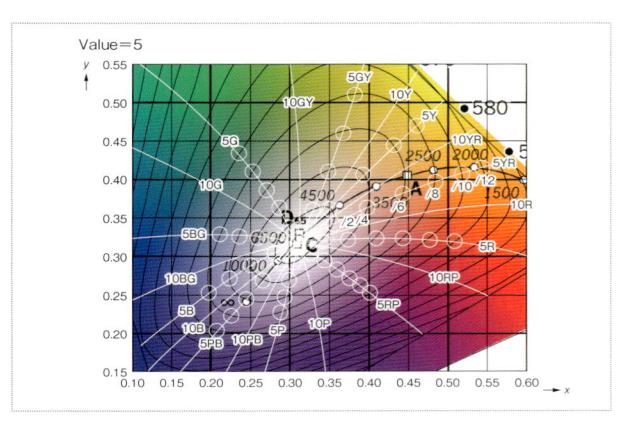

図3 アブニーシフト。色度図上に同じ色相に見えるマンセル明度5の色の軌跡を表したもの。

照明光や光線の入射角度の影響によって変わる色の見え

色は、照明光や光線の入射角度によっても見え方が変わります。

ヘルソン－ジャッド効果

照明光が変わると知覚する色も変わって見えることはすでに学びましたが、照明が与える色の見えが、図色と地色の関係によって異なる場合があります。これを「ヘルソン－ジャッド効果」といいます。図色と地色の2色の灰色の明度が近似している場合は、そのまま2色の灰色に見えます。しかし、図（高明度）が地（中明度）よりも明るい場合は、図色は照明光と同じ色の有彩色を帯びて見え、図（低明度）が地（中明度）よりも暗い場合は、図色は照明光の補色を帯びて見えます。

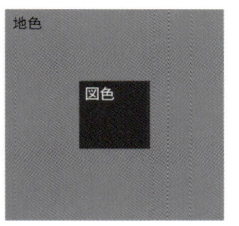

図4 地色と図色が明度の異なる無彩色の場合、同じ照明光でもその2色の見え方が異なります。図色が明るい場合の図色はそのまま照明光の色みがかって見え、図色が暗い場合の図色は照明光の補色がかって見えます。

ハント効果（明度と彩度の関係）

有彩色は、明るい照明光ではより強く見えてカラフルネスが高まり、暗い照明光では有彩色性が失われ無彩色のように見えます。これを「ハント効果」といいます（図5）。カラフルネスとは高彩度の色特有の強く訴えかける感じのことをいい、照明の強さによって変化する色の鮮やかさを表す概念です。一方、彩度とは、照明の強さ（照度）による影響をほとんど受けない、対象自身を知覚する属性です。

色を見るときには、照明光の明るさにも注意することが大切です。

図5 ハワイのような明るい太陽光線の下で鮮やかに映えるアロハシャツは、おだやかで多少くすんだ太陽光線の下ではそれほど映えないのは、ハント効果によるためです。

スタイルズ－クロフォード効果（光の入射角度と明るさの関係）

同じ強さの光でも、光が眼の瞳孔の中心を通過するときは、明度が高く、明るいと感じますが、瞳孔の周辺を通過するにつれて明度が低く、暗いと感じます。これを「スタイルズ－クロフォード効果」といいます。画面を真正面から見た方がより明るく見え、斜めにずれるほど暗く見えます。ずれた角度で画面を見ていると眼が悪くなりやすいのはこのためです。テレビやパソコン画面の色光を見るときには、その光の入射角度にも注意することが大切です。

図6 画面を真正面から見た方がより明るく見えます。

COLUMN　条件等色（メタメリズム）と同色（アイソメリズム）

色の世界では、①物理的な条件は同じなのになぜか心理的には違った色に見える、ということだけでなく、②物理的な条件は違うのになぜか心理的には同じ色に見える、ということもよく起こります。例えば、①の例として、物理的には同じなのに心理的な色の見え方が変わる「眼の錯覚（錯視）」などが挙げられます。一方、②の例としては、外出先で同じ色だと思って購入したAとBが、家に戻って見てみたら実は違った色だった、などが挙げられます。

このように、物理的には異なる色なのに、ある条件下でのみ同じ色に見えることを「条件等色（メタメリズム）」といいます。「等色」とは、物理的には異なるのに心理的に同じ色に見えることを指します。一方、物理的に同じ色は「同色（アイソメリズム）」といいます。例えば、1つの色紙を1/2に割ってA、Bとした場合、その2色はまったくの同色であるため、その2色に関しては、どのような環境下でも同じ色に見えます。

図7 上記の色票は、もともと物理的に違う色ですが、光源の色温度が5000Kに近づくと、同じ色に見える場合があります（条件等色）（日本印刷学会推薦規格、印刷物の色評価向け）。
●カラープランニングセンター〈光源の演色性検査カード〉
URL http://www.colorplanning.net/

混色と色再現のしくみ

私たちの眼の前に広がる色は、実は数色の原色による混色で再現されています。ここでは、その混色と色再現のしくみについて解説します。

混色の種類

2色以上の色を混ぜあわせて別の新しい色を作ることを「混色」といいます。また、混色で作ることのできない、混色する際の元になる色のことを「原色」といいます（鮮やかな色は必ずしも原色ではありません。純色です）。

混色には、混色する前よりも混色した後のほうが明るくなる「加法混色」（図1）と、混色する前よりも混色した後のほうが暗くなる「減法混色」の2種類があります（図2）。

加法混色はさらに3種類に分けられますが、そのうち、「併置加法混色」と「継時加法混色」の2つは、混色の後は明るくならず、混色に使用した元の色の明るさの平均値になることから別名「中間混色」とも呼ばれます（詳細は次ページで解説します）。

表1：混色の種類

種類	説明
加法混色	混色する前よりも混色した後のほうが明るくなる。加法混色には「同時加法混色」、「併置加法混色」（中間混色）、「継時加法混色」（中間混色）の3種類がある
減法混色	混色する前よりも混色した後のほうが暗くなる

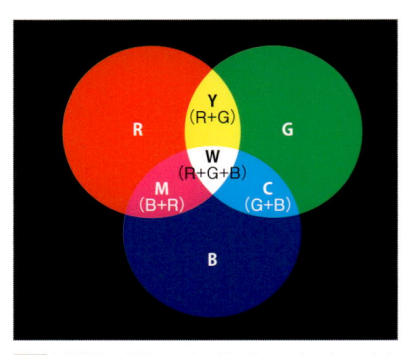

図1 加法混色の原色は、赤、緑、青の3色です。3色を混ぜ合わせると最終的には白になります。

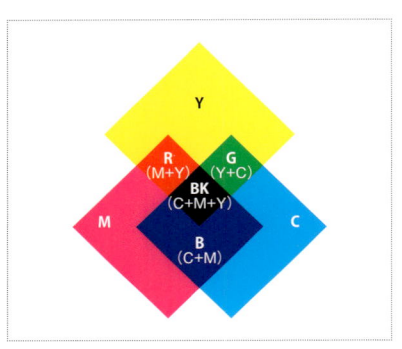

図2 減法混色の原色は、シアン、マゼンタ、イエローの3色です。3色を混ぜ合わせると最終的には黒に近い暗灰色になります。

原色の種類

加法混色の原色は、赤（Red）、緑（Green）、青（Blue）の3色です。この三原色は「色光の三原色」とも呼ばれ、真っ暗闇の中でも独自発光する色光の混色の元となるものです。この三原色は混ぜ合わせるほど明るくなり、最終的には白になります。

一方、減法混色の原色は、シアン（Cyan：青緑）、マゼンタ（Magenta：赤紫）、イエロー（Yellow：黄）の3色です。この三原色は「色料の三原色」とも呼ばれ、照明光が当てられることではじめて見ることができる色の混色の元となるものです。この三原色は混ぜ合わせるほど暗くなり、最終的には黒に近い暗灰色になります。図1を見ると、加法混色の原色（RGB）を混ぜ合わせるとCMYができ上がり、減法混色の原色（CMY）を混ぜ合わせるとRGBができ上がる、という面白い関係になっていることがわかります。

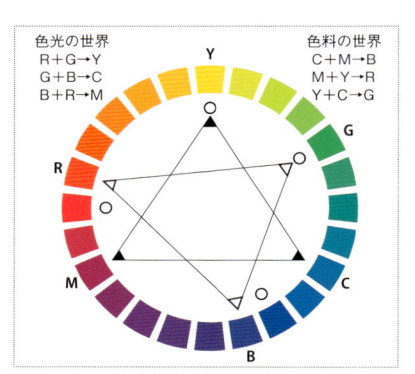

図3 色相環でとらえる補色。加法混色の三原色と法混色の三原色の補色以外にも、補色にはさまざまな組み合わせがあります。色相環で180°向かい合う色は、補色の関係になり、正反対の色みを持ちます。

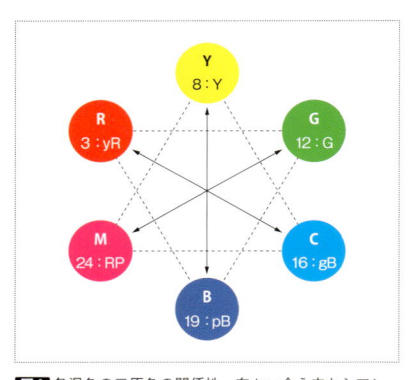

図4 各混色の三原色の関係性。向かい合う赤とシアン、緑とマゼンタ、青とイエローの2色は、加法混色においても減法混色においても必ず補色の関係になります。

補色とは

加法混色の際に2色の組み合わせだけで白を、あるいは、減法混色の際に2色の組み合わせだけで黒に近い暗灰色を作ることができるその2色の関係を「補色」といいます（図3）。補色同士は、例えば赤と緑みの青、緑と赤紫、青と黄色など、色みが約180°の真反対の関係になります（図4）。

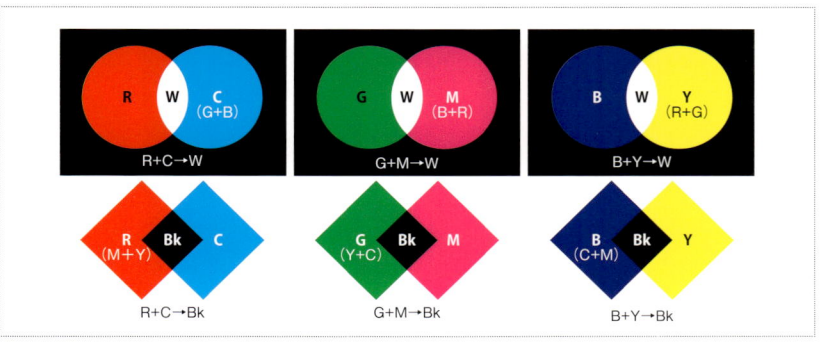

図5 補色同士を混ぜ合わせると、加法混色の場合は白になります。一方、減法混色の場合は黒に近い暗灰色になります。

同時加法混色

舞台のスポットライトや、インテリアの照明などは、1つよりも2つ、2つよりも3つと、同時に当てる色光の数を増やせば増やすほど明るくなります。このような、色光による混色で、かつ混ぜ合わせるほど明るくなる混色のことを「**同時加法混色**」といいます（図6、図7）。

色光はいずれも独自発光している光源色なので、暗闇の中でも色を見ることができるという特徴があります。

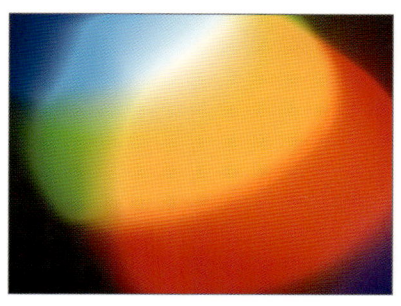

図6 真っ暗な冬空に見られるようなクリスマスのイルミネーションなども同時加法混色の一種です。RGBの光を混ぜ合わせると「白」になります。

図7 インテリアの照明も同時加法混色の一種です。ライトを増やすと増やしただけ明るくなり、最終的にには色の中でももっとも明るい「白」になります。

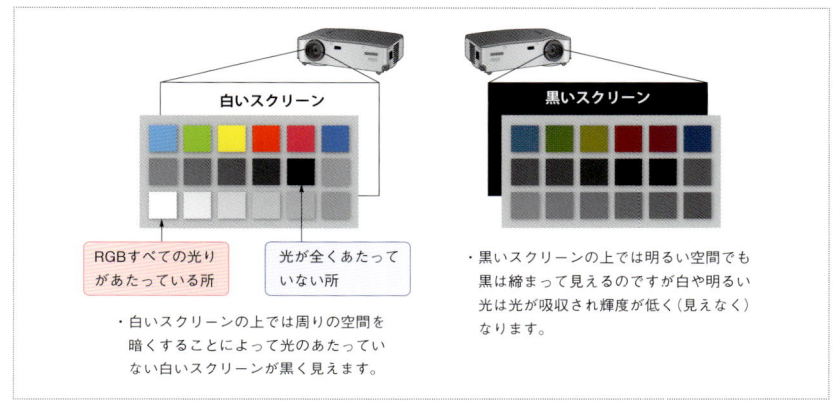

白いスクリーン　黒いスクリーン

RGBすべての光があたっている所　光が全くあたっていない所

・白いスクリーンの上では周りの空間を暗くすることによって光のあたっていない白いスクリーンが黒く見えます。

・黒いスクリーンの上では明るい空間でも黒は締まって見えるのですが白や明るい光は光が吸収され輝度が低く（見えなく）なります。

図8 プロジェクターの混色原理も、同時加法混色の一種です。

併置加法混色

テレビモニタや携帯の画面などは、小さな色光を並べることによって色を再現しています。このような、混色方法を「**併置加法混色**」といいます（図9）。色光は、同時加法混色と同様に、いずれも独自発光しているので、暗闇の中でも色を見ることができます。

なお、小さな色料の色点を並べることによって色を再現する点描画（無数の点によって表現された絵）や網点印刷（図10）、繊維を交互に重ねた織物（布）なども併置加法混色です。

色光による混色も、色料による混色も、併置加法混色はいずれも物理的に混色されているのではなく、小さな色点が眼で判別しきれずに、眼の中で混色されることによって生じている混色です。名前には加法混色とついていますが、混色した結果が明るくなる加法混色ではなく、混色した結果は元の色の明るさの平均値になるので注意してください。

パソコンのモニタ

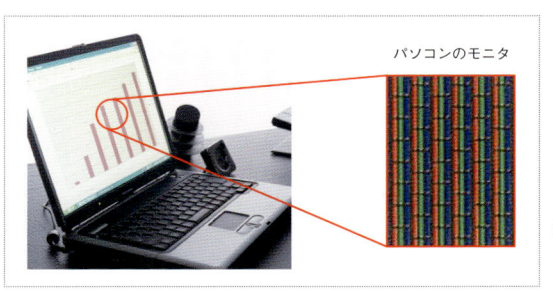

図9 パソコンのモニタは、小さな色光を並べることによって色を再現しています。これを併置加法混色といいます。

オフセット印刷の色再現

C版（シアン版）　M版（マゼンタ版）
Y版（イエロー版）　K版（黒版）

小さな網点による併置加法混色になっているため、眼の中で混色される。なお、色の濃淡は網点の面積の大きさによって表現されている。

網点のインキが重なっているところは減法混色である。インキのCMYKの4色と、CMYの混色によってできるRGBの3色、それに用紙の白を足した、合計8色で色を再現している。

図10 印刷も、CMYKの小さな色料を並べたり（混ぜたり）することによって色を再現しています。これも併置加法混色です。ただし、インクが並ばずに、重なり合って混ざり合ったところは減法混色となります。

継時加法混色

回転混色板や回転コマ、ルーレットのような、上面がある面積で塗り分けられた色コマを高速回転させると、塗られている色とは別の色が再現されることがありますが、このような混色のことを「継時加法混色」といいます（図11）。

継時加法混色の場合も、併置加法混色と同様に、どの色も物理的には混色されていません。高速回転する色コマの時間の経過を眼が判別しきれないために眼の中で生じる混色です。また、混色結果は元の色の明るさの平均値になります。この点も併置加法混色と同様です。

併置加法混色が、その点や粒の細かさに眼の空間分解脳がついていけないことによる眼の中で起きる混色だとしたら、継時加法混色は、その回転時間の早さに眼の時間分解脳がついていけないことによる眼の中で起きる混色です（図12、図13）。いずれも物理的な混色ではなく、心理的に起こる混色です。

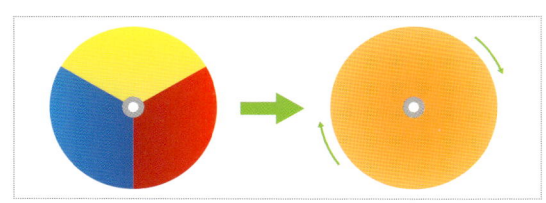

図11 継時加法混色では、全体の混色結果の明るさは、明るくも暗くもならず、それぞれの元の色の明るさの平均値になります。

図12 さまざまな色の羽で構成されている風車を回すと、眼の時間分解脳がついていけず、心理的に混色したように見えます。

図13 ルーレットでも継時加法混色が起こります。静止している際は赤、黒の各番号を確認できますが、回転しているときは各色を識別できません。

減法混色

繊維の染色や、絵の具や塗料の混色などは、1つよりも2つ、2つよりも3つと、複数の色料を混ぜれば混ぜるほど暗くなります。このような、色料による混色で、かつ混ぜ合わせるほど暗くなる混色のことを「減法混色」といいます（図14）。

なお、色料はいずれも独自発光しておらず、光が当たることによってはじめて見ることができる色なので、暗闇の中では色を見ることはできません。この点が、加法混色とのもっとも大きな違いです。

図14 絵の具は、減法混色＋併置加法混色といえます。絵の具は、色料（染料や顔料）を混ぜるほどに暗くなりますが（減法混色）、表面をよく見ると、完全にまざりあっていない色同士を確認できます（併置加法混色）。

図15 顔料（塗料など）の混色や、染料の混色は、減法混色の代表例です。色数を多く混ぜ合わせるほど、混色結果は暗くなっていきます。

Chapter 04

Direction & Designation
カラーコミュニケーションと入稿準備

ここでは、配色やカラーデザインという作業の全体像と、自身が制作したグラフィックを第三者と共有したり、正確に出力したりするために必要なナレッジを解説します。より正確に、自分の思い描くイメージを具現化するためには必須の項目ばかりです。

カラーデザインの基本プロセス

ここでは、デザイン制作の現場で色を決定していく具体的なプロセスを解説します。また、各工程における重要事項についても併せて解説します。

カラーデザインの流れ

「デザイン制作においては、形や構造を決めることが先決で、色は、カラーバリエーションのこともあるので、後から決めていくもの」と考えている人もいるかもしれませんが、デザインは「色と素材と形」の三要素から構成されており（P.16）、これらの要素間に優劣はありません。

つまり、色についても、他の要素と同様に、デザインの企画段階から考慮する必要があるといえます。デザイン制作の初期段階から、三要素について適切に検討することによって、デザインの明確な目的表現が可能になります。このことを念頭において、カラーデザインのプロセスを見ていきましょう。

一般的なデザイン制作における、カラーデザインのプロセスは図1のようになります。

ただし、デザイン制作に限らず、カラーデザインの手法やプロセスはさまざまです。唯一の"答え"はありません。目的や用途の数だけあるといっても過言ではありません。実務においては、右図の流れを踏まえたうえで、みなさんや制作チーム全体が利用しやすい形に変更して、作業に取りかかってください。

図1 カラーデザインの流れ

①目的把握 ・カラーデザインのゴールの把握	・デザインを制作することにって達成する目的・目標を明確にする ・カラーデザインにおいては、目的達成のために色でできることを改めて明確にする
②現状把握 ・カラーリサーチ：調査 ・カラーマーケティング：分析	・デザインの対象物やその市場の現状調査と、情報の収集→情報の分析→問題点の抽出を行う ・カラーデザインにおいては、カラーリサーチ＆カラーマーケティングなどによって、色の「量」と「質」を把握する 色の量：市場に多く出回っている色や、実際にカラーデザインが施される対象物の市場で使われている色の傾向などを統計的に把握する色の質：トレンドカラー（流行色）や人々の嗜好色調査（純粋嗜好色：対象物に限らず純粋に好きな色／商品色嗜好：対象物を限定した嗜好色）などを客観的に把握する
③企画の立案 ・カラーデザインコンセプトの立案	・現状と目的をつなぐためのデザインの柱であるコンセプトを決定する ・カラーデザインにおいては、デザインコンセプトに沿ったカラーコンセプトを立案する。または、デザインコンセプトを広げるための新たなカラーコンセプトを加えるなど、現状と目的を把握したうえで、それらの間をつなぐためのカラーデザインの柱（わかりやすいキャッチフレーズやキーワードやテーマなど）を決定する
④計画と表現 ・カラープランニング ・カラーデザイン	・デザインコンセプトをもとに、実際にデザイン制作を行う ・現状と目的をきちんと捉え、目的に向かって色や質感や形で表現することで、現状と目的の間をつなぐ作業がデザインといえる ・デザインを行う際は、実用性などの機能、安全性や信頼性などの品質、生産性や費用対効果などのコスト、その他、付加価値などを考慮する ・カラーデザインにおいては、カラーコンセプトに基づいた色や配色を選定する。また、色の配置バランスや発色などの質感表現などにも留意する ・プランニングツールやデザインした色を指定するためのツールにはさまざまなものがある（P.152）
⑤試作 ・カラーシミュレーション	・デザインしたものを、最終形に近いものにモデリングしてシミュレーションを行い、比較検討しながらデザイン調整を行う ・カラーデザインにおいては、デザインしたものを、実際の媒体に近いものに施してシミュレーションを行い、比較検討しながら配色を調整する
⑥デザインの提案と評価 ・プレゼンテーション ・ヒアリング	・試作したモデルをもとに、クライアントにプレゼンテーションをして、意見を聞いたり、ターゲットユーザーにアンケート調査などを行う（④の後に⑥を行ってから⑤に移る場合もある） ・カラーデザインにおいては、カラープレゼンテーションとヒアリングを行う
⑦デザインの決定と実施 ・ジャッジ ・カラーメイキング	・デザインを決定し、実際に製造・生産し、販売を行う ・カラーデザインにおいては、カラーメイキングを行う
⑧運用管理と保守 ・カラーコントロール ・アフターフォロー	・デザインにブレが生じないよう、必要であれば製造や生産ラインを管理し、問題があれば調整する ・必要であれば消費者の意見なども収集し、フィードバックを行い、次回のデザインに役立てる

カラーリサーチやカラーマーケティングに必要なカラーシステムとカラーコード

前ページで紹介したカラーデザインのプロセスの中の「②現状把握（調査と分析）」において行うカラーリサーチとカラーマーケティングで使用する主なカラーシステムとカラーコードを紹介します。

色の三属性によるもの

色の三属性を使用して色を表示するマンセル表色系（P.122）は、カラーリサーチやカラーマーケティングでもよく使われる表色系の1つです。

マンセル表色系を使用して、カラーリサーチ・カラーマーケティングを行う場合は、横軸に色相（基本10色相がベース）をとり、縦軸に明度または彩度をとった表を使用します（下図：色相－明度／上図：色相－彩度）。明度－彩度の表を作る場合もあります（図2）。

一般的な市場に出回っている色や、実際にカラーデザインが施される対象物の市場で使用されている色をサンプリングし、それを各表上にプロットしていきます。すると、サンプリングした色の分布の傾向を把握することができます。

なお、マンセル表色系に限らず、色の三属性によるカラーリサーチ、カラーマーケティングには、右表のような長所と短所があります（表1）。

ヒュー（色相）・トーンの二属性によるもの

日本で作成されたヒュー＆トーンシステムにはPCCS（P.13）がありますが、カラーリサーチやカラーマーケティングにおいては、PCCSに加えて、「JBCC (Jafca Basic Color Code)」もよく使用されます。このシステムは、米国国家標準局（ISCC）と全米色彩評議会（NBS）が設定したISCC－NBS系統色名に基づいており、系統色名をマンセル表色系の三属性の範囲と関連性を持たせています。

JBCCは、色相とトーンごとに、それらの交点の色が、どれだけその時、その市場に出回っていたか、などの統計を出す場合などに使われます。また、三属性がわかれば自動的にヒュー＆トーンシステムに変換できる、という便利さもあります。

なお、JBCCに限らず、ヒューとトーンの二属性によるものは、右表のような長所と短所があります（表2）。

図2 マンセル表色系の三属性を使った測色調査結果の分布例

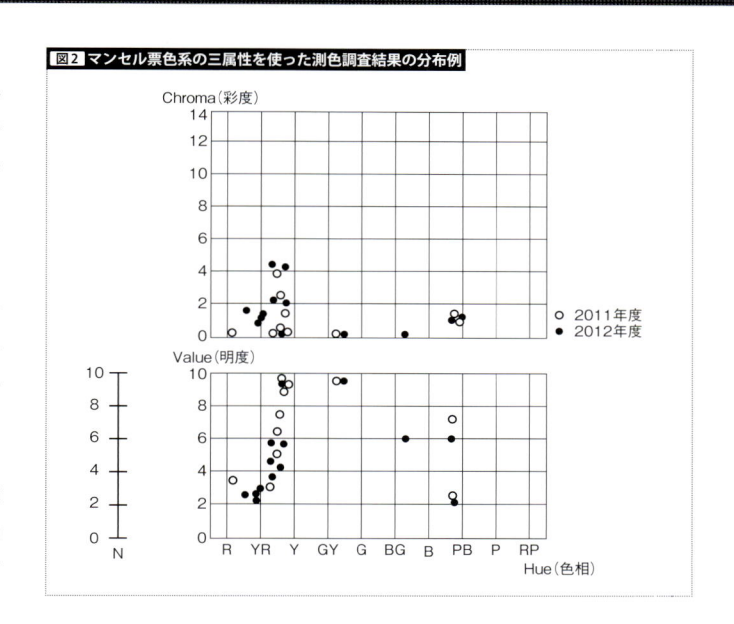

表1：三属性によるカラーリサーチ、カラーマーケティングの長所と短所

長所・短所	説　明
長所	色の三属性での細かい調査と分析ができるため、わずかな色の違いで嗜好が大きく変化する対処物の調査に向いている（例：メイク、衣料品、家電、乗用車、インテリアなど）
短所	色の分布を平面に表す際に、色相－明度、色相－彩度、明度－彩度などの各表を作成する必要があるため、全体の把握が困難

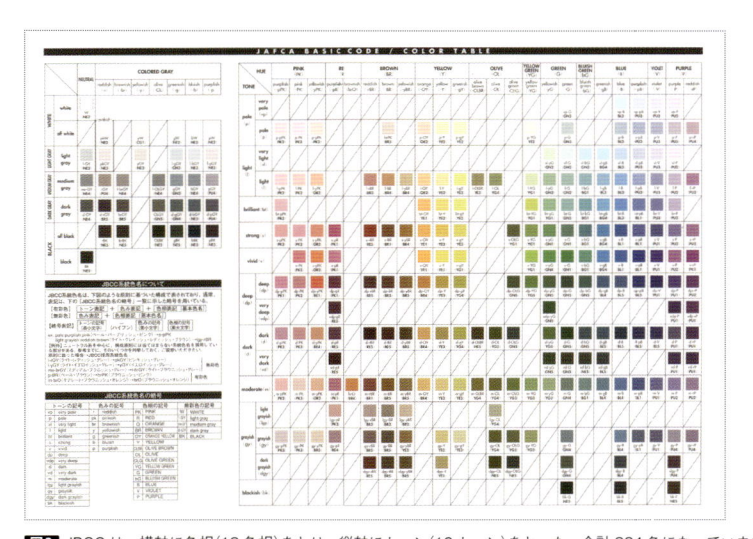

図3 JBCCは、横軸に色相（12色相）をとり、縦軸にトーン（16トーン）をとった、合計234色になっています。全体では、無彩色が5色、カラードグレー（色みを帯びた無彩色）が28色加わって、合計267色になっています。また、マンセル値から系統色名やヒュー＆トーンに変換することも可能です。

図4 「調査用カラーコード」（財団法人日本色彩研究所）もカラーリサーチやカラーマーケティングでよく使用されます。色彩嗜好調査やイメージ調査に活用することができます。

表2：二属性によるカラーリサーチ、カラーマーケティングの長所と短所

長所・短所	説　明
長所	色の分布を平面上に表すのが容易で、全体の傾向を大まかに把握しやすい。また、色相と色調（トーン）の統計が出しやすい
短所	色の細かい調査と分析には不向きで、対象物の色彩的特徴によって目的に合ったカラーシステムを構成する必要がある

色再現のしくみと色の指定方法① 光の色（光源色）

カラーデザインのプロセスの中の「④計画と表現（プランニングとデザイン）」以降の工程を行う際は、具体的な色を想定したうえで、複数の人とその色を共有する必要があります。

色再現のしくみは、大きく「光の色（光源色）」と「物の色（物体色）」の2つに分類できます。色の再現方法やその指定方法は、対象物の媒体（ディスプレイに表示するのか、印刷するのか）や、デザインの目的・特徴などによって異なります。メンバー同士で正確にコミュニケーションをとれるようになるためにも、色再現のしくみや、それぞれの特徴を把握しておきましょう。

光の色（光源色）は、主にRGB（赤・緑・青）の3原色が基本になります。光の色の表現方法にはいくつかの種類がありますが、デザイン制作において特に重要なのは「sRGB」と「Adobe RGB」の2種類です。

sRGB

sRGBは、1998年にIEC（国際電気標準会議）が定めた色空間の国際標準規格です。パソコンの機種の違いや、ディスプレイやプリンタなど機器に依存することなく、意図したとおりの色再現を保つための表現形式として定められたものです。

例えば、デジタルカメラ、ディスプレイ、プリンタのすべてがsRGBに対応していれば、機器によって違う色になったり、想定外の色で印刷されてしまったりといったトラブルを防ぐことができます。

ただし、sRGBは他の色空間に比べて表現できる色の範囲が狭く、濃いシアンや、エメラルドグリーン、グリーン、明るい赤、オレンジ、明るい黄色、などを表現するのが苦手です。このため、写真やグラフィックデザインを専門的に扱うプロ用途などにはあまり向かないとされています（図5）。

Adobe RGB

Adobe RGBは、1998年にAdobe Systems社が定めた色空間の規格です。国際機関や標準化団体による公的な標準規格ではありませんが、sRGBなどに比べて幅広い色域を表現できることから、DTPなど印刷や出版に関連する機器を利用する分野では事実上の標準規格となっています。

色の指定方法（16進数）

TVやパソコン、携帯の画面は、RGBの光の3原色による併置加法混色で色を表現しています。各原色は0～255の256段階に発光強度を変えることができ、表現できる色の数は、約1670万色（R：256×G：256×B：256＝16,777,216色）です。

Webデザインなど、ディスプレイに表示されることを目的とする場合の色指定では多くの場合、16進数を使用して、各原色の発光強度を指定します。具体的には、RGBの各色の値を前から2桁ずつ連記して表します（図6）。

TIPS
各ディスプレイや、各プリンタで再現できる色の範囲はさまざまです。そのため、色空間の大きさや範囲にはさまざまなものがあります。

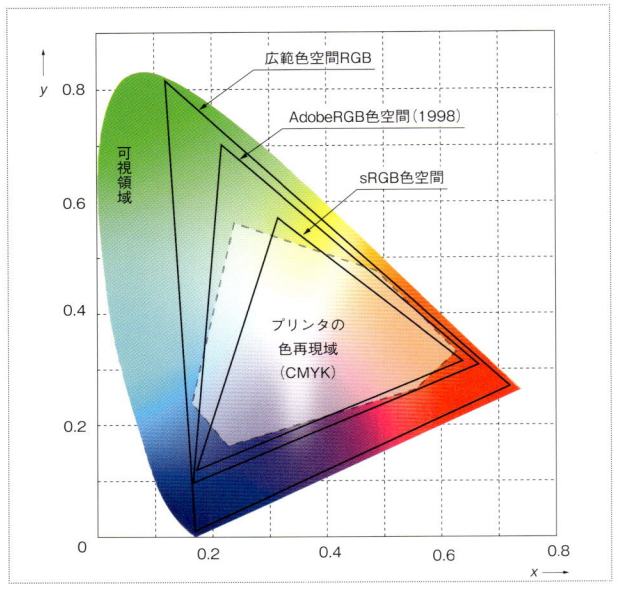

図5 可視領域と各RGBの色空間。これを見ると、可視範囲（人間が見ることのできる色の範囲）のすべてを、Adobe RGBやCMYKなどで再現できないということがわかります。また、同じRGBでもsRGBとAdobe RGBで再現できる色の範囲が異なることもわかります。上図において、CMYKの範囲外の色をAdobe RGBなどで指定し、そのデータを印刷すると、プリンタは範囲外の色を再現できないため、自動的に範囲内の近似値に変換します。このとき、入稿データと実際に印刷されたグラフィックの間に色のズレが生じます。

16進数では0～9の10個の数字と、A～Fの6個の英字の合計16種の文字で値を表します。色指定においては、各原色を16進数2桁の256段階で表します（16×16＝256）。

#00FF00
R値 G値 B値

■黒（RGBのすべてがまったく発光していない状態）
#000000 （10進数表記：0、0、0）

■白（RGBのすべてが完全に発光している状態）
#FFFFFF （10進数表記：255、255、255）

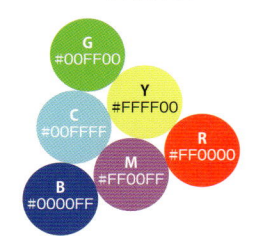

16進数のRGB値による各色の値例。ただし、上記のとおり、印刷物ではRGBの色のすべてを正確に表現することはできません。そのため、左例の各色はあくまでも参考例となります。

図6 一般的には16進数を使用してRGB値を指定します。

R + G = Y
G + B = C
B + R = M
R + G + B = W

図7 光源色はRGBの三原色が基本になります。

色再現のしくみと色の指定方法② 物の色（物体色）

物の色（物体色）の表現方法も多数ありますが、プロセス印刷の場合は主にCMY（シアン・マゼンタ・イエロー）の3原色が基本になります（図8）。

プロセスカラーとソリッドカラー

プロセスカラーとは、CMYの3原色にK（ブラック）を加えた、基本4色による4版の掛け合わせで色再現した色のことです。CMYKの減法混色による色再現であるため、制作コストを低く抑えることができるというメリットがありますが、半面で、特色（4色のプロセスインキ以外のインキ）に比べて色再現できる幅が狭く、厳密な色再現が難しいという面もあります。

一方、ソリッドカラーとは特色インキ（顔料の配合によりあらかじめ指定の色に特別に練り上げた色）による単色刷りのことです。あらかじめ混色していることから、刷り上がりの色ブレが少なく、ほぼ指定したどおりの色に仕上がります。多少のコスト高にはつながりますが、4色印刷で色再現出来ない場合には、特色インキを追加して刷ることもあります。

プロセスカラー広色域印刷ソリューション

上記のとおり、一般的なプロセスカラーでは再現できる色空間が狭いため、思いどおりの色を再現できない場合があります。このような場合において、印刷側（印刷所など）が対応している場合は、「DIC湧水（wakimizu）」や「DICシックスカラーシステム」といったより広域の色空間を持つプロセスカラーを指定することもできます。入稿前に確認してみましょう。

物体の色の混色は、CMYの三原色が基本になります。

C + M = B
M + Y = R
Y + C = G
C + M + Y = Bk

CMYの三色を100%ずつ組み合わせると理論上は黒になりますが、実際には濃いグレーになるため、商用印刷ではCMYの3色にK（黒）を加えた4色でカラー印刷を行っています。

図8 プロセス印刷の場合、色は CMY の三原色が基本になります。

表3：プロセスカラーとソリッドカラー

種類	説明
プロセスカラー	CMYKの4色による4版の掛け合わせで色再現した色。制作コストを低く抑えることが可能
ソリッドカラー	特色インキによる単色刷りのこと。あらかじめインキを練り上げて混色しているため、刷り上がりの色ブレが少ない

図9 DIC湧水

DIC 湧水は、DIC 社の新規開発の顔料4色を使用して、鮮やかな透明感と高濃度感の両立、豊かな階調表を可能にしたプロセス印刷です。現在主流の 4色印刷機において、一般の 4色プロセスインキよりも広い色域の色再現が可能で、特にブルーバイオレット、オレンジ、ピンク、グリーンの色域の拡大に成功しています。

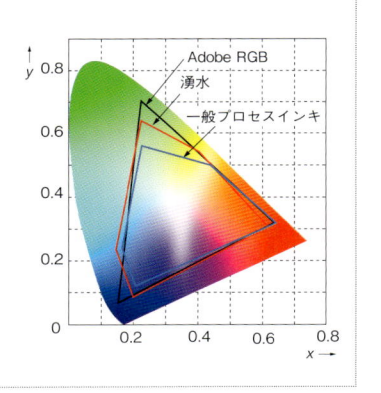

図10 DICシックスカラーシステム

DIC シックスカラーシステムは、従来の4色とは異なるDIC 社独自の 6色プロセスインキ（シアン、マゼンタ、イエロー、ブラック、オレンジ、グリーン）を用いた6色プロセス印刷です。シックスカラーシステムは DIC カラーガイド（P.154）の約 94% の色再現をカバーしており、特色を6色プロセスに置き換えることが可能です。鮮やかな RGB 画像やハイビジョンにも対応し、モニターでイメージした色を印刷で再現可能です。

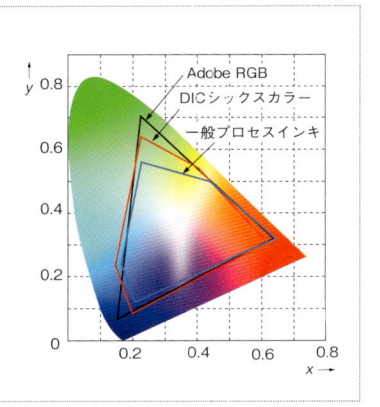

COLUMN その他のプロセスカラー広色域印刷ソリューション

プロセスカラー広色域印刷ソリューションには、上記の「DIC湧水」や「DIC シックスカラーシステム」以外に、「パントンヘキサクローム」や「東洋インキ Kaleido」などもあります。

パントンヘキサクロームは、PANTONE社独自のプロセスインキ（シアン、マゼンタ、イエロー、ブラック、オレンジ、グリーン）を用いた6色プロセス印刷です。色再現領域はRGBの色領域をもカバーするものとなっています。ヘキサクロームは、パントンソリッドカラー（P.152）の約90％をカバーしており、リアルなスキントーンや上品なパステルカラーも色再現が可能です。

また、東洋インキの「Kaleido」は、色再現域を広げることにより、4色印刷機で限りなく6色・7色印刷に近い効果を発揮することを可能にしたプロセスインキです。黄から赤の階調が豊かになり、マゼンタの発色が鮮やか、特に白からピンクの再現が綺麗になります。また、濃いブルーの階調も色再現も格段に向上しています。さらに、Adobe RGBの色域の大半をカバーすることに成功しています。

カラーコミュニケーションツール

ここでは、さまざまな業界でよく使用されている、色指定のためのカラーコミュニケーションツールの一部を紹介します。

本書でもたびたび記載している通り、色はとても繊細なものです。色を見ている環境や物体を照らす照明、見る人などによって、色の見え方は変わります。そのため、完全に色を共有するというのは困難かもしれません。

しかし、業務として色を扱う以上、色を使って他者とコミュニケーションする必要が生じます。ここでは、色を指定し、第三者と共有する際に便利なカラーコミュニケーションツールをいくつか紹介します。これらを使用すると「色に関する齟齬」を回避することができます。

なお、「色は質感を伴う」という言葉があるように、たとえ同じ色であっても、質感(素材そのものや加工の仕上げ方)によって色の見え方は驚くほど変わります。そのため、色を指定する際は、「色材は何か(染料や顔料など)」に加え、「色が施される対象物は何か(紙や布、プラスチックなど)」を押さえたうえで、その色の指定に適したツールを使用することが必要です。

例えば、色が施される対象物がプラスチックである場合は、印刷向けのツールではなく、プラスチック向けのツールを使用すべきです。「色は、使用する色材やその対象物に近いもの指定する」というのが原則です。塗装用の色の指定を、CMYK値の掛け合わせで刷られた紙のチップで行っても、イメージ通りの色は再現できません。

同様に、対象の印刷用紙が光沢紙である場合には、光沢紙に刷られたチップを使用しましょう。同じインキで印刷しても、用紙の状態によって、色は大きく変わります。

なお、ここではさまざまな用途で使用できるカラーコミュニケーションツールをいくつか紹介していますが、ここに挙げたもの以外にもさまざまなものがあります。また、新製品が追加される場合もあります。それぞれの特徴を把握したうえで、目的や用途、コミュニケーションをとる相手に応じて使い分けることが大切です。

PANTONE® Goe™ System

パントン®ゴーシステムは、「もっとたくさんの色が欲しい!」というデザイナーの声を反映し、開発&制作された全2058色を収録した色見本帳です。印刷、出版、DTPその他パッケージデザイン、Webデザイン、製版分野、製造メーカーなど、さまざまなシーンで利用できるカラーシステムです(表1)。

パントンゴーシステムのカラーナンバーは3つのパートで成り立っています(図1)。これらのパートの意味を把握しておけば、すぐに目的の色を探すことができます。

● PANTONE Goe™ System
URL http://www.pj-color.com/

図1 PANTONE GoeSticks™ の色見本例。カラーナンバーは右表に示す3つのパートで成り立っています。

表1:主なPANTONE Goe™Systemの製品

製品	説明
PANTONE GoeGuide™	ソリッドカラー 2058色が収録された扇状に広がる色見本帳
PANTONE GoeSticks™	ソリッドカラー 2058色がバインダーに収録されたシール式の色見本帳。シールなので取り外しが便利
PANTONE GoeBridge™	2058色のソリッドカラーと4色プロセスカラーの近似値、CMYK、RGB、HTML値(16進数)、sRGB値を表示した、扇状に広がるカラーガイド
PANTONE Goe™System	「GoeGuide」(1つ)、「GoeSticks」(2冊)、「付属CD-ROMソフトウェア」、「収納ボックス」のセット商品

表2:パントンゴーシステムのカラーナンバーの読み方

パート	説明
1つめのパート	1~165のファミリーに分類されてナンバリングされている。ファミリーは色相順に配列されている
2つめのパート	各ファミリーの中の対象カラーが掲載されているページ番号。各ファミリーは1ページから最大5ページまであり、それを1~5で表す
3つめのパート	各ページの上から何番目にその色が掲載されているかが記されている。また、最後にはコート紙(Coated)に刷られたものか、上質紙(Uncoated)に刷られたものかが、それぞれの英語の頭文字であるCかUで明記されている

PANTONE PLUS SERIES

　PANTONE PLUS SERIESは、印刷やグラフィック用の色見本帳として初版発売以来50年近く利用されている「パントンマッチングシステム」の最新版の色見本帳シリーズです。印刷やグラフィックだけではなく、マルチメディアへと幅広く対応できる新しい色見本帳となっています。

　PANTONE PLUS SERIESには、大きく分けて、扇状のカラーガイド形式と、バインダー状のチップ形式の色見本帳があります。種類は一般的なソリッドカラーに加え、パステル&ネオンカラー、メタリックカラーなどがあり、パステル&ネオンカラーにはコート紙と上質紙に刷られたものがあり、メタリックカラーはコート紙に刷られています。また、ソリッドカラーをプロセスカラーの4色で示したガイドもあります。

● PANTONE PLUS SERIES
URL http://www.pj-color.com/

表3：主なPANTONE PLUS SERIESの製品

製品	説明
PANTONE FORMULA GUIDE	2012年5月に発売された、新色336色を含むソリッドカラー1677色が収録された扇状のカラーガイド。コート紙と上質紙がある
PANTONE SOLID CHIPS	新色336色を含むソリッドカラー1677色が収録された切り取り式チップが収録された色見本帳。コート紙と上質紙がある
PANTONE CMYK	プロセスカラー4色の掛け合わせによる2868色とその際のCMYK値を収録した扇状のカラーガイド。コート紙と上質紙がある

その他のPANTONE色見本帳

　PANTONEからは、先述のゴーシステムやPLUS SERIESなどのグラフィックや印刷業界向け以外にも、ファッション・インテリア向けや、プラスチック・プロダクト向けなどがあります。材質も、前者はコットンやペーパーやナイロンなど、後者はプラスチックと多彩です。色は素材（質感）によって発色も含めて大きく印象が変わるので、色が施される対象物によって色指定のツールも変える必要があります。

● PANTONE FASHION + HOME cotton passport
URL http://www.pj-color.com/

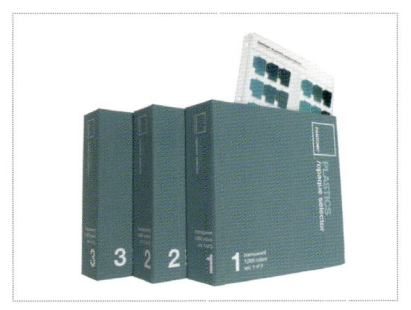

● PANTONE PLASTICS opaque selector
URL http://www.pj-color.com/

表4：主なPANTONE FASHION + HOME COLOR SYSTEMの製品

製品	説明
PANTONE FASHION + HOME cotton passport	ファッション＆インテリア市場を意識した新色175色を含む全2100色のコットンカラーを、アコーディオン形式のブックに収録した一覧表
PANTONE FASHION + HOME cotton swatch set	ファッション＆インテリア市場を意識した新色175色を含む全2100色のコットンカラーを収録。35色をリングでひとまとめにしたスワッチタイプ
PANTONE FASHION + HOME cotton swatch files	全2,100色のコットンカラーから素早く色を確認したり、色指定ができる、バインダー型の色見本帳。新色175色も含まれる

表5：主なPANTONE PLASTICS COLOR SYSTEMの製品

製品	説明
PANTONE PLASTICS transparent selector	透明色735色を2冊のバインダーに収録。パールカラーや蛍光色、メタリックカラーを含む多彩な色群。チップは表裏ともにグロス仕上げ
PANTONE PLASTICS opaque selector	不透明色1005色を3冊のバインダーにグレー、ブラウン、パールカラー、蛍光色、メタリックカラーを含む多彩な色が揃っている
PANTONE PLASTICS Selector Chips	パントン・プラスチックの補充用セレクターチップ。各色を個別に購入可能

PANTONE® and other Pantone trademarks are the property of Pantone, LLC. PANTONE Colors displayed here may not match PANTONE-identified standards. Consult current PANTONE Color Publications for accurate color. Pantone, LLC. is a wholly-owned subsidiary of X-Rite,Incorporated Portions © Pantone, LLC. 2012. All rights reserved.

DIC カラーガイド

DICカラーガイドは、DIC株式会社によって作られた色見本帳です。グラフィックデザインを筆頭に印刷の現場で広く活用されています。色番号だけではなく色名も掲載された「伝統色シリーズ」も特徴的で、それぞれ収録された色群の違いを見るのも趣があります。また、色名の由来の英訳がついた日本の伝統色などは海外のデザイナーにも喜ばれています。

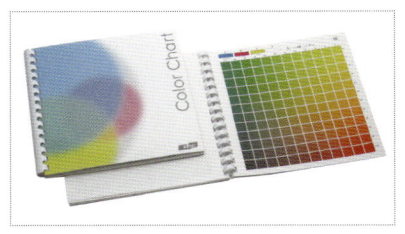

セルリング型カラーチャート

● DIC カラーガイド
URL http://www.dic-graphics.co.jp/

表6:主なDICカラーガイド

製品	説明
DIC カラーガイド	3冊合計の収録色数はソリッドカラー652色。カラーセレクター(インキ配合表、CMYK、RGB値、マンセル値)、DIC カラーガイド mini 付き
DIC カラーガイド パート2	3冊合計の収録色数は DIC カラーガイドを補完するソリッドカラー637色。カラーセレクター(インキ配合表)付き。CMYK を各巻末に掲載
DIC カラーガイド 伝統色シリーズ	日本の伝統色(収録色数300色)、中国の伝統色(320色)、フランスの伝統色(321色)
セルリング型カラーチャート	セルリング綴じのプロセス4色掛け合わせの一覧表。網点が0〜100%まで12段刻みになっている

TOYO INK 色見本帳シリーズ

TOYO INK 色見本帳シリーズは、東洋インキSCホールディングス株式会社によって作られた色見本帳です。グラフィックデザインや商品開発だけではなく、印刷の現場でも広く使われています。

また、カラーチップと連動した無料ソフト(「UDing CFUD」と「UDingシミュレーター」)で、カラーユニバーサルデザインの要望にも対応しています。Adobe Illustratorで作成したデザインの色指定をする場合、スウォッチライブラリのカラーブックから「DIC」や「TOYO COLOR FINDER」を選択し、カラーパレットから色を指定することができます。

● カラーファインダー
URL http://www.toyo-cf.com/

表7:主なTOYO INK 色見本帳シリーズ

製品	説明
カラーファインダー	収録色数は1050色各色は13枚のチップから成り立っている。マンセルに準拠した色の配列で、印刷の色再現性を重視し、通常のオフセット印刷で印刷されたもの。内訳は、セット0【処方表】(調色のためのインキ配合比)、セット1【派手な色のグループ】、セット2【派手な色のグループ】(蛍光色10色を含む)、セット3【地味な色のグループ】、セット4【地味な色のグループ】(パール、メタリック系の色を含む)。巻末に中間色インキ29色も掲載
カラーチャート	CMYKのプロセスインキによる網点階調変化の組合せで色再現されたもの。日本のオフセット印刷の基準であるジャパンカラー準拠の「東洋インキ標準色」で印刷されている。

JIDA スタンダードサンプルズ

　JIDAスタンダードサンプルズは、社団法人日本インダストリアルデザイナー協会にて作成されたサンプル集です。プラスチックやゴムの表面処理だけでなく、角Rのサンプルやアルミの表面処理と白色だけの48色の見本帳など、プロユースに十分に耐えられる見本帳です。

　色は素材や表面処理などの質感によってかなりイメージが異なるので、素材の加工について理解しておくことも、プロダクトデザイナーにとっては必須の条件になります。

● JIDA スタンダードサンプルズ
URL http://www.jida.or.jp/index.html

JPMA Standard Paint Colors

　JPMA Standard Paint Colorsは、社団法人日本塗料工業会にて作成されている塗料用標準色の見本帳です。塗料で塗装されています。この見本帳は褪色を考慮に入れているため、有効期限があります。2年ごとに色体系などが見直され、アップデートされて作り替えられています。JISの安全色や識別表示色なども収録されています。

● JPMA Standard Paint Colors
URL http://www.toryo.or.jp/jp/color/standard/2009e.html

JPMAでは、塗料の色指定に最適な、低彩度色ばかりを集めたマンセル色票集も制作しています。

表8：主な JPMA Standard Paint Colors

製品	説　明
ポケット版	携帯に便利なハンディサイズ。色相順に配列されている
ワイド版	色指定に便利なミシン目入り。色相配列とトーン配列の2種類がある。前者は色を検索しやすく、後者は色のコーディネートがしやすくなっている

データ作成時・入稿時の注意点

ここでは、主に印刷の分野における、入稿データを作成する際の注意点をいくつか解説します。せっかくデータを作成しても、入稿データに不備があると、思うような出力にならないことがあるので注意が必要です。

入稿データの形式や必要な処理は、入稿先（印刷所やDTPなど）によって異なるので、まずは入稿先に入稿データの仕様について確認する必要があります。そのうえで、実際に入稿データを作成する際に注意すべき点をいくつか紹介します。入稿データに不備があると、納期に響くので、事前に入念にチェックしてから入稿しましょう。

なお、ここでは、本書の性質上、色に関する注意点のみ紹介しています。

ここで紹介している内容が入稿データに求められる確認事項のすべてではありません。実際には、色に関するもの以外に、フォントやドキュメントサイズ、使用アプリケーション、使用機能、画像形式など、さまざまなものがあります。これらについては印刷会社の担当者に聞くなどして確認しておきましょう。

対応バージョンと保存形式を確認する

Adobe PhotoshopやIllustrator、InDesignなどの各制作アプリケーションは、入稿先によって対応しているバージョンが異なります。基本的には、使用したアプリケーションのバージョンで保存しますが、そのバージョンが入稿先で受け入れてもらえるかどうかを事前に確認しておきましょう。なお、バージョンを下げる場合は、正しくデータが保存されているかの確認も必要です。

また、同じソフトで作成したデータであっても、入稿先によってはファイルの保存形式やエンコードが限定されている場合があります。保存形式についても併せて確認してください（図1）。例えば、Illustratorでデータを作成した場合の代表的なファイル形式は「Adobe Illustrator（ai）」や「Illustrator EPS（eps）」です。最近では「Adobe PDF（pdf）」形式での入稿も一般的です。また、保存時に設定できる各種オプションについての理解も必須です（図2）。

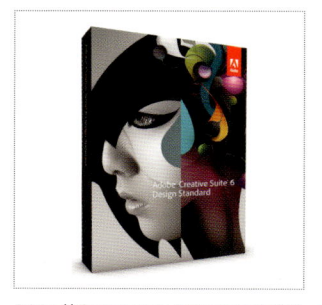

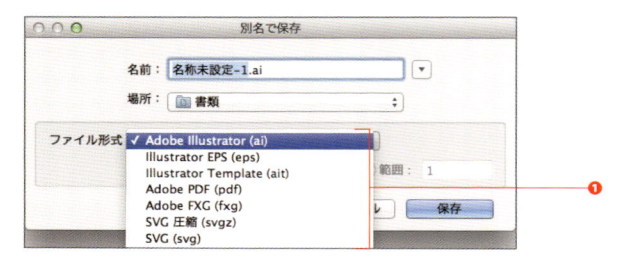

図1 Adobe Illustratorは、さまざまなファイル形式に対応しています❶。どの形式で入稿すべきなのか、事前に確認しておきましょう。

Adobe社のPhotoshopやIllustratorなどは、プロのデザイナーやイラストレータをはじめ、大学や研究所などさまざまな場所で広く利用されています。
● Adobe® Creative Suite® 6 ファミリー
URL http://www.adobe.com/jp/

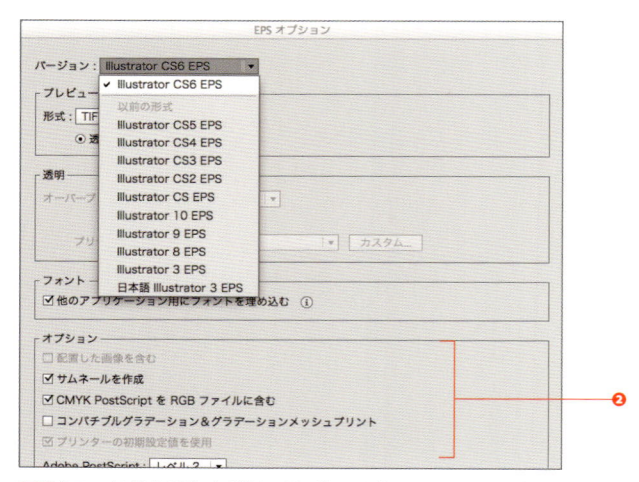

図2 各ファイル形式で保存する際は、それぞれのオプションについても注意が必要です❷。不要なオプションを設定していたり、必要な設定を忘れていたりすると、意図しない出力になることもあります。それぞれの機能をきちんと把握しておきましょう。

ドキュメントのカラーモードを確認する

RGBのほうがCMYKよりも色再現領域が広いため（P.150）、グラフィックをRGBで制作してから、入稿前にCMYKに変換すると、全体的に色がくすみます。あらかじめCMYKで入稿することが決まっている場合は、制作前にドキュメントのカラーモードをCMYKに設定してから作業することをお勧めします（図3）。

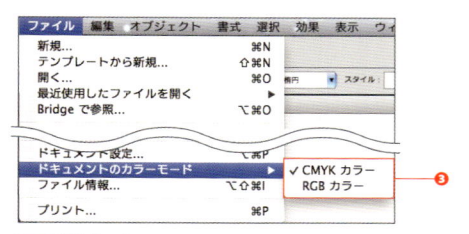

図3 制作物に合わせて、ドキュメントのカラーモードを適切に設定しておきましょう。Illustrator CS6の場合は、ドキュメントの作成時、または［ファイル］→［ドキュメントのカラーモード］から、ドキュメントのカラーモードを変更できます❸。

スポットカラー（特色）指定時の注意点

データ作成時にスポットカラー（特色）などを指定している場合は、入稿前にこれらのデータをCMYKに変換する必要があります（プロセスカラー印刷の場合）（図4）。

一方で、該当個所を特色で出力する場合は、入稿時に、対象の色のカラーチップを添付するなどして、色を先方に伝える必要があります。

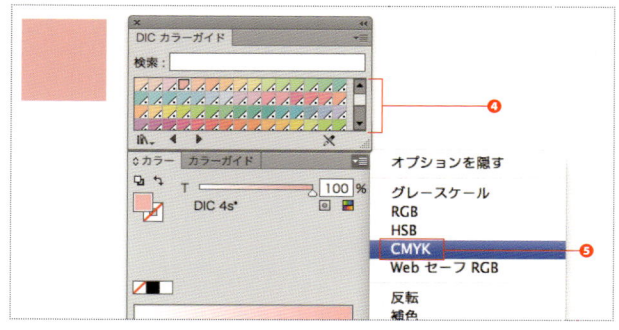

図4 Illustratorにおいて、右下に三角形のアイコンがあるスウォッチは「スポットカラー」です❹。CMYKに変換する場合は、［カラー］パネルのパネルメニューから[CMYK]を選択します❺（Illustrator CS6の場合）。

リッチブラック指定時の注意点

CMYKのプロセスカラー印刷において、K:100%の指定だけでは黒の深みが足りない場合、他の色を掛け合わせることで、より深みのある黒を表現することがあります（これを「リッチブラック」といいます）（図5）。掛け合わせる他の色の濃度を高くすればするほど、黒は深みを増しますが、濃度が高すぎると、インキが濃すぎて、裏写りの原因になったり、版ズレを起こしてグラフィックがぼやけたりすることもあるので注意が必要です。一般的には、CMYKの4色の合計が250%以下または300%以下になるように設定します（C：30%、M：30%、Y：30%、K：100%など）。設定可能な合計濃度値については、事前に印刷所に確認してください）。

また、意図しないリッチブラックにも注意が必要です。RGBの黒（R：0、G：0、B：0）を自動的にCMYKに変換すると、図6のように、リッチブラックの設定になることがあります。画面上では黒の違いを確認しにくいため気づかないこともありますが、このまま入稿すると、上記のようなトラブルになることもあります。RGB→CMYKに変換した際は、変換後の各値の確認が必要です。

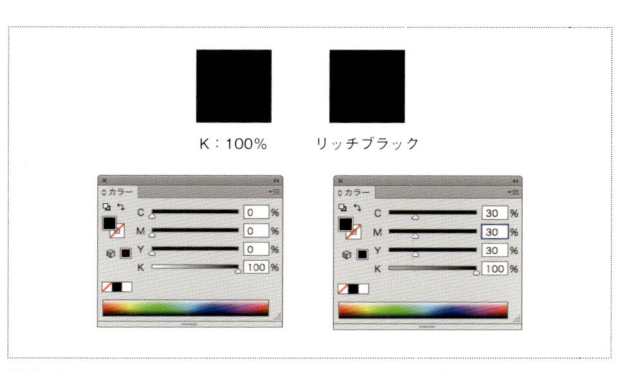

図5 プロセスカラー印刷における、K：100%の黒と、リッチブラックの違い。リッチブラックのほうが、黒に深みがあることがわかります。

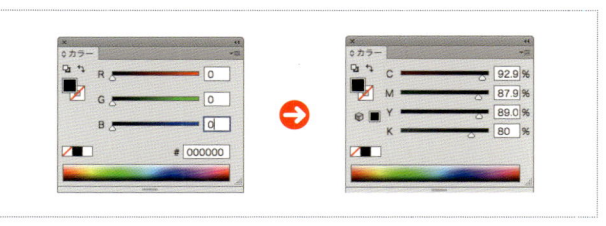

図6 RGBの黒（#000000）をCMYKに自動変換すると、K:100%よりも濃い黒になります。入稿時は濃度制限を超えていないか注意してください。

COLUMN　配置画像のカラーモードと解像度

グラフィック内で写真などの画像を扱う場合は、画像のカラーモードや解像度にも注意する必要があります。

Illustratorのドキュメントのカラーモードが CMYK であっても、配置画像のカラーモードがRGBになっていると、出力時に画像の色みが変わる可能性があります。昨今は、RGBに対応したプリンターなども広く普及しているため、必ずしも画像をCMYKに変換すれば良いというわけではありません。事前に入稿データのカラーモードなどについて、印刷会社と認識を合わせておく必要があります。特に、同じRGBであっても、AdobeRGBとsRGBで再現できる色の範囲は異なるので（P.150）、注意が必要です。

また、写真などの画像を扱う場合は、画像の解像度にも注意する必要があります。一般的なディスプレイの解像度は「72dpi（または96dip）」程度ですが、印刷用としては350dpi程度の解像度が必要です。いくら画面上できれいに見えているからといって、そのサイズのまま、きれいに印刷できるとは限りません。画像が、入稿サイズに適した解像度であるか、入稿前に確認してください。

カラーマネジメントの基本を理解する

　正しく色を管理し、表現するためには、「カラーマネジメント」を理解しておく必要があります。カラーマネジメントとは、デジタルカメラやディスプレイ、プリンターといった、画像データをやり取りする関連機器の間で、表示（または出力）される色を可能な限り統一するためのしくみです。制作したグラフィックや画像を意図通りに正しく扱うためには必須のしくみといえます。

　本書をここまで読み進めているみなさんは、すでに「私たちが作業している環境で見えている色は、必ずしも他の人の環境で再現されていない」ということを習得していると思います。しかし、だからといって何もしないのでは、せっかく苦労してグラフィックを制作しても、いくつかの作業が無駄になってしまいます。しっかりとカラーマネジメントを行って、入稿時にトラブルにならないようにしましょう。

　ただし、厳密かつ高度にカラーマネジメントを行うには、さまざまな機材が必要になりますし、費用もかかります。そこで、ここでは、初心者が自宅や会社のマシン環境で実施できる基本的な事項を説明します。ここで解説する内容を理解し、実行するだけでも、色に関するやりとりが格段に向上するので、ぜひ実施してください。

表1：カラーマネジメントの作業項目（Photoshopの場合）

方法	説明
色空間の理解	画像に設定されている色空間を把握すること。また、作業中に色空間が意図しないものに変換されないように注意して作業を進めること。本書の該当ページなどを参照（P.150）
キャリブレーション	ディスプレイやプリンターなどが、データで指示した色を発色するように各機器を調整し、その機器が持つ独自の色空間を記録する作業。正確に作業するには専用の機材が必要
プロファイルの適用	キャリブレーションによって作成されたプロファイル（色空間などを記録したファイル）を、それぞれの機器に適用する作業
カラー設定	PhotoshopやIllustratorの［カラー設定］ダイアログで「プロファイル」を指定することで、画像が使用する色空間を設定すること。また、他者から入稿された画像の色情報に関する扱いを決めること

カラーマネジメントに含まれる作業は大きく「正しい色を表示するために各機器を調整する作業」（キャリブレーション）と「機器間で色情報を正確に変換するよう設定する作業」（プロファイルの適用とカラー設定）の2つに分類されます。ここではこれらのうち、後者について説明します。

ICCプロファイルとカラー設定の必要性

　デジタルカメラやディスプレイ、プリンタなどはそれぞれ、再現できる範囲が違うため、独自の色空間を持っています。そのため、出力機器などが再現できる色を記録し、独自の色空間を作る必要があります。この、各機器が持つ独自の色空間を記録する作業を「キャリブレーション」といい、その色空間などを記録したファイルのことを「ICCプロファイル」といいます。

　通常、Photoshopなどの画像編集ソフトで作業を行う際は、色空間には「sRGB」か「Adobe RGB」を指定しますが、プリンタなどで出力する際は、違うデバイス機器で同じ色を再現するために、使用する色空間を、元の色空間からプリンタの色空間に変換することが必要になります。この変換作業のことを「プロファイル変換」といいます。そして、このプロファイル変換を行うと、双方の機器において、色の見た目を同じにする関係上、データ内のRGB値が変わります。

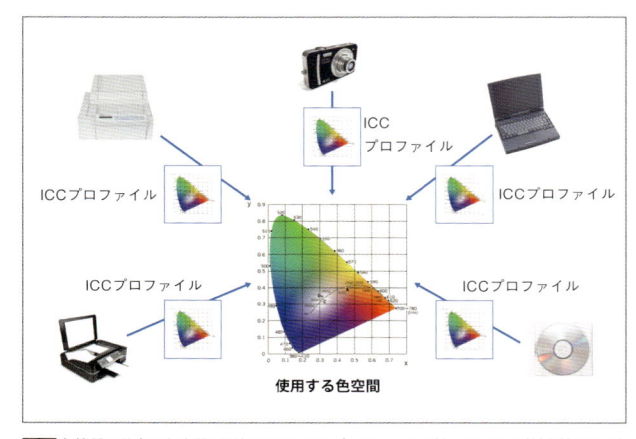

図7 各機器は独自の色空間が記録されたICCプロファイルを持っています（対応機器のみ）。

COLUMN　キャリブレーションの実施方法

　上記の通り、本書では詳細を割愛していますが、厳密に色を再現するには作業環境のディスプレイに対してキャリブレーションを行う必要があります。

　キャリブレーションを行うには、右図に示すような専用の機器（キャリブレーションセンサー）を使用します。この機器を用いて、ディスプレイが表示している色を計測し、ディスプレイの各設定を調整します。詳しくは使用する機器のマニュアルなどを参照してください。

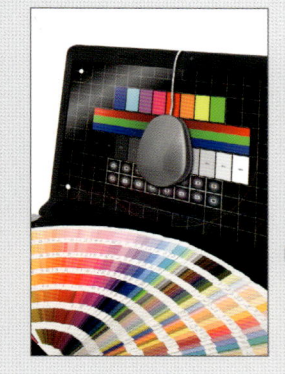

図8 キャリブレーションの実施例。ディスプレイの前面にキャリブレーションセンサーを設置して、出力される色を計測します。このように計測することで、見えている色を正しく調整することができます。

「カラー設定」を行う

PhotoshopやIllustratorでは、自身の環境の色空間や他者から入稿された画像の色空間（色情報）の扱い方などを、[カラー設定]ダイアログで設定します。ここで各項目を適切に設定しておけば、入稿時の色に関するトラブルのいくつかを未然に防ぐことができます。

また、各項目の内容を正しく理解することが、カラーマネジメントの習得へとつながります。設定項目が多く、また専門的なものも含まれますが、ぜひ1つずつ内容を確認しながら設定しましょう。

[カラー設定]ダイアログを表示するには、メニューバーから[編集]→[カラー設定]を選択します。

入稿された画像の色空間が、自身の環境の色空間と異なる場合に、どのように処理するのかを設定する。[作用用○○○に変換]に設定すると、画像の状態にかかわらず、すべての画像が自身の環境の色空間に合うように変換される。

各チェックボックスにチェックをつけておくと、プロファイル（色空間）が不一致の場合や、設定されていない場合に、警告ダイアログが表示されるようになる。初心者はすべての項目のチェックを外すことを推奨

全体の設定をプリセットから選択する。一般的に、印刷用途などでは[プリプレス用ー日本2]を、Web用では[Web・インターネット用ー日本]を使用する

自身の環境で使用する色空間を設定する。Photoshopでは色空間のことを「作業スペース」と表す。初心者は[RGB：sRGB]、[CYMK：Japan Color 2001 Coated]、[グレー：Gray Gamma 2.2]、[スポット：Dot Gain 15%]に設定することを推奨。ただし、[CMYK]や[スポット]の設定値については印刷会社に事前に確認してください。

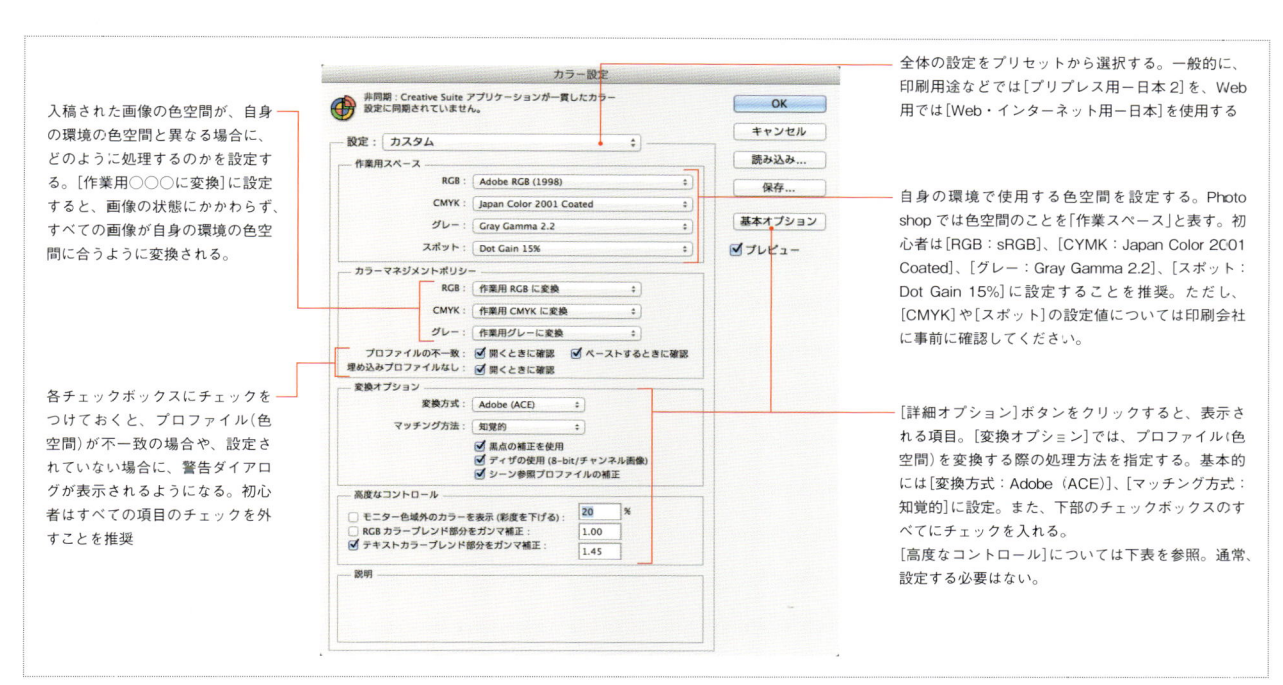

[詳細オプション]ボタンをクリックすると、表示される項目。[変換オプション]では、プロファイル（色空間）を変換する際の処理方法を指定する。基本的には[変換方式：Adobe（ACE）]、[マッチング方式：知覚的]に設定。また、下部のチェックボックスのすべてにチェックを入れる。

[高度なコントロール]については下表を参照。通常、設定する必要はない。

図9　Photoshopの[カラー設定]ダイアログ。色に関するさまざまな項目を設定できます。

表2：[作業用スペース]エリアの設定項目

設定項目	概要
RGB	自身の環境で使用するRGBカラーの色空間を指定する。多くの場合、[sRGB]に設定しておけば問題ない
CMYK	自身の環境で使用するCMYKカラーの色空間を指定する。多くの場合、[Japan Color 2001 Coated]に設定しておけば問題ないが、印刷会社に入稿する場合は事前に要確認
グレー	設定した色空間のガンマ値と同じ値を設定すると、アルファチャンネルの表示が正しくなる。特に理由がない限り、[Gray Gamma 2.2]を選択する
スポット	スポットカラー（特色）を使用する場合の設定。通常はデフォルト値の[Dot Gain 15%]に設定しておけば問題ないが、印刷会社に入稿する場合は事前に要確認

表3：[変換オプション]エリアの設定項目

設定項目	概要
変換方式	プロファイル変換を行うときに使用する変換エンジンを選択する。通常は[Adobe（ACE）]を選択する
マッチング方式	プロファイル変換では、すべての色を完璧に変換することができないのだが、ここでは、変換できない場合に何を優先して変換するのかを指定する。通常は[知覚的]を選択する
黒点の補正を使用	チェックをつけると、プロファイル変換前後において、画像の最高濃度が保持される。特別な理由がない限り、チェックを付ける
ディザの使用	チェックをつけると、プロファイル変換時に再現できない色があった場合に、その色にディザ（ノイズのような細かい点）を適用することで、近い色を再現する。特別な理由がない限り、チェックをつける
シーン参照プロファイルの補正	After Effects CS4以降とのデータのやり取りの際に、After Effects CS4以降の初期設定のカラーマネジメントと一致させる

表4：[カラーマネジメントポリシー]エリアの設定項目

設定項目	概要
[作業用○○○に変換]	開いた画像の色空間を[作業用スペース]エリアで設定した色空間に変換する
[埋め込まれたプロファイルを保持]	先方のプロファイル（色空間）を保持する。ただし、自身のモニターがAdobe RGBなどに対応していない場合は、正しく色が再現されないことがあるので注意が必要
[オフ]	カラーマネジメントを一切行わない。この方法を選択すると、色が正しく表示されないことがあるので、通常は選択しない

表5：[高度なコントロール]エリアの設定項目

設定項目	概要
モニターの色域外のカラーを表示（彩度を下げる）	チェックをつけると、画像内にモニターの色域外の色がある場合に、自動的にその色の彩度を下げて表示する。特別な理由がない限り、チェックは外したままにしておく
RGBカラーブレンド部分をガンマ補正	通常、複数の色を混ぜ合わせる際はプロファイルのガンマ値に従うが、この項目にチェックをつけて低い値を指定することで、滑らかなブレンドが可能になる。イラストを描く際は有効だが、通常はチェックは外したままにしておく

出所：『Photoshopデザインラボ（改訂第二版）』（藤本圭　著）

D

Design Lab+
デザインラボ

あなたの本気を知識に変える
極上のデザイン集中講義

配色 &
カラーデザイン
プロに学ぶ、
一生枯れない
永久不滅テクニック

都外川 八恵 著

参考文献・資料
- 日本色彩学会 編『色彩用語事典』東京大学出版会 , 2003 年
- 小町谷朝生 監修 , 内田洋子 , 宇田川千英子 共著
『よくわかる色彩用語ハンドブック<第二版>』早稲田教育出版 , 2005 年
- 永田泰弘 監修『日本の 269 色』小学館 , 2001 年
- 本書編集委員 著『眼・色・光 より優れた色再現を求めて』日本印刷技術協会 , 2007 年
- ヨハネス・イッテン 著 , 大智浩 訳『色彩論』美術出版社 , 1971 年
- 藤本圭 著『Photoshop デザインラボ [改訂第二版]』ソフトバンク クリエイティブ , 2011 年
- コニカミノルタホールディングス株式会社『色を読む話』(冊子)
- 色色雑学 , http://www.konicaminolta.jp/instruments/knowledge/color/,
コニカミノルタホールディングス株式会社
- カラーユニバーサルデザイン機構 , http://www.cudo.jp/, カラーユニバーサルデザイン機構

製品画像提供企業・法人(法人名 50 音順)

アサヒグループホールディングス株式会社	DIC グラフィックス株式会社
アドビ システムズ株式会社	社団法人 日本インダストリアルデザイナー協会
株式会社 イオンフォレスト	日本コカ・コーラ株式会社
江崎グリコ株式会社	日本色研事業株式会社
大塚製薬株式会社	財団法人 日本色彩研究所
株式会社 カラープランニングセンター	社団法人 日本塗料工業会
キリンビール株式会社	一般社団法人 日本流行色協会
キリンビバレッジ株式会社	パナソニック株式会社
クラシエホールディングス株式会社	株式会社 明治
コニカミノルタオプティクス株式会社	森永製菓株式会社
サッポロビール株式会社	株式会社 ユナイテッド・カラー・システムズ
サントリーホールディングス株式会社	ライオン株式会社
株式会社 資生堂	株式会社 ロッテ
株式会社 昭文社	

著者
都外川 八恵 (ととかわ やえ)

十人十色のパーソナルな個性をトータルにスタイリングするコンサルティングオフィス COCOLOR(ココカラー)代表。カラー専門のデザインスクール(DIC カラーデザインスクール)でのカラー講師やスクール運営、カラー専門のデザイン会社(DIC カラーデザイン株式会社)での色の調査や企画&提案、色に関するコラム執筆や教材開発、各種企業様向けカラーセミナーや、アジアを中心とした海外での色に関する人材育成などを経て、現在に至る。執筆、コンサル、企業研修、メディア出演などで幅広く活動中。
URL http://www.cocolor.biz

編集
岡本 晋吾

カバーデザイン
RICH BLACK INC.

DTP
クニメディア株式会社

印刷・製本
東京リスマチック株式会社

©Yae Totokawa

■ **本書サポートページ**

http://isbn.sbcr.jp/59237/

本書をお読みになりましたご感想、ご意見を
上記 URL からお寄せください。

■ **注意事項**

○ 本書内の内容の実行については、すべて自己責任のもとでおこなってください。内容の実行により発生したいかなる直接、間接的被害について、筆者および SB クリエイティブ株式会社、製品メーカー、購入した書店、ショップはその責を負いません。

○ 本書の内容に関するお問い合わせに関して、編集部への電話によるお問い合わせはご遠慮ください。

○ お問い合わせに関しては、封書のみでお受けしております。なお、質問の回答に関しては原則として著者に転送いたしますので、多少のお時間を頂戴、もしくは返答でいない場合もありますのであらかじめご了承ください。また、本書を逸脱したご質問に関しては、お答えしかねますのでご了承ください。

配色&カラーデザイン [デザインラボ]
－プロに学ぶ、一生枯れない永久不滅テクニック－

2012 年 6 月 10 日　　初版第 1 刷発行
2015 年 10 月 10 日　　初版第 3 刷発行

発行者 …………… 小川 淳
発行所 …………… SB クリエイティブ株式会社
　　　　〒106-0032　東京都港区六本木 2-4-5
　　　　TEL 03-5549-1201(営業)
　　　　http://www.sbcr.co.jp/

落丁本、乱丁本は小社営業部にてお取り替えいたします。
定価はカバーに記載されております。

Printed in Japan ISBN 978-4-7973-5923-7